LAOS

Mit Vientiane, Mekong und Luang Prabang

Franz-Josef Krücker

TRESCHER VERLAG

1. Auflage 2019

Trescher Verlag
Reinhardtstr. 9
10117 Berlin
www.trescher-verlag.de

ISBN 978-3-89794-442-8

Herausgegeben von Bernd Schwenkros und
Detlev von Oppeln

Reihenentwurf und Gesamtgestaltung:
Bernd Chill

Satz und Bildbearbeitung: Bernd Chill
Lektorat: Sabine Fach, Corinna Grulich
Stadtpläne und Karten: Johann Maria Just,
Martin Kapp, Bernd Schwenkros, Bernd Chill

 Alle Angaben in diesem Buch wurden sorgfältig recherchiert und überprüft, trotzdem kann für die Richtigkeit keine Gewähr übernommen werden. Hinweise und Informationen unserer Leserinnen und Leser nimmt der Verlag gerne entgegen. Bitte schreiben oder mailen Sie unter obiger Adresse.

Gedruckt auf chlorfrei gebleichtem Papier

Printed in Germany

Titelbild: Buddhastatue bei den Pak-Ou-Höhlen
Vordere Umschlagklappe: Wat Aham in Luang Prabang
Hintere Umschlagklappe: Boote auf dem Mekong

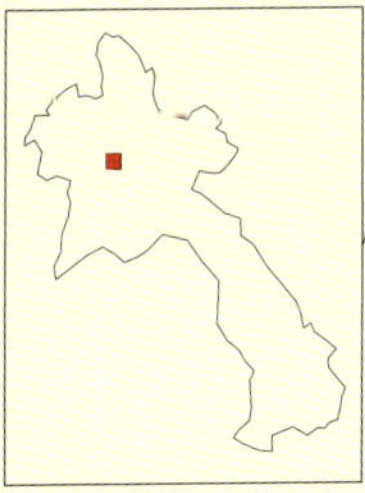

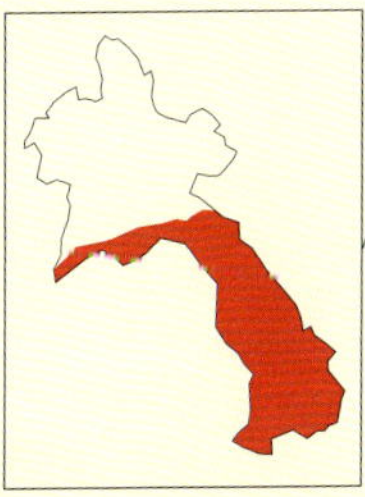

LAND UND LEUTE

VIENTIANE

VANG VIENG

LUANG PRABANG

DIE EBENE DER STEINGEFÄSSE

DER SÜDEN

REISETIPPS VON A BIS Z

ANHANG

Hauptheiligtum im Wat Phu in Süd-Laos

Chaos in Laos?

In Laos herrscht das Chaos. Dies ist natürlich ein inkorrektes Wortspiel, aber es trifft die Sache ganz gut. Bis vor wenigen Jahren war Laos ein völlig entspanntes Land, das ob seiner Randlage nur mit den Schultern zuckte. Die anderen mochten sich abmühen, Wachstum ohne Ende produzieren und genauso viel Stress. Laos zeigte keine Reaktion. Warum hier eigentlich so viel nicht funktioniere, fragte die Mitarbeiterin einer deutschen Ingenieursfirma die Firmensekretärin. ›Because we just don't like to work‹, war die Antwort. Das war ehrlich und eigentlich doch auch ganz ehrenhaft.

Doch ganz so einfach war es nicht. Laos war Ende der 1960er Jahre von den USA in ihren Krieg gegen Vietnam gezogen worden, Abertausende von Bomben waren auf dem kleinen, politisch neutralen Land gelandet und hatten schwere Verwüstungen hinterlassen. Bis heute explodieren jeden Tag noch Blindgänger aus dieser Zeit. Das Land ist klein, hat keinen Zugang zum Meer, weite, unwegsame Gebirgslandschaften, eine schlecht ausgebaute Infrastruktur. Wirtschaftlich war es nie attraktiv, auch nicht für seine Nachbarn, die es so gerne überfielen.

Nach dem Ende des Krieges kamen 1975 hier, wie auch in den Nachbarländern Vietnam und Kambodscha, kommunistische Organisationen an die Macht, die von Dogmen geprägt waren, vor allem in der Wirtschaftspolitik. Sie wollten Gesellschaften von Bauern und Kleinhändlern Konzepte überstülpen, die in weit entfernten Ländern ersonnen und gescheitert waren. Und nirgendwo scheiterten sie so grandios wie in Laos. Im Land herrschte völlige Stagnation, man konnte sich mit Mühe selbst versorgen, nichts exportieren, weil es nichts zu exportieren gab, und deshalb auch nichts importieren. Die Führung zeichnete sich durch Unfähigkeit und Korruption aus. Die Menschen wurden phlegmatisch und nahmen es hin. Auch als die Nachbarn umkehrten – China 1978, Vietnam 1986, Kambodscha 1998 –, bewegte sich die starrsinnige Führung in Laos nicht.

Als Ausländer nahm man einiges davon amüsiert zur Kenntnis. In Laos zu arbeiten war wie Frühpension ohne Abschläge bei den Bezügen, und Thailand war ja nur auf der anderen Mekong-Seite. Als Tourist gondelte man staunend durch die Dörfer, in denen nicht einmal die Hühner davonliefen, wenn man nahte. Ein Urlaubsparadies?

Und heute herrscht das Chaos. Bohren, Hämmern, Rammen allerorten. Staubschwaden und schlechte Luft. Der fette Pick-up steht im Stau. Laos ist erwacht und hat sich von den Nachbarn anstecken lassen. Und wieder hat sich die Führung auf einen gefährlichen Kurs begeben, als sie sich von China abhängig machte. Land verpachtete im Norden. Eine Schnellbahntrasse, die nur chinesischen strategischen Interessen dient. Sich verschuldete bis über beide Ohren. Natürlich bei den Chinesen. Die jetzt auch in Hundertergruppen ins Land kommen.

Im alten Kern von Luang Prabang ist alles wie immer. Die Tempel ruhen, in den kleinen Restaurants duftet das Curry. In Vang Vieng zippen die Rucksackleute durch die Baumkronen. Auf dem Bolaven-Plateau im Süden duftet es nach Kaffee, der Wat Phu steht seit 1400 Jahren. Die Steingefäße geben Rätsel auf.

Laos ist aufgewacht. Es wird sich schnell verändern.

Herausragende Sehenswürdigkeiten

Vientiane: Wat Sisaket
Hunderte von Buddhas sitzen in der Galerie, die den Tempel umgibt. Er wurde 1827 als einziger nicht von den Siamesen zerstört wurde und zählt damit zu den ältesten Gebäuden des Landes. → S. 109

Vientiane: That Luang ▸
Der golden gestrichene und hoch aufragende Stupa ist ein Wahrzeichen für das ganze Land. Er erinnert an den Berg Meru, den Sitz der Götter, und repräsentiert eine Lotosknospe, Symbol der Reinheit. → S. 113

Luang Prabang: Altstadt
Die gesamte Altstadt der ehemaligen Kapitale steht unter dem Welterbeschutz der UNESCO. Man wandert über die schmalen Straßen, besucht Tempel auf Tempel, schaut auf den träge dahinströmenden Mekong und den Nebenfluss Nam Khan und entspannt in der friedlichen Atmosphäre dieses eindrucksvollen Ortes. → S. 137

Luang Prabang: Wat Xieng Thong ▾
Unter den vielen Tempeln im alten Viertel von Luang Prabang ist der Wat Xieng Thong einer der größten und bedeutendsten. Hier beteten die Könige, hier traten sie ihren letzten Weg zur Einäscherung an. Mit seiner herausragenden Lage direkt am Mekong ist er ein magischer Ort. → S. 147

Luang Prabang: Königspalast ▴
Im Jahr 1975 endete das Königreich Laos, die königliche Familie wurde weit entfernt von der Hauptstadt in ein Umerziehungslager gesteckt. Der Königspalast wurde zum Museum umgebaut, in dem man noch erkennen kann, wie der laotische Adel lebte, wie er sich mit Kunst und Kitsch umgab. In einem neuen Tempel auf dem Gelände wird die berühmte Buddhafigur Pra Bang gezeigt. → S. 155

Buddha-Höhlen von Pak Ou am Mekong

Hunderte von kleinen und großen Buddhastatuen stehen in zwei Höhlen, die aus einem steil aufragenden Felsen hinaus auf den mächtigen Mekong schauen. Der Staub der Vergänglichkeit legt sich über sie, aber die Atmosphäre dieses Ortes wird man nie wieder vergessen. → S. 173

Ebene der Steingefäße ▸

Sie ist besser bekannt als ›Ebene der Tonkrüge‹, doch die großen Gefäße sind nicht aus Ton, und sie sind auch keine Krüge. Wozu dienten sie nur? Bis heute gibt es viele Theorien, aber wenige Beweise. Doch wozu auch immer diese Gefäße geschaffen wurden, heute liegen sie durchaus pittoresk in der Gegend herum und sind der Anlass, diese zugige Hochebene zu durchstreifen. → S. 186

Wat Phu ▴

Ganz im Süden, nur wenige Kilometer von der Grenze zu Kambodscha, liegt dieser Khmer-Tempel, dessen Ursprünge bis in die Zeit vor Angkor zurückreichen. Unweit des Mekong markiert die Tempelanlage den Übergang von der Ebene, in der die Menschen lebten, hinauf auf einen Berg, den Sitz der Götter. Bis heute wacht Wat Phu über viele Geheimnisse. → S. 212

4000 Inseln ▾

Etwa 14 Kilometer breit ist der Mekong an der Grenze zu Kambodscha. Unzählige Inseln – die Zahl 4000 ist nur eine Schätzung – verlieren sich in den Fluten, manche sind nur so groß wie ein Tennisplatz, eine wurde sogar von einer Eisenbahn durchzogen. Heute ist hier Entspannung bei einer Fahrradtour und dem Besuch von Wasserfällen angesagt. → S. 229

Khone Phapheng

Nur knapp 20 Meter donnert das Wasser in die Tiefe, dafür aber in vielen Stufen und auf zahllosen kleinen Wegen. Das Donnern kündet von der Kraft der Wassermassen und von der unbezwingbaren Stärke des Mekong, des bedeutendsten Flusses in Südostasien. → S. 236

Das Wichtigste in Kürze

Laos ist ein Land, in dem, trotz seiner kommunistischen Regierung, die Religion eine wichtige Rolle spielt, vor allem der Buddhismus, der im Kapitel **Land und Leute** neben der bewegten Geschichte des Landes ausführlich dargestellt wird. Spuren des Hinduismus sind auch noch zu finden; diese indische Religion ist aber vor allem bei der Betrachtung des Wat Phu im Süden von Bedeutung, so dass sie dort kurz erläutert wird.

Die Reihenfolge der verschiedenen Regionen im Reiseteil richtet sich nach rein pragmatischen Überlegungen. Die meisten Besucher reisen über den geschäftigsten Flughafen ein, den Wattay Airport in der Hauptstadt **Vientiane**. Diese ist nicht das touristische Highlight des Landes, steht aber deshalb trotzdem am Anfang.

Von Vientiane kann man sich per Flugzeug oder auf dem Landweg zum nächsten Ziel machen, das meistens **Luang Prabang** sein wird. Auf dem Landweg kommt man durch **Vang Vieng**, die ehemalige Party-Hauptstadt, in der es jetzt etwas gesitteter und weniger gefährlich zugeht. Für manchen mag sie am Ende der Reise ›zum Abhängen‹ stehen, für dieses Buch ist sie ein Zwischenhalt.

In der Altstadt von Luang Prabang

Die ehemalige Hauptstadt **Luang Prabang** ist sicherlich der kulturelle Höhepunkt jeder Laos-Reise. Die gesamte Altstadt steht unter dem Schutz der UNESCO, und die dafür verantwortlichen Tempel werden ausführlich beschrieben. Von hier kommt man ebenfalls auf dem Landweg in das Hochland an der Grenze zu Vietnam. Hier befindet sich die **Ebene der Steingefäße**, die den Forschern weiterhin große Rätsel aufgibt. Obwohl man von dort auch gleich nach Pakse in den Süden fliegen kann, setzt das Buch nochmals in Vientiane an und schildert den Landweg nach **Pakse**, das Ausgangspunkt für den Khmer-Tempel **Wat Phu** (ebenfalls UNESCO-Welterbe), das **Bolaven-Plateau**, die **4000 Mekong-Inseln** und die **Wasserfälle** ist.

Es gibt **keine Standardumschrift des Laotischen** in lateinischen Buchstaben, und es gibt auch keine Standardpraxis, sondern ein großes Durcheinander. Früher herrschte die von den Franzosen bevorzugte Umschrift vor, die zum Beispiel die U-Laute mit ›ou‹ umschrieb (Wat Phou, sprich: Wat Pu). Diese verschwindet jedoch immer mehr zugunsten einer einfacheren internationalen Umschrift. So hält es auch dieses Buch, wobei keine letzte Systematik erreicht werden konnte. Beachten sollte man noch, dass fast alle H-Laute stumm sind und dass es eigentlich keinen Unterschied zwischen ›r‹ und ›l‹ gibt.

›Straße‹ bedeutet auf Lao ›Thanon‹; das findet man auf Schildern und im Alltag aber gar nicht, nicht einmal die Abkürzung ›Th‹, so dass sie in diesem Buch auch nicht benutzt wird, sondern einfach nur der Name einer Straße. Mit **Straßennamen** haben es die Laoten sowieso nicht besonders. In vielen Adressen sind keine Straßennamen angegeben (von Hausnummern ganz zu schweigen), sondern nur in welchem Ban (Dorf) sich ein Hotel oder Restaurant befindet. Wenn der Taxifahrer das Etablissement nicht kennt, so weiß er jedenfalls, wo sich das ›Dorf‹ befindet und kann dort fragen.

Hotel am Mekong auf der Insel Khong

Informationen

Es gibt kein offizielles Fremdenverkehrsamt, auch die Botschaften geben keine Auskünfte. Die Situation vor Ort ist ähnlich. Man muss immer mehrfach fragen, um sich einigermaßen sicher zu sein, dass Informationen zutreffen.

Die **Guides** sind hingegen meist ganz gut informiert und kennen sich auch bei Restaurants und Läden aus.

Einreise

Für die Einreise ist ein **Visum** erforderlich, das man aber an den Flughäfen und vielen (aber nicht allen) Grenzstationen sofort bekommt (**Visa on arrival**).

Dazu braucht man einen noch sechs Monate gültigen Reisepass mit mindestens noch einer ganzen freien Seite, ein Passbild, ein Formular und zwischen 20 und 40 Dollar (Bargeld). Hinter einem Tresen werden dann die Daten aus dem Pass gelesen, gestempelt und kassiert. Dann geht es zur Passkontrolle.

Wer ein komplizierteres Visum als ein Touristenvisum benötigt (Multy-entry Visa, Business) oder beispielsweise aus Burma einreisen möchte, wendet sich am besten rechtzeitig an die zuständige Botschaft.

Anreise

Direktflüge aus Europa nach Laos gibt es nicht. Hauptdrehscheibe für die Region ist **Bangkok**, von wo aus man zu allen vier internationalen Flughäfen reisen kann: Vientiane, Luang Prabang, Savannakhet, Pakse. Es gibt zudem Verbindungen zu anderen asiatischen Drehscheiben wie Hanoi und Saigon (Vietnam), Phnom Penh und Siem Reap (Angkor, Kambodscha), Singapur sowie zu diversen Städten in China und Südkorea.

Geld und Währung

Die laotische Währung heißt **Kip** (LAK, k) und wird in Scheinen von 500 bis 100 000 Kip ausgegeben. Mitte 2018 bekam man für einen Euro 9600 Kip, für einen Dollar 8200 Kip. Der Wechselkurs ist ziemlich stabil.

Bargeld erhält man am einfachsten aus Automaten (ATM), die es in den größeren Städten gibt, für Abstecher in entferntere Gegenden sollte man sich vorher eindecken. Die Zweitwährung im Land ist der **US-Dollar**, mit dem man in Hotels und besseren Restaurants auch in bar zahlen kann. Man sollte aber auch kleinere Scheine dabei haben und die Lokalwährung als Rückgeld akzeptieren.

Kreditkarten werden in größeren Hotels, Restaurants und auf Touristen eingestellten Läden angenommen. Die meisten verlangen eine Gebühr in Höhe von drei Prozent des zu zahlenden Betrages.

Eintritt

Der Zugang zu den Tempeln ist eigentlich frei, manchmal werden jedoch Teile eines Tempels zum Museum deklariert, für das dann Eintritt genommen wird. Insgesamt sind die Eintrittspreise sehr niedrig, sie liegen meist bei etwa 10 000 Kip, das ist wenig mehr als ein Euro. Deshalb sind in diesem Buch nur solche Eintrittspreise explizit aufgeführt, die deutlich ausreißen, wie etwa die 50 000 Kip am Wat Phu, dessen Management einer privaten Firma übertragen wurde.

Gesundheit

Es sind **keine Impfungen** vorgeschrieben, die üblichen Vorsorgeimpfungen wie Tetanus sollten aber aufgefrischt sein.

Malaria ist in den Städten kein großes Problem mehr, in sehr entlegenen Gebieten und je nach Jahreszeit schon noch. Eine Prophylaxe empfiehlt sich nicht, da die übertragenden Mücken praktisch gegen alle Mittel immun sind. Wer vorsichtig sein will, sollte Medikamente zur Behandlung mitnehmen. Man kann auch durch einfache Verhaltensweisen das Risiko verringern, indem man, vor allem ab spätem Nachmittag, körperbedeckende Kleidung trägt, sich mit Mückenschutz einreibt und unter einem Moskitonetz schläft.

Ebenfalls wichtig ist der **Schutz vor der Sonne** durch Kopfbedeckung und Sonnencreme, ausreichendes Trinken, aber nur abgefülltes Wasser, **niemals Leitungswasser**, keine Eiswürfel oder gar Speiseeis. Obst sollte man sorgfältig waschen und bei Straßenständen große Vorsicht walten lassen.

Kinder

Laoten lieben Kinder, vor allem die kleinen blonden werden gerne als besonders exotisch angestaunt. Doch ein Reiseland für Kinder ist Laos nicht. Es gibt keine Spielplätze, Zoos oder Tiergärten und nur wenige Sehenswürdigkeiten, für die Kinder sich interessieren. Zu diesen gehört der **Buddhapark** außerhalb von Vientiane (→ S. 117), in dem Kinder zumindest auf einigen Figuren herumklettern dürfen. Die wenigen noch vorhandenen **Elefanten** erfreuen und beeindrucken Kinder, ob beim Bad oder als Reittiere (→ S. 179). Einem Strandort am nächsten kommt **Vang Vieng** (→ S. 126), wo Kinder unter Aufsicht der

Ziplining in Vang Vieng

Nachtmarkt in Vientiane

Eltern etwas Wassersport betreiben können, aber in einem Land ohne Meer gibt's auch keinen wirklichen Strand.

Was die **Sicherheit** angeht, ist zu beachten, dass Mietwagen und Busse keine Kindersitze haben, eventuell können bei langfristiger Anmeldung Sitze beschafft werden; es ist aber unklar, welche Qualität solche Sitze haben. Bei der Hygiene und beim Essen ist besondere Sorgfalt vonnöten, ebenfalls beim Schutz vor der oft sehr großen Hitze.

Unterkünfte

Das Spektrum reicht von Schlafsälen für Traveller bis hin zu eleganten und komfortablen Fünf-Sterne-Hotels. Diese sind jedoch nur in den größeren Städten oder deren Umgebung anzutreffen. Sie gehören meistens zu weltweit tätigen oder asiatischen Ketten. Viele thailändische Unternehmen haben investiert und sehr schöne Hotels geschaffen, von denen viele unter der immer unklareren Bezeichnung ›Boutique‹ laufen. Viele **Mittelklassehotels** mit drei, manchmal auch vier Sternen sind etwas abgewohnt und hätten dringend eine durchgreifende Renovierung nötig. Da es jetzt mehr Verkehr gibt, sollte man auch auf die Lage an großen Straßen oder lauten Nachtmärkten achten.

Bei den **Guesthouses** muss man die Zimmer besichtigen: Viele sind sehr schön mit Blick ins Grüne, doch zum selben Preis kann man auch eine Kammer ohne Fenster bekommen. Insgesamt sind die Preise für Unterkünfte in Laos unangemessen hoch.

Verständigung

Die Alltagssprache im Tourismus ist **Englisch**. Nur wenige, meistens ältere Leute sprechen noch **Französisch** als Fremdsprache. Führer (Guides) gibt es auch mit deutschen und vielen anderen Sprachkenntnissen. Fahrer, Busfahrer und Taxifahrer sprechen in der Regel keine Fremdsprachen. Zur Kommunikation hilft eine **Liste der Fahrziele** (am besten im Hotel auf Lao aufgeschrieben), manchmal, aber nicht immer, auch ein Stadtplan. Um wieder zum Hotel zurückzukommen, sollte man sich eine **Visitenkarte von der Rezeption** mitnehmen.

Wichtige Telefonnummern

Landesvorwahl: +856
Hotline der Polizei für Touristen in Vientiane: +856/21/212703

Ausführliche Informationen im Kapitel ›Reisen im Land‹, → S. 97, und in den Reisetipps von A bis Z, → S. 237.

Über Laos ist in der Welt wenig bekannt. Das Land ist klein, hat keinen Zugang zum Meer und tritt auf der politischen Bühne kaum auf. Nach der Staatsgründung im 14. Jahrhundert schwankte die Bedeutung entsprechend der Beziehungen zu den Nachbarn. Mal gehörten weite Gebiete, die heute Thailand unterstehen, zu Laos, mal stand das Königreich unter der Oberhoheit der westlichen oder östlichen Nachbarn. Die Lao stellen zwar die Mehrheit der Bevölkerung im Land, doch leben auch Menschen ganz anderer Ethnien hier. Und es leben mehr Laoten im Ausland als im eigenen Land.

LAND UND LEUTE

In Luang Prabang mündet der Nam Khan in den Mekong

Laos im Überblick

Die Flagge von Laos

Name: Demokratische Volksrepublik Laos.

Sprache: Laotisch, zahlreiche Minderheitensprachen.

Alphabet: Laotisch.

Fläche: 236 800 km^2 (Deutschland: 357 030 km^2).

Hauptstadt: Vientiane.

Weitere große Städte: Pakse, Savannakhet, Luang Prabang.

Staatsgrenzen: Im Norden zu China (475 km) und Burma (238 km), im Westen zu Thailand (1845 km), im Osten zu Vietnam (2161 km), im Süden zu Kambodscha (555 km).

Höchste Erhebung: Phu Bia (2819 m), zwischen Vientiane und Luang Prabang.

Bedeutendster Fluss: Mekong, fließt im Nordwesten und an der Südwestspitze durch das Land, dazwischen bildet er auf rund 1000 km die Grenze zu Thailand.

Klima: Tropisch, Mai bis Oktober Südwestmonsun mit starken Niederschlägen, November bis Februar Nordostmonsun mit geringem Niederschlag; große Temperaturunterschiede zwischen Hoch- und Flachland.

Einwohnerzahl: Ca. 7,04 Millionen (2017).

Bevölkerung: Ca. 54 % Lao, 11 % Khmu, 9 % Hmong, 3 % Tai, zahlreiche weitere Minderheiten.

Bevölkerungsdichte: ca. 29 Einwohner pro km^2 (Deutschland: 231), 35 % der Bevölkerung leben in Städten.

Religion: Offiziell ohne; 65 % Buddhisten, 31 % Animisten, 2 % Christen, 1 % Muslime.

Lebenserwartung: 62 Jahre, bei Frauen höher als bei Männern.

Durchschnittsalter: 23 Jahre.

Alphabetisierungsrate: Rund 68 %, bei Männern höher als bei Frauen.

Staatsform: Sozialistische Republik, Parlament, bestimmend ist die Laotische Revolutionäre Volkspartei.

Staatsoberhaupt: Präsident, repräsentative Funktion, seit 2016 Bounnhang Vorachit.

Premierminister: Regierungschef, seit April 2016 Thongloun Sisoulith.

Generalsekretär der KP: Seit 2006 Choummaly Sayasone.

Mitgliedschaft in internationalen Organisationen: z.B. UNO, ASEAN, WTO, IMF, Asian Development Bank.

Flagge: Zu Zeiten der Monarchie zeigte die laotische Flagge den dreiköpfigen Elefanten mit einem Schirm auf rotem Hintergrund. Sie wurde mit der Revolution 1975 ausgetauscht. Die roten Streifen symbolisieren nun das vergossene Blut, Blau steht für den Reichtum des Landes, die weiße Scheibe zeigt den Mond über dem Mekong. Bemerkenswert ist, dass keines der üblichen kommunistischen Zeichen zu sehen ist.

Landeswährung: Kip.

Pro-Kopf-Einkommen: Ca. 2567 US-Dollar (Deutschland: ca. 36 000 US-Dollar).

Inflationsrate: Offiziell 0,16 %, tatsächlich wesentlich höher.

Arbeitslosigkeit: Offiziell ca. 6 %, tatsächlich wesentlich höher.

Wirtschaft: In der Landwirtschaft arbeiten 73 % der Bevölkerung, im Dienstleistungssektor etwa 20 %, in der Industrie 6 % (meist Kleinunternehmen).

Landwirtschaftliche Produkte: Reis, Kartoffeln, Mais, Yam, Sojabohnen, Gemüse, Erdnüsse, Zucker, Kaffee und Tee.

Zeitzone: Mitteleuropäische Zeit (MEZ) + 6 Std., Mitteleuropäische Sommerzeit (MESZ) + 5 Std.

Nationalfeiertag: 2. Dezember (Tag der Unabhängigkeit).

Vorwahl: +856, **Internetkennung**: .la.

Geographie

Laos ist ein Land ohne Zugang zum Meer. Der nördliche Landesteil gehört zum asiatischen Festland, der südliche wird zur indochinesischen Halbinsel gerechnet. Rund 90 Prozent des Landes sind gebirgig, vor allem der Norden an der Grenze zu China und Burma (Myanmar); im Osten zieht sich die Annamitische Kordillere in Nord-Süd-Richtung und bildet seit Menschengedenken eine politische wie kulturelle Grenze zu Vietnam. Auch der Südosten wird von Gebirgen bestimmt. Höchster Berg ist der Phu Bia mit 2819 Metern, der am Südrand des Xieng-Khouang-Plateaus mit der ›Ebene der Tonkrüge‹ liegt. Die Umgebung des Berges ist von dichtem Dschungel bewachsen und schwer zu erreichen.

Ein schmales Tiefland zieht sich von der Hauptstadt Vientiane entlang des Mekong, der hier die Grenze zu Thailand bildet, nach Süden bis an die Grenze zu Kambodscha. Wichtigster Fluss ist ebenjener Mekong, die Lebensader Südostasiens, der in Tibet entspringt, den Norden von Laos durchquert, Laos und Thailand trennt, dann Kambodscha durchquert und sich schließlich nach Osten wendet, wo er sich im südlichen Vietnam zu einem breiten Delta auffächert und sich in das Südchinesische Meer ergießt. Alle anderen Flüsse sind Nebenflüsse des Mekong. Den gebirgigen Norden durchquert der 390 Kilometer lange Nam Ou; er gehörte früher zu den wichtigsten Verkehrswegen der durch tiefe Taleinschnitte geprägten Region, wurde inzwischen jedoch von einem Straßennetz abgelöst. Heute gehört er zu den Flüssen, die durch mehrere Staudämme gebremst werden, die der Stromversorgung dienen.

Landschaft zwischen Vang Vieng und Luang Prabang

Lebensader Südostasiens: der Mekong

Der gewaltige Strom, der achtlängste der Erde, ist die Lebensader des kontinentalen Südostasien. Er entspringt irgendwo in der Gebirgslandschaft Tibets, und schon die Tatsache, dass sich Wissenschaftler, Forschungsreisende und Offizielle nicht auf eine genaue Quelle einigen können, belegt, dass der Mekong noch einige Geheimnisse birgt. Von Tibet aus fließt er durch die Berglandschaft nach Südosten in die chinesische Provinz Yunnan, bildet dann für rund hundert Kilometer die Grenze zwischen dem nordwestlichen Laos und Burma, eine noch kürzere Strecke zwischen Laos und Thailand, um sich dann innerhalb von Laos nach Osten zu wenden, Richtung der alten Hauptstadt Luang Prabang, dann nach Süden, wo er vor Vientiane wieder zur Grenze zwischen Thailand und Laos wird. Bei den Khone-Fällen, wo Laos und Kambodscha aufeinander treffen, strömt der Mekong auf kambodschanisches Gebiet, durchquert das gesamte Land von Nord nach Süd und wendet sich hinter Phnom Penh erneut nach Südosten. Er teilt sich in zwei Hauptarme und auf dem Gebiet Vietnams in neun große und unzählige kleine Ströme, die als breites, sehr fruchtbares Delta zum Südchinesischen Meer streben.

Trotz genauester Satellitenmessgeräte weiß niemand exakt, wie viele Kilometer das Wasser von der Quelle bis zur Mündung zurückgelegt hat. Die eine Studie nennt 4200 Kilometer, eine andere 4909, immerhin eine Abweichung von mehr als 700 Kilometern; oft findet man die Angabe ›mehr als 4800 Kilometer‹, und das ist vielleicht eine diplomatische Lösung.

Dass der Mekong über lange Strecken Grenzfluss ist, zeugt von seinem Charakter und seiner Bedeutung. Er ist schwer zu überwinden, ein wilder Fluss – die Chinesen nennen ihn ›Lancang Jiang‹, also ›ungestümer Fluss‹ –, dessen Wasserstand zwischen Regen- und Trockenzeit um bis zu 20 Meter variieren kann. Zur Trockenzeit transportiert der Fluss 1250 Kubikmeter Wasser pro Sekunde, zur Regenzeit 67 000 Kubikmeter. Der Mekong ist aber auch deshalb ein wilder Fluss, weil sein Bett kaum begradigt ist. Es gibt zahlreiche Stromschnellen, Wasserfälle, Untiefen, Wirbel und enge Schleifen, was dazu führt, dass er immer nur abschnittsweise schiffbar ist und vielerorts nur mit kleineren Booten.

Der Mekong bei Luang Prabang

Die Khone-Fälle an der Grenze zu Kambodscha

Dies soll sich nun ändern. Denn während früher die Menschen friedlich in ihren Dörfern von dem lebten, was für sie erreichbar war, soll heute alles bis zum Letzten ausgebeutet werden. Die Chinesen haben bereits damit angefangen und mehr als zehn Wasserkraftwerke im Oberlauf und dessen Nebenflüssen errichtet, was in Laos, Kambodscha und Vietnam zu erheblich verringerten Wassermengen geführt hat. Fischer, Bootsführer und Uferbewohner beschweren sich allerorten, doch haben sie in den autoritär regierten Ländern, deren Regierungen und Wirtschaftseliten letztendlich dieselben Pläne in den Schubladen aufbewahren, keine Stimme.

Bereits ab 1860 erkundete der Franzose Francis Garnier von Saigon aus den Mekong auf seine Schiffbarkeit und ging von 1866 bis 1868 auf die große Lagrée-Garnier-Expedition, die ihn auch nach Laos und Südchina führte. Doch die französische Kolonialverwaltung erkannte die Ergebnisse der Expedition nicht an, weil sie das Ziel, nämlich die durchgängige Schiffbarkeit des Mekong zu belegen, nicht verifizieren konnten. Ganz im Gegenteil, in dem 1871 veröffentlichten Reisebericht beschreiben die Abenteurer, dass sie die Khone-Fälle weiträumig zu Fuß umgehen mussten und dass auf dem Oberlauf des Flusses Richtung China, das ja immer das Ziel der französischen Kolonialmacht war, eine Befahrung überhaupt nicht mehr möglich war.

Beide Themen stehen heute wieder auf der Tagesordnung: die Schiffbarkeit des gesamten Flusses, die man durch mehr als ein paar Tonnen Dynamit erreichen will, und die ökonomische Ausbeutung des Mekong vor allem durch Wasserkraftwerke. Beides zerstört natürlich den Charakter des Flusses und seiner Umwelt vollständig. Bisher scheitern die ganz großen Projekte an den finanziellen Möglichkeiten der Anrainerländer, nicht an ihrem ökologischen Bewusstsein. Doch welche Auswirkungen es weltweit hätte, wenn die Fließgeschwindigkeit durch die Sprengungen wesentlich erhöht würde und der Tonle-Sap-See nicht mehr als Auffangbecken in der Regenzeit dienen könnte, lässt sich kaum ermessen.

Natur und Umwelt

Etwa die Hälfte des Landes ist von Wald bedeckt, doch nur acht Prozent können noch als Urwald eingestuft werden. In den Jahren nach 1975 fand eine beträchtliche unkontrollierte und illegale Rodung von großen Waldflächen statt. Hochwertigstes Holz wurde von der Armee über die Grenze nach Vietnam geschmuggelt und dort vor allem an die Möbelindustrie verkauft. Gigantische Schäden sind entstanden. Holz, meist minderwertiger Qualität, wird in Laos auch häufig noch zum Heizen und Kochen verwendet. Der illegale Holzeinschlag hat sich in den letzten Jahren verringert, doch gelöst ist das Problem nicht. Eine wichtige Folge dieser großflächigen Rodung war eine deutliche Absenkung des Grundwasserspiegels, die zeitweise zu einer prekären Lage bei der Trinkwasserversorgung führte. Zudem ist der Lebensraum zahlreicher Tiere und Pflanzen bedroht, weil ihnen der Lebensraum entzogen wird, und auch die Jagd ist in Laos nicht unbekannt. Eine Untersuchung im Jahr 1996 listete 68 Arten von Säugetieren, Vögeln, Reptilien und Fischen als gefährdet auf. Inzwischen hat die Regierung einige Initiativen ergriffen und 14 Prozent der Landesfläche als Schutzgebiete ausgewiesen – zumindest offiziell.

Wald am Mekong-Ufer

Größtes Umweltproblem sind bis heute die Kriegslasten, vor allem weit verstreute Bombenreste einschließlich hoch gefährlicher Blindgänger sowie zur Entlaubung versprühte Chemikalien, die Boden und Gewässer bis heute verunreinigen.

Einen schweren Eingriff in die Natur stellt auch die Schnellbahntrasse dar, die die Chinesen gerade von Yunnan durch Nordlaos nach Vientiane und weiter nach Thailand bauen. Da die Bahn keine engen Kurven oder starken Anstiege und Gefälle bewältigen kann, besteht fast die gesamte Strecke durch das zerklüftete Nordlaos aus Tunneln und Brücken. Umwelt- und Sozialverträglichkeitsprüfungen sind bei solchen chinesischen Großprojekten nicht üblich, sie dienen ausschließlich den kommerziellen und militärischen Interessen Chinas.

Die Menschen

Die offizielle Aufteilung der Bevölkerung in Ethnien ist in höchstem Maße sensibel und politisch aufgeladen. Letztendlich geht diese Situation zurück auf die Verdrängung der Tai-Lao aus dem heutigen südlichen China in den nördlichen Teil des heutigen Laos und des heutigen Thailand (Isan). Die Tai-Lao trafen dabei auf andere ethnische Gruppen, die nun wiederum von ihnen verdrängt wurden – in andere Regionen oder in entlegene und unwirtschaftliche Berggebiete. Hinzu kommt, dass bei der Einteilung in Ethnien Überlegenheitsgefühle eine Rolle spielen.

Zudem wirken manche Ideen des Kolonialismus nach, einmal durch die Kategorisierung der Bevölkerung durch die Franzosen nach (nicht unbedingt präzisen) phänotypischen Merkmalen, zum anderen durch die Tatsache, dass manche Ethnien sich in Kriegszeiten (mal freiwillig, mal auch nicht) auf die Seite der Franzosen und später der Amerikaner stellten. Manche wurden sogar (wiederum mit mehr oder weniger Druck) zum Christentum missioniert.

In den 1950-er Jahren unterschied die königliche Regierung drei Volksgruppen: die Lao Loum (Tieflandlaoten), die Lao Theung (Laoten der mittleren Berge) und die Lao Soung (Hochlandlaoten). Dies mutete zunächst als eine rein geografische Unterscheidung an, entsprach jedoch genau der an ›Rassen‹ orientierten Kategorisierung der Franzosen. Die Revolutionsregierung schlug ab 1975 dann die genau entgegengesetzte Richtung ein und wollte die Bevölkerung auf der Grundlage angeblich wissenschaftlicher Studien in eine möglichst große Vielzahl von ›rückständigen Gruppen‹ einteilen, vordergründig mit dem Ziel, diese zu fördern; tatsächlich führten diese Kategorisierungen jedoch zu vielfältigen Benachteiligungen. Ein Zensus aus dem Jahr 1985 kam auf 68 Ethnien mit 820 Untergruppen, zehn Jahre später musste das Ergebnis monatelang in politischen Gremien beraten werden, bevor die Zahl von 47 Ethnien verkündet wurde, im Jahr 2000 lasen manche aus den Zahlen 49 Ethnien heraus, andere bis zu 55.

In der Wissenschaft ist es heute weitgehend üblich, Ethnien vor allem nach der Sprache zu unterscheiden. Auch diese Unterscheidung ist in Laos stark umstritten, allerdings gibt es auf diesem Gebiet mehr wirklich wissenschaftliche Forschung, wenn auch diese durch die Abgelegenheit vieler Gebiete nicht unbedingt gefördert wird. Es soll etwa 70 bis 120 unterschiedliche Sprachen in Laos geben; aussagekräftiger ist aber die Unterteilung in vier verschiedene Sprachfamilien:

Die **Kam-Tai-Sprachen** wanderten vor rund 2000 Jahren mit den aus Südchina vertriebenen Tai-Völkern (zu denen auch die Lao gehörten) in das heutige Laos ein. Zu ihnen gehört damit auch die laotische Sprache, die in ihrem in der Region von Vientiane gesprochenen Dialekt die Amtssprache des Landes ist. Diese Sprachen zeichnen sich vor allem dadurch aus, dass ihre verschiedenen Tonhöhen bedeutungstragend sind.

Bevor die Menschen mit den heute dominierenden Sprachen einwanderten, waren sehr unterschiedliche **Mon-Khmer-Sprachen** wie etwa das Khmu am weitesten verbreitet. Ihre Vielfalt geht mit der Verbreitung des Laotischen zügig verloren. Wie der Name schon sagt, gehört auch das im Nachbarland Kambodscha gesprochene Khmer zu diesen Sprachen, ebenso das Vietnamesische. Diese Sprachen sind keine tonalen Sprachen (wobei das Vietnamesische durch den starken Einfluss des Chinesischen eine Ausnahme darstellt). Die meist im Norden lebenden Khmu weisen heute noch rund eine halbe Million Angehörige auf; zu den kleineren Gruppen gehören 100 000 Katang sowie im Süden 50 000 Suay, 45 000 Laven, 20 000 Katu und ähnlich viele Alak. Diese Gruppen wurden in der Geschichte oft als minderwertig betrachtet und als ›Kha‹ (Sklaven) bezeichnet; wichtigstes Kriterium dafür war ihre dunkle Hautfarbe.

Die **Miao-Yao-Sprachen** kamen erst vor rund 200 Jahren mit neuen Flüchtlingen aus dem heutigen Südchina nach Laos. Zu ihnen gehören rund 400 000 Hmong (in Nachbarländern Meo oder Miao genannt), die sich vor allem auf der Hochebene von Xieng Khouang (›Ebene der Tonkrüge‹) niederließen und dort Schlafmohn zur Opiumgewinnung anbauten, was bis in die revolutionäre Zeit von der Regierung geduldet oder gar mitorganisiert wurde. Bis heute stellt der

Moderne Familie in Vientiane

Opiumanbau ein vielschichtiges Problem dar. Die Ursache für die scharfe Auseinandersetzung zwischen der heutigen Regierung und den Hmong ist jedoch deren militärische Unterstützung zuerst für die Franzosen, dann die Amerikaner, dann das Königshaus.

Die Yao kamen im späten 19. Jahrhundert ebenfalls aus China nach Laos und brachten viele Traditionen wie Ahnenverehrung und Daoismus mit, die sie bis heute beibehalten haben.

Die **lolo-birmanischen Sprachen** wanderten ab dem 17. Jahrhundert aus dem Westen ein. Lolo wird vor allem vom Volk der Yi (etwa 4,2 Millionen Sprecher, vor allem in China) gesprochen; neben dem Birmanischen (Burma) gehört auch das Tibetische zu dieser Sprachfamilie. In Laos leben etwa 75 000 Sprecher, sie gehören zu den Völkern der Akha, Lahu oder Pounoy.

Brautpaar am Wat May in Luang Prabang

Die Hmong

Die Hmong werden in Vietnam Meo und in China Miao genannt. Sie leben heute im Süden Chinas sowie in den nördlichen Bereichen von Vietnam, Laos und Thailand. Insgesamt gibt es etwa neun Millionen Menschen, die den Hmong zugerechnet werden.

Über die Wurzeln des Volkes ist wenig bekannt; es soll seit etwa 4000 Jahren bestehen und nach Ansicht einiger Wissenschaftler aus dem westlichen Asien stammen, dann über Sibirien und die Mongolei ans Gelbe Meer gewandert sein. Dort konkurrierte es mit den Han (Chinesen), die sich zur selben Zeit ausbreiteten und eine erfolgreiche lokalisierte Landwirtschaft aufbauten. Dadurch wurden die Hmong (wie viele andere Völker auf dem Gebiet des heutigen China) zur Assimilation oder Flucht nach Süden gezwungen. Da die ökonomisch vorteilhaften Gebiete im Tiefland bereits von anderen Völkern besiedelt waren, zogen sich die Hmong in die Berggebiete zurück und betrieben vor allem Subsistenzwirtschaft.

Als einziges landwirtschaftliches Produkt, das auch Bargeld einbrachte, kannten die Hmong den Anbau von Schlafmohn, aus dem Opium und Heroin hergestellt werden. Und diesen Anbau betrieben sie in den höher gelegenen, schlecht zugänglichen Regionen. Die Machthaber im Lande sahen dies offiziell die meiste Zeit kritisch, bereicherten sich aber gleichzeitig gerne daran. Die französischen Kolonialherren beteiligten sich am internationalen Opiumhandel, ließen die Ware mit der Luftwaffe ausfliegen (Operation X). Nach dem Rückzug der französischen Arme übernahmen korsische Mafiosi den Transport, die eine im

In einem Hmong-Dorf

Volksmund ›Air Opium‹ genannte private Fluglinie betrieben. Auch die CIA stellte Transportkapazitäten in ihrer eigenen Fluglinie Air America zur Verfügung und belieferte sogar die in Südvietnam stationierten US-Soldaten mit dem Rauschgift. Sowohl die königliche als auch die kommunistische Regierung verdienten an dem von den Hmong betriebenen Opiumhandel.

Finanziert wurde dadurch auch ein besonders schmutziges Kapitel des amerikanischen Krieges gegen Vietnam, der ›geheime Krieg‹ in Laos, das eigentlich in der Auseinandersetzung neutral war. An diesem nicht erklärten Krieg beteiligten sich die Hmong auf den Seiten der Amerikaner, was sie endgültig und bis heute zu Feinden der kommunistischen Regierung machte. Diese Entwicklung verbindet sich mit dem Namen eines Mannes, der als General Vang Pao bekannt wurde.

Aus der Sicht der heutigen Regierung standen die Hmong in der Geschichte immer auf der falschen Seite. Und so rächten sich die Kommunisten nach ihrer Machtergreifung 1975 auf brutale Weise an den Hmong. Schon in den Kriegshandlungen waren viele von ihnen ums Leben gekommen, doch jetzt wurden ihre Siedlungsgebiete bombardiert und von Artillerie beschossen, tausende Zivilisten kamen ums Leben, verhungerten oder starben an Krankheiten. Große Fluchtbewegungen setzten ein, doch auch die Nachbarn waren den Hmong nicht unbedingt gewogen. Thailand erlaubte nur Durchgangslager und setzte darauf, dass die USA und Frankreich viele Flüchtlinge aufnahmen.

Seit sich mit einem erstarkenden Laos Geschäfte machen lassen, geraten die Hmong in eine schwierige Lage. Zunächst wollte Thailand 2009 die letzten Hmong loswerden, löste das einzige verbliebene Flüchtlingslager Huay Nam Khao in der Provinz Phetchabun auf und schickte die restlichen 4000 Hmong unter starken internationalen Protesten zurück nach Laos. Vor allem die USA protestierten gegen die Ausweisung, weigerten sich jedoch, selbst Flüchtlinge aufzunehmen. Andererseits sind viele Hmong in den USA reich geworden und erwägen Investitionen in ihrem Heimatland, was aber nicht ohne Risiko ist, da der Konflikt zwischen der Regierung und den Hmong nicht beigelegt ist. Bei einem Zensus im Jahr 2010 gaben rund 260 000 Amerikaner an, sie seien Hmong.

Vang Pao – der unbeugsame General

Vang Pao wurde am 8. Dezember 1929 in einem Dorf in Nordostlaos geboren. Er erhielt nur eine minimale Schulausbildung, denn sein Klan war klein und wenig angesehen. Doch schnell erkannte der junge Mann, wie er sich mit Hilfe anderer Geltung verschaffen konnte. Er schloss sich dem Stammesfürsten Touby Lyfoung und den französischen Kolonialtruppen an, denen er als Bote und Dolmetscher diente. Ab 1947 wurde der kleingewachsene Mann in französischen Militärschulen in Vietnam ausgebildet und stieg in den Rang eines Feldwebels auf. Als die Franzosen in den 1950-er Jahren abzogen, trat er in die königliche Armee ein, in der er weiter die Rangstufen hinaufkletterte. 1961 wurde Vang Pao von der CIA angeworben und sollte eine Hilfsarmee von Hmong rekrutieren, die den von den USA nicht erklärten ›Secret War‹ gegen die Befreiungsorganisation Pathet Lao und ihre nordvietnamesischen Verbündeten führen sollte. Das war genau die richtige Aufgabe für den eitlen und selbstherrlichen Vang Pao, der schnell 7000 Mann zusammenhatte und zur besseren Verbündung der Hmong fünf Frauen aus fünf verschiedenen Stämmen heiratete. Im Laufe der Zeit wuchs Paos ›Secret Army‹ auf etwa 30 000 Krieger an. Er selbst führte 39 000 Mann in seinen Listen, den Sold für die Papiersoldaten steckte er in die eigene Tasche. Da die Truppe schlecht ausgerüstet war, kamen viele der Hmong-Soldaten ums Leben, nach Angaben von Vang Pao selbst mehr als 17 000 allein bis 1968, so dass immer mehr und immer jüngere Kämpfer rekrutiert wurden. Selbst nach dem Urteil der der CIA nicht fremden amerikanischen Entwicklungshilfeorganisation USAID war schließlich rund ein Drittel der Hmong-Soldaten 14 Jahre und jünger, ein weiteres Drittel 15 oder 16 Jahre alt. Weigerten sich Dörfer, Knaben oder Männer zum Kampf zu stellen, ließ der schließlich zum General aufgestiegene Vang Pao diese auch gerne einmal von der US Air Force bombardieren.

Vang Pao wählte Long Cheng am Fuße des Phu Bia, des höchsten Berges von Laos, als Hauptquartier seiner Geheimarmee. Das US-Militär betonierte ihm eine Landebahn in die Hügel, auf der sogar B52-Bomber starten und landen konnten. Normalerweise hoben hier aber Maschinen der Air America ab, die für die CIA Lebensmittel, Waffen und Rauschgift transportierten. Denn Vang Pao hatte es sich nicht nehmen lassen, neben seiner zweistöckigen Villa mit Balkon ein Heroinlabor aufzubauen, um die Truppen zu finanzieren und die Konten seiner ständig wachsenden Familie zu füllen.

Nach der Machtübernahme durch die Revolutionsarmee 1975 floh die Spitze der ›Secret Army‹ mit zahlreichen Kämpfern zunächst nach Thailand und kontrollierte dort die meisten Flüchtlingslager. Die Thais wollten diese Leute gerne loswerden, so dass sie die USA schließlich überzeugten, größere Flüchtlingskontingente der Hmong samt der Führung der ›geheimen Armee‹ aufzunehmen. Mit Unterstützung des CIA siedelte sich Vang Pao zunächst in Montana an, doch er hatte den Kampf noch nicht aufgegeben und schwang sich zum Anführer der Auslandsgemeinde der Hmong auf, von denen etwa 150 000 bis 200 000 in der Folgezeit in die USA flohen. 1977 gründete Vang Pao in Santa Ana, Kalifornien, mit der Lao Family Community (LFC) die größte Hmong-Siedlung in Amerika und widmete sich offiziell – unterstützt vom Bundesstaat Kalifornien und der Zentralregierung – der Eingliederung der Flüchtlinge. Hinter dieser Fassade plante er jedoch mit

Hinterlassenschaften des ›Secret War‹: Umfunktionierte Bomben auf der Ebene der Steingefäße

anderen Führern der ehemaligen königlichen Armee den bewaffneten Kampf gegen die neue Regierung. Dafür sammelte er ›Spenden‹ von seinen Landsleuten und kontrollierte über Banden von jungen, aggressiven Hmong die Flüchtlingslager in Thailand, die als Aufmarschzone für den Kampf gegen Vientiane dienen sollten.

Bei allen diesen Taten wurde General Vang Pao zunächst von der CIA und dem US-Militär geschützt. Doch der Wind drehte sich: Zum einen blieb die Rückeroberung der Heimat vielleicht doch nur ein Traum alternder Krieger, zum anderen wechselten die Unterstützer, vor allem die Regierungen Thailands und der USA, die Seiten. Sie wollten mit einem erstarkenden Laos lieber Geschäfte machen. 2005 wurde eine größere Verschwörung aufgedeckt, bei der Vang Pao auch mit Unterstützung einzelner pensionierter hochrangiger amerikanischer Militärs möglichst viele Regierungsangehörige in Vientiane töten sowie Regierungsgebäude in Schutt und Asche legen wollte. 2007 wurde er verhaftet, weil man ihm Waffengeschäfte in Höhe von zehn Millionen Dollar vorwarf; 2009 wurde das Verfahren in aller Stille eingestellt.

Doch der ewig rückwärts gerichtete und auf Rache erpichte General hatte sich längst auch von der Hmong-Gemeinde in den USA entfremdet. Viele, vor allem jüngere Hmong waren völlig amerikanisiert und wollten von ihrer fernen kleinen Heimat nichts wissen, andere waren reiche Geschäftsleute und wollten eher in Laos investieren als einen neuen Heckenkrieg zu entfachen. Vang Pao starb am 6. Januar 2011 in Kalifornien an einer Lungenentzündung. Er hinterließ mindestens 20 Kinder.

Auslandslaoten

Interessant ist die Tatsache, dass mehr Laoten außerhalb von Laos leben als im Land selbst. Neben den 260 000 Hmong in den USA gibt es dort noch 230 000 Laoten, in Frankreich sind es 140 000 und in Kanada 12 000. Auch in den Nachbarländern halten sich viele Lao auf: in Kambodscha 100 000, in Burma 80 000 und in Vietnam 10 000. Die bei weitem größte Zahl an Laoten lebt jedoch im Norden Thailands, in einer Region, die früher als das Reich Lan Na bekannt war und die über Jahrhunderte zu Laos gehörte; die Thais nennen das Gebiet Isan. Dort sollen rund 13 bis 15 Millionen Lao wohnen – etwa die doppelte Zahl der Bewohner des Staates Laos.

Sprache und Schrift

Offizielle Sprache ist das Laotische, das dem Thai sehr eng verwandt ist. Es wird von den Lao im Flachland des Mekong gesprochen, während die Bergbewohner eine große Anzahl von weiteren Sprachen, auch aus anderen Sprachfamilien, sprechen. Da sämtlicher Unterricht auf Lao abgehalten wird und das thailändische Fernsehen langsam, aber sicher bis ins hinterste Tal vordringt, spricht ein immer größerer Teil der Bevölkerung, vor allem der jungen, Laotisch, während die anderen Sprachen ins Hintertreffen geraten und auszusterben drohen.

Das Laotische ist eine tonale Sprache, das heißt, die Tonmodulierung ist bedeutungstragend. Die Anzahl der Töne hängt vom Dialekt ab, im Norden gibt es meist fünf Töne, im Süden sechs. Der Standard-Dialekt, der in Vientiane und Umgebung gesprochen wird und allgemein verbreitet werden soll, weist sechs Töne auf: tief, mittel, hoch, steigend, hoch und steigend, niedrig und fallend. Im Dialekt von Luang Prabang gibt es fünf Töne: mittel fallend und steigend, tief steigend, mittel,

Freunde skurriler Übersetzungen haben in Laos oft Anlass zur Freude

Laotische Schülerinnen

hoch fallend, mittel steigend. Die Aussprache wird auch dadurch kompliziert, dass es, anders als bei den meisten europäischen Sprachen, nicht nur stimmhafte und stimmlose Laute gibt, sondern auch aspirierte und nicht-aspirierte.

Die Grammatik hingegen ist eher einfach: Es gibt weder Deklination noch Konjugation, keine Artikel und kein grammatisches Geschlecht. Deshalb muss die Wortstellung im Satz recht streng eingehalten werden: Subjekt, Verb, Objekt.

Die laotische Schrift gehört zu den indischen Schriften. Sie lehnt sich an die Thai-Schrift des 14. Jahrhunderts an, die wiederum im 13. Jahrhundert aus der Khmer-Schrift (Katmbodscha) entlehnt wurde. In der Folgezeit wurde sie mehrfach gestrafft und systematisiert, so dass sie heute immerhin noch 33 Konsonanten und 28 Vokale aufweist.

Ein festgelegtes Transkriptionssystem in die lateinische Schrift existiert nicht, womit Schreibweisen vom Straßenschild über den Tempelnamen bis zur Speisekarte gerne voneinander abweichen. Auch in diesem Buch war eine völlig widerspruchsfreie Umschreibung nicht möglich.

Bildung, Schulsystem

Im Vergleich zu den Nachbarländern ist die Alphabetisierungsrate in Laos nicht sehr hoch: etwa zwei Drittel der Männer und ein Drittel der Frauen können lesen und schreiben. Grund dafür ist die Abgelegenheit vieler Dörfer im Hochland, in dem es nur wenige Schulen gibt. Oft müssen die Kinder bis zu 20 Kilometer zur nächsten Schule laufen oder mit dem Rad fahren, denn Schulbusse gibt es nicht. Viele Kinder werden auch zu häuslichen Arbeiten herangezogen, müssen auf Vieh oder Geschwister aufpassen und gehen deshalb nicht oder nur selten zur Schule. Vor allem arme Bauern sehen den Nutzen von Schulbildung manchmal auch nicht recht ein, zumal der Unterricht in laotischer Sprache erfolgt, die vielleicht die Kinder, nicht aber die Eltern beherrschen.

Offiziell besteht eine Schulpflicht von acht Jahren. Eine vollständige Schulausbildung umfasst elf Jahre, die Grundschule dauert ab dem sechsten Lebensjahr fünf Jahre, darauf folgen zwei Sekundarstufen mit je drei Jahren.

Im Jahr 1996 wurden alle tertiären Bildungseinrichtungen zur National University of Laos (NUoL) zusammengefasst. Zur Vorbereitung müssen alle Studienanwärter die School of Foundation Studies für zwei Jahre besuchen, die man mit einer gymnasialen Oberstufe vergleichen könnte. Die meisten Hochschuleinrichtungen befinden sich in Vientiane, wo etwa 30 000 junge Männer und Frauen vor allem anwendungsorientierte Fächer studieren.

Feste und Feiertage

Die Laoten begehen sehr gerne alle möglichen staatlichen, religiösen und privaten Feiertage, bei denen zunächst ein Besuch im Tempel auf dem Programm steht, dem dann meist Familienzusammenkünfte, gutes Essen und sehr viel Alkohol folgen. Solche Feiern können sich den ganzen Abend hindurch bis tief in die Nacht hinziehen. Oft sind sie mit Musik und Karaoke-Verführungen von sagenhafter Lautstärke verbunden.

Buddhafest

Mit der wichtigsten religiösen Person des Landes, dem Buddha, verbinden sich nicht so konkrete Lebensdaten wie im Christentum, obwohl er mit ausreichender Sicherheit eine historische Person war. So hat man diesen allgemeinen Buddha-Feiertag (Pha Weet) geschaffen, der an sein Leben erinnern soll. Er findet in verschiedenen Tempeln zu verschiedenen Terminen im März und April statt. In diesen Tempeln wird dann aus den Jataka, den Lebensgeschichten des Buddha, vorgelesen, manchmal den ganzen Tag lang.

Dieses Fest nehmen viele Familien zum Anlass, ihre Söhne für einige Zeit in ein Kloster zu schicken. Früher blieben alle männlichen Kinder für Monate oder gar bis zu einem Jahr in einem Wat, heute sind es meist nur ein paar Tage.

Neujahrsfest

Das Neujahrsfest (Pi Mai) ist das wohl wichtigste des Landes und wird nach dem komplizierten Sonnen- und Mondkalender berechnet. Es fällt auf Mitte April (oft auf den 13. April) und dauert mindestens drei Tage, gerne aber auch eine Woche.

In den letzten Tagen des alten Jahres müssen das Haus und alle anderen Dinge gereinigt werden, zudem verkauft man auf dem Markt alles, was noch zum alten Jahr gehört. Danach wird die Arbeit eingestellt, und die Familien pilgern von einem Wat zum nächsten; je mehr man schafft, desto mehr Glück soll man im neuen Jahr haben. Am dritten Tag der Feierlichkeiten beginnt dann das neue Jahr. Es wird mit reichlich Wasser begossen. Auf der Straße und überall begießt man sich eifrig mit dem erfrischenden Nass, die Reste eines alten Reinigungsrituals. Heute werfen junge Leute gerne auch Mehl und Blütenstaub, was weniger erfrischend ist.

In Luang Prabang wird das Fest besonders ausgiebig gefeiert. Eine Schönheitskönigin wird gewählt und in Prozessionen, die auch an alte Mythen erinnern, durch die Stadt geführt. Am Ufer des Mekong werden Stupas aus Sand gebaut. Einige dieser Traditionen fassen auch in anderen Städten wieder Fuß.

Raketenfest

Dieses Fest (Bun Bang Fai) ist ein Fruchtbarkeitsritus der deutlichsten Art. Der Lärm der Raketen und der Feiernden soll die Götter aufwecken und daran erinnern, dass sie nun Regen schicken müssen, damit die Felder unter Wasser stehen und die Reispflanzen gesetzt werden können. Die Raketen sind zudem Phallussymbole, Zeichen der Fruchtbarkeit für die Landwirtschaft und das Zusammenleben der Menschen. Ein uralter Ritus, der von der Partei nach der Machtübernahme 1975 zunächst verboten wurde, weil er ›unwissenschaftlich‹ sei und weil die Partei wohl auch nicht zu viel Sprengstoff in den Händen der unzufriedenen Bauern sehen wollte. Doch heute werden sie wieder gebaut, die meterlangen Geschosse aus Bambus und Metall, deren Tanks bis zu zehn Litern Treibstoff fassen. Natürlich geht es darum, die Rakete möglichst hoch zu schießen und nicht im nächsten Reisfeld landen zu lassen. Bedenkt man, dass die – allesamt männlichen – Protagonisten seit dem frühen Morgen unterwegs sind, um die ältere Bevölkerung mit derben Gesängen zu unterhalten und Schnaps von ihr zu fordern, kann man sich vorstellen, dass die Raketenstarts am Nachmittag keine ungefährliche Veranstaltung sind.

Das Fest findet zu verschiedenen Terminen im Mai und Juni statt, damit benachbarte Dörfer sich gegenseitig besuchen können.

Fastenzeit

Die Lebensgeschichte des Buddha berichtet, dass er zur Monsunzeit von Juli bis September nicht von Ort zu Ort ziehen konnte, um zu lehren, sondern sich in eine Höhle zurückzog und meditierte. Darauf beziehen sich die Mönche, die zu einem festgelegten Zeitpunkt, dem Beginn der Fastenzeit (Khao phansa) ihre Bettelgänge beenden und im Wat bleiben, wo strengere Regeln als sonst für sie gelten. Auch das Ende der Fastenzeit (Ork phansa), nach dem die Mönche für ihre Regelverstöße Abbitte leisten müssen, wird vom Orden festgelegt. Danach erhalten sie von den Gläubigen gespendete neue Roben. Auch in diesen drei Monaten gehen viele Knaben für einige Zeit in ein Kloster.

Ruderfest

Beim Ruderfest (Boun Suang Heua) im Oktober sollen die Nagas, die fast gottähnlich verehrten vielköpfigen Wasserschlangen, die die Flüsse schützen, dazu gebracht werden, die Felder zu verlassen und in die Flüsse zurückzukehren, wo sie während der folgenden Trockenzeit genug Wasser vorfinden werden. Die Tempel werden mit Kerzen geschmückt, und am Abend setzen die Gläubigen Kerzen auf kleinen Bambus- oder Bananenblattflößen auf dem Fluss aus.

Beim Rudern am nächsten Tag geht es dann weniger zeremoniell zu. Die in den Tempeln aufbewahrten offenen Langboote, in denen bis zu 60 Ruderer Platz finden, sind in den Tagen vorher gesäubert und repariert worden und liefern sich jetzt spannende Kämpfe mit den Booten anderer ›Dörfer‹ (*ban*). Dabei versinkt das ein oder andere Boot auch schon mal in den Fluten.

Ruderboote in Luang Prabang

Baci-Zeremonie

That-Luang-Fest

Hintergrund dieses Festes ist der Mythos, der den That Luang umgibt, die Missionierung des Buddhismus nach dem Konzil des indischen Kaisers Ashoka, die eine Reliquie des Buddha hierher gebracht haben soll. Zur Erinnerung werden religiöse Zeremonien im That Luang in Vientiane mit hochstehenden Mönchen aus dem ganzen Land abgehalten, die in einer langen Prozession vom Wat Si Muong hierher kommen und den Stupa dreimal umrunden.

Parallel dazu findet auf dem großen Platz vor dem That ein riesiges Volksfest statt. Es gibt zahllose Verkaufsstände, Sportveranstaltungen, ohrenbetäubende Rockkonzerte und abends ein großes Feuerwerk.

Philosophien und Religionen

Fast alle Lao bezeichnen sich heute als Theravada-Buddhisten. Dies ist die strengere Schule des Buddhismus, in der es keine Bodhisattvas gibt, die den Gläubigen auf ihrem Weg der Erlösung behilflich sind. Jeder ist für sich selbst und sein Seelenheil verantwortlich, kann sein Leben und spätere Wiedergeburten durch gute Taten und Meditation positiv beeinflussen. Diese Form des Buddhismus ist auch in Sri Lanka, Burma, Thailand und Kambodscha vorherrschend.

Alte Mythen

Ganz gleich ob ein Laote heute Buddhist ist oder Kader der Kommunistischen Partei, die alten Mythen leben in seinem Kopf fort. Und diese besagen, dass, lange bevor die Erde von Menschen bewohnt wurde, als Himmel und Erde noch eins waren, dieser Planet von kaum durchdringbarem Urwald bedeckt war, in dem die Geister (*phi*) wohnten: die Geister der Berge, der Flüsse, der Wasserfälle, der Bäume, der Steine und viele andere, die mit zahlreichen übernatürlichen Fähigkeiten ihr Territorium ausgezeichnet verteidigten. Besänftigen kann man die Geister mit Opfergaben, die man ihnen an einem markierten Ort darbietet. Heute sind dies vor allem die Geisterhäuschen, die man vor dem eigenen Haus auf einem Pfahl errichtet (und die durchaus Vogelhäuschen ähnlich sehen). Zudem hat sich diese Opferpraktik auf die Ahnenverehrung übertragen, für die es Altäre in den Häusern gibt. Letztendlich geht auch das Niederlegen von Opfern vor dem Altar im Tempel auf die Opfergaben für die Geister zurück. So vermischt sich der Volksbuddhismus mit dem uralten Geisterglauben.

Besonders gut und – da die Partei heute wieder mehr Religion duldet – recht häufig ist diese Vermischung bei der sogenannten Baci-Zeremonie in den Tempeln zu beobachten. Ganze Familien gehen gehüllt in ihre feinste Kleidung zum Tempel und bringen auf einer silbernen Schale angerichtete Früchte und Speisen als Opfer dar. Zeremonienmeister der Geisterbeschwörung ist heute ein buddhistischer Mönch. Anlass für eine solche Zeremonie kann alles Mögliche sein: eine Hochzeit, die Eröffnung eines Unternehmens, Geburt, eine Krankheit oder die Heilung von einer solchen, eine lange Reise und vieles andere mehr. Der Mönch spricht mit den Gläubigen, gibt ihnen gute Ratschläge, rezitiert Gebete. Dann wird jeder einzelne gesegnet. Die anderen Familienmitglieder halten dabei eine Hand erhoben, mit der anderen berühren sie den jeweils vor ihnen Sitzenden leicht an der Schulter oder am Rücken, so dass eine Art Kette der Heilsversprechen entsteht. Dann kommt der Nächste dran und die Sitzordnung ändert sich entsprechend. Bei dieser Segnung bindet der Mönch den Gläubigen ein weißes (Reinheit symbolisierendes) Baumwollbändchen um das rechte Handgelenk. Dieses muss mindestens drei Tage getragen werden und soll bestenfalls

Geisterhäuschen

von selbst abfallen, darf jedenfalls nicht durchschnitten, sondern höchstens aufgeknüpft werden. Auch bei Hochzeiten wird ein solches Bändchen gebunden; wenn es bei beiden Partnern drei Tage unversehrt hält, soll die Ehe unter einem guten Stern stehen.

Hintergrund dieser Zeremonie ist sehr alter Geisterglaube. Dieser besagt, dass der menschliche Körper aus 32 Organen besteht, die in einem harmonischen Verhältnis zueinander stehen müssen, damit Gesundheit gewährleistet ist. Jedes Organ wird von einem ›Kwan‹ genannten Geist bewacht. Wenn einige dieser Geister sich von dannen machen, geraten die Organe in ein Ungleichgewicht (Krankheit). Die Baci-Zeremonie sollte ursprünglich möglichst viele der Geister zurückholen, um wieder Harmonie im Körper herzustellen.

Dass sie heute eine sehr weitgehende Interpretation erfährt, ließ sich in einem Tempel beobachten: Ein Mönch reichte einem jungen Mann eine große Rolle des Baumwollfadens, von dem er sonst nur ein paar Zentimeter für ein Handgelenk abschneidet, durch das Fenster eines Sim nach draußen, wo sie der junge Mann abwickelte und abwickelte und schließlich ein glänzend geputztes blaues Moped mehrfach umwickelte. Gegen eine gute Spende blüht der Aberglaube immer umfassender – aber der Papst segnet ja auch Formel-1-Autos.

Auch Dämonen bestimmten früher das Leben, größer und mächtiger als die Menschen, die jedoch mit den Menschen Frieden schlossen, als diese begannen, die Erde zu besiedeln. Und so stammen nach der Legende auch die laotischen Könige von einem himmlischen Wesen ab, von Khun Borom. Als dieser vom Himmel auf die Erde umsiedeln wollte, ritt er auf seinem königlichen Elefanten, dessen Stoßzähne sich überkreuzten, und landete in Muang Thaen, der Stadt der Götter, die heute Dien Bien Phu heißt und im Nordwesten Vietnams liegt. Geschmückt mit den königlichen Symbolen und begleitet von seinen Dienern Pu No (Vater) und Na No (Mutter), die Schaufeln, Äxte und Hacken trugen, machte sich Khun Borom auf nach Südwesten. Mit ihren Werkzeugen ebneten die Diener den Weg, planierten die Vegetation und auch jene Völker, die sich ihnen in den Weg stellten. Als sie an eine Stelle kamen, an der ein kleiner Fluss mit einer Doppelbiegung in einen großen mündete, stellten sie sich dem Kampf gegen 15 Schlangen (*naga*), den sie trotz der Übermacht leicht gewannen. Pu No und Na No wurden die neuen Schutzgeister der Gegend und versicherten sich der Dienste der Schlangen. Khun Boroms ältester Sohn wurde der erste König von Luang Prabang, wie der Ort, an dem dieser Kampf stattgefunden hatte, später heißen sollte.

Dieser Gründungsmythos wurde später vielfach geändert oder in anderen Zusammenhängen variiert. So stand die Gegend von Luang Prabang im 11. Jahrhundert in Austausch mit den Khmer-Königen, die sehr mächtig in Angkor herrschten. Sie hatten die meiste Zeit (ab dem 3. Jahrhundert) den Hinduismus als Staatsreligion angenommen, und so wurde Khun Borom auch gleich als Überbringer dieser indischen Religion eingespannt, zumal er ja wie Indra, einer der wichtigsten Götter des Hinduismus, auf einem mächtigen Elefanten ritt. Indras Elefant hat gewöhnlich drei Köpfe und manchmal sogar 33. Auch die Phi fanden teilweise neue Aufgaben; sie nannten sich jetzt Devata und stellten die unterste Schicht des beträchtlichen hinduistischen Götterpantheons dar. Doch weiter verteidigten sie das Land und spielten dieselbe Rolle in den Gedanken der Menschen wie vorher.

Buddhismus

Der Buddhismus als bedeutendste Religion Asiens geht auf den indischen Prinzen Siddharta Gautama (etwa 563–483 vor Christus) zurück, der seinem irdischen Reichtum entsagte und nach einem Sinn des Lebens suchend umherwanderte, bis er nach mehreren Jahren, unter einem Bodhibaum sitzend, die Erleuchtung erlangte. Er erkannte das menschliche Leben als Prozess des Leidens, so dass der Mensch sich von den irdischen Gelüsten befreien und abstinent leben müsse, um in einer höheren Form wiedergeboren zu werden und letztendlich in das Nirwana, den Zustand des ›Verwehens‹ und die höchste Form der Abstinenz und Befreiung, einzugehen. In Gesprächen brachte Siddharta diese Erkenntnisse seinen Schülern nahe, die später einige seiner Lehren aufschrieben. Bei seinem Tod ging der Lehrer nach Auffassung seiner Schüler direkt ins Nirwana ein. Er wurde anschließend als ›der Buddha‹ (›der Erleuchtete‹) bezeichnet. Er ist kein Gott, wird nicht angebetet, sondern verehrt und greift nicht in das Leben der Menschen ein.

Später bildeten sich verschiedene Klöster von buddhistischen Mönchen und damit verschiedene Lehrmeinungen. Die entscheidende Frage dabei war, ob jeder Mensch ein Buddha werden konnte und ob die Erlösung mit Hilfe der sogenannten Bodhisattvas – Erleuchteten, die ihren Eingang ins Nirwana aufschoben, um anderen zu helfen – erreicht werden konnte. Beide Fragen verneinte der Theravada-Buddhismus (auch ›Kleines Fahrzeug‹ genannt), während der Mahayana-Buddhismus (›Großes Fahrzeug‹) den Gläubigen diese Abkürzung zur Erlösung anbot und damit den Weg bereitete für einen weit verbreiteten Volksbuddhismus.

Zunächst entwickelte sich der Buddhismus von Nordindien ausgehend entlang der Handelsstraßen zu Lande und zur See, da die Händler oft längere Zeiten in der Fremde verbrachten und dort ihren Glauben vorlebten. Etwa ab dem Jahr 300 vor Christus, nach dem dritten buddhistischen Konzil unter dem indischen Herrscher Ashoka, wurden auch Missionare ausgesandt, die predigen und die Schriften verbreiten sollten.

Junge Mönche in Savannakhet

Die grundlegende Erkenntnis des Buddhismus besteht darin, dass das Leben der Menschen als eine Ansammlung von Leiden gesehen wird, nicht nur körperlicher Leiden wie Krankheit, Alter und Verfall, sondern auch seelischer Leiden wie Kummer, Einsamkeit und Hass. Als Quell dieses Leidens hat der Buddha bei seinen Meditationen die Begierde ausgemacht, so dass das Leiden aufgehoben werden kann, wenn der Mensch der Begierde entsagt, sich also von materiellem, aber auch geistigem irdischen Besitz trennt. Durch Meditation kann er schlechten Gewohnheiten, Gedanken und Bestrebungen entsagen, was den asketischen Charakter des Lebens vieler echter Buddhisten verdeutlicht.

In der Praxis wurden in späteren Zeiten verschiedene Schriften verfasst, die die Meditation unterstützen und den Weg zur Erlösung aufzeigen sollen. Dieser ist als der ›achtfache Pfad der Tugend‹ bekannt und besteht aus rechter Erkenntnis, rechter Gesinnung, rechter Rede, rechtem Handeln, rechtem Bestreiten des Lebensunterhalts, rechtem Streben, rechter Achtsamkeit und rechter Meditation. Weiter konkretisiert folgt daraus zum Beispiel, dass gute Gläubige ihren materiellen Besitz verschenken, jedem Lebewesen das Recht auf Leben gewähren und deshalb vegetarisch und sehr wenig essen, auf Alkohol und andere Rauschmittel verzichten, Mitleid gegenüber leidenden Wesen zeigen und ihnen helfen und sich immer wieder zu Meditationen in die Einsamkeit zurückziehen. In der Praxis werden diese Gebote eher selten befolgt, so lebt nur eine Minderheit der Laoten als Vegetarier, selbst viele Mönche essen Fleisch und Fisch.

Dabei gelten für Mönche diese Vorschriften eigentlich verschärft. Sie sollen zum Beispiel im Zölibat leben, sich nicht um ihre nächste Mahlzeit sorgen, sondern von den Spenden anderer leben, weshalb sie am frühen Morgen mit ihren Schalen in einer langen Reihe das Kloster verlassen und durch den umliegenden Ort gehen. Die Gläubigen warten bereits mit gekochtem Reis oder etwas Gemüse, verneigen sich vor den Mönchen und geben einen Löffel Reis in die Schale eines jeden Mönches, der vorbeikommt. Die Mönche zeigen keine Gefühlsregung, bedanken sich nicht, sondern wenden sich einfach ab und gehen weiter. Dieses Ritual dient beiden: Die Mönche erhalten ohne Ehrgeiz zu zeigen ihre zwei Mahlzeiten, die sie bis zum Mittag eingenommen haben müssen, während die einfachen Gläubigen durch den Akt des Mitleids und der Spende ebenfalls gute Taten (Karma) ansammeln. Vor allem in Luang Prabang, wo 700 bis 800 Mönche aus dem ganzen Land leben, kann man am frühen Morgen die religiöse Zeremonie des Tak Bat beobachten.

In den meisten Theravada-Gemeinschaften, also auch in Kambodscha und Laos, ist es üblich, dass jedes männliche Kind eine Zeitlang als Novize in einem Kloster verbringt, früher mehrere Monate, manchmal auch Jahre, heute ist es oft nur eine Woche. Der praktische Vorteil lag oft, vor allem in ländlichen Gebieten, darin, dass der Junge eine Bildungsgrundlage erhielt, da es keine öffentlichen Schulen gab und die Klöster oft die einzigen Horte des Wissens in einer agrarisch geprägten Gegend darstellten. Dieser Aspekt spielt heute, da die Schulsituation sich viel besser darstellt, nur noch eine untergeordnete Rolle. Es gibt auch buddhistische Nonnen und sogar reine Frauenklöster, doch nur sehr wenige. Der Gang ins Kloster war für Mädchen nicht üblich.

Laos – vom Großreich zum Kleinstaat

Auch in der laotischen Geschichtsschreibung steht ein Entstehungsmythos am Anfang, der das Volk auf einen einzigen Herrscher zurückführt. Dieser war Khun Borom, der vom König der himmlischen Götter gesandt wurde, um über die Erde zu regieren. Sein ältester Sohn hieß Khun Lo, der Ahnherr aller Tai-Völker. Der Abstieg auf die Erde soll sich in Muang Thaen (heute Dien Bien Phu in Vietnam) vollzogen haben, und von hier sollen sich die Lao entlang der Flusstäler in sämtliche Himmelsrichtungen ausgebreitet haben.

Eine andere Legende berichtet davon, dass das Leben auf der Erde von einer gigantischen Rankpflanze bedroht war, die deshalb gekappt werden sollte. Ein altes Paar übernahm freiwillig den gefährlichen Schnitt und wurde von der herabstürzenden Ranke erschlagen. In ihrem Geäst fand man zwei riesige Kürbisse, aus denen Schreie zu hören waren. Also nahm man ein rotglühendes Stichinstrument und brannte ein Loch in den ersten Kürbis, aus dem dann die Kha kletterten. In den zweiten Kürbis wurde mit einem Messer ein Loch geschnitten, durch das die Tai die Erde betraten.

Wörtlich übersetzt bedeutet Kha Sklaven, gemeint sind damit die dunkelhäutigeren Völker austronesischer Abkunft, die heute meist Lao Theung oder Berglaoten genannt werden. Die Legende macht den sozialen Unterschied deutlich, aber durch die Verwendung des herabwürdigenden Begriffs auch den bis heute nicht überwundenen Widerspruch zwischen den als eigentliche Laoten angesehenen Talbewohnern, den Lao Loum, und den Bewohnern der kargen Bergregionen, den Lao Theung. Es wird aber immerhin eingestanden, dass die Kha zuerst ankamen.

Über diese Völker herrschte dann Khun Borom. Er hatte sieben Söhne, die er später aussandte, um sieben Königreiche zu gründen, die im Westen vom Shan-Reich (heute Burma/Myanmar) bis zum Osten, zur Bergregion im Norden Viet-nams reichten, wo bis heute Tai-Völker wohnen. Der älteste Sohn, Khun Lo, etablierte sein Reich in der Region von Luang Prabang; ein weiteres entstand in Xieng Khouang. Dies alles soll sich Mitte des 8. Jahrhunderts zugetragen haben, einer Zeit, in der sich wohl einige Fürstentümer in der Großregion etablierten. Eine kohärente, zielgerichtete Entwicklung eines Staates gab es aber zu dieser Zeit sicher nicht.

Nicht erwähnt wird in all diesen Geschichten das heutige südliche Laos, denn es unterstand dem Einfluss der Khmer in Kambodscha, was zum Beispiel am Bau des Khmer-Tempels Wat Phu, in dessen Nähe auch eine bedeutende Khmer-Stadt am Mekong lag, zu erkennen ist. Bis zum 11. Jahrhundert waren die Khmer im heutigen Südlaos vorherrschend.

Die Legenden immerhin haben die Zeiten überdauert. Bis zur Abschaffung der Monarchie im Jahr 1975 wurden sie bei Festen noch auf Wagen dargestellt.

Die Herkunft der Laoten

Die tatsächliche Herkunft der Laoten, oder allgemeiner der Tai-Völker, zu denen auch die modernen Thai und die Shan im heutigen Burma zählen, ist jedoch nicht so einfach zu bestimmen. Manche Forscher gehen davon aus, dass sie ursprüng-

König-/Kaiserreiche mit Völkern

- Pagan: Burmesen, vermutlich aus Nordosttibet
- Kambodscha: Aus dem Reich ›Chenla‹ hervorgegangen, 802 Gründung der Monarchie von Angkor
- Champa: Volk der Cham, allmählich von Dai Viet erobert
- Nan Chao: Tai-Völker, 1253 erobert von Kublai Khan
- China: Ausdehnung zur Zeit des Sung-Reiches um 1100 nach Christus
- Dai Co Viet (Annam): Vietnamesen, seit 939 von China unabhängig, seit 968 geeint
- Lamphun: Mon-Königreich

Indochina zur Zeit Angkors

0 150 300 km

lich im Nordwesten des heutigen China, im Altai-Gebirge, siedelten und im Laufe von Jahrtausenden nach Süden wanderten. Einigermaßen belegt ist hingegen, dass sie um 2000 vor Christus in der Gegend der heutigen chinesischen Provinz Sichuan lebten und von dort mit der Ausbreitung der Han-Chinesen im 1. Jahrhundert vor Christus nach Yunnan vertrieben wurden. Dort gründeten sie das Reich Nan Chao, das dem chinesischen Kaiser Tribut zollte.

In den folgenden Jahrhunderten breiteten sich die Tai-Völker langsam fächerartig in den Bergen der jeweils nördlichen Regionen des heutigen Thailand, Laos und Vietnam aus. Da die Berggebiete oft ökonomisch sehr unwirtlich waren, die Bevölkerungszahl aber dennoch stieg, folgte ein Abstieg in die Täler fast automatisch. Der Mekong wurde so zur Achse der in verschiedenen Klanverbänden lebenden Tai-Lao-Völker, die sich in ihrer Lebensweise den Bedingungen in den Hochebenen und Tälern angepasst hatten.

Um die Zeitenwende existierte auf der hochgelegenen ›Ebene der Tonkrüge‹ offensichtlich eine vergleichsweise weit entwickelte Zivilisation, über die allerdings bis heute fast nichts bekannt ist. Sie hinterließ behauene Steinplatten und jene unerklärlichen großen Gefäße, die ›Tonkrüge‹ genannt werden, aber aus Stein sind und über deren Entstehung und Bedeutung weiterhin nur spekuliert werden kann.

In den tiefer gelegenen Gebieten schufen die eingewanderten Tai-Lao-Völker in den ersten fünf Jahrhunderten unserer Zeitrechnung mehrere kleinere Machtzentren. Im Norden handelte es sich um das heutige Luang Prabang, weiter südlich lagen drei buddhistisch geprägte Orte in der Region des heutigen Vientiane, im oberen Xi-Tal sowie in der Umgebung von Thakhek.

Weitere Berichte aus dem Nan Chao genannten Reich des Khun Lo verweisen darauf, dass die Chinesen ihn unterjochen wollten, wogegen er sich in Yunnan wehrte, der chinesischen Übermacht aber unterlag. Dies erhöhte nochmals den Wanderungsdruck auf die Tai-Lao-Völker, die immer weiter nach Süden und Westen gezwungen wurden.

Die Gesellschaft war damals vor allem in Familien organisiert, die Reis anbauten und Büffel zum Pflügen, Ziehen von Wagen und für Milch hielten. Sie beherrschten auch die Seidengewinnung und -verarbeitung, eine Heimindustrie, die die Chinesen gerne exklusiv für sich vereinnahmen. Dörfer wurden mit Wällen und Gräben geschützt, die Armeen vertrauten auf Elefanten und Pferde. Aufgehalten wurde die Wanderung nach Süden durch ein schon vergleichsweise gefestigtes Reich der Khmer, die verschiedene Gruppen von Neuankömmlingen unter ihre Oberhoheit brachten.

Ein Staat bildet sich

Mitte des 13. Jahrhunderts begann eine unruhige Zeit in Asien: die Ausbreitung der Mongolen, die 1253 das bis dahin unabhängige Yunnan überrannten und bis nach Pagan (Burma) und Kambodscha vordrangen. Die Tai-Lao-Völker wurden damit noch weiter nach Süden gedrängt, wo sie auf die nun in ihrer Blüte stehende Königsmacht der Khmer trafen. Als die Mongolen sich zur Sicherung ihres Reiches zurückzogen, gründeten die Tai-Fürsten wie Mangrai das mäch-

Fa-Ngum-Statue in Vientiane

tige Reich Lan Na mit der Hauptstadt Chiang Mai, während Ramkhamhaeng weiter im Süden, in der Ebene des Flusses Chao Phraya, Sukhothai etablierte. Beide Reiche waren den Mongolen tributpflichtig.

Wenig später entstand ein weiteres Reich: Lane Xang, das ›Reich der Millionen Elefanten‹ mit der Hauptstadt Xieng Dong Xieng Thong, die heute Luang Prabang heißt. Gründer dieses Reiches war Fa Ngum, ein von seiner Familie nicht anerkannter Prinz des in der Region schon herrschenden buddhistischen Phraya-Geschlechts, der verbannt wurde und nach Kambodscha auswanderte. Am Hof von Angkor sah man wohl die Chance, die Macht nach Norden auszudehnen, nahm den Prinzen auf, verheiratete ihn mit einer Khmer-Prinzessin und stellte ihm eine Armee für einen Feldzug gegen seine alte Heimat zur Verfügung. Auf dem Weg nach Luang Prabang unterwarf er mehrere Regionalfürsten, bevor er 1353 die Hauptstadt seines Großvaters eroberte, sich zum König ausrief und sein Reich Lane Xang Hom Khao nannte, ›das Land der Millionen Elefanten und des weißen Schirms‹.

Das vietnamesische Reich Dai Viet, ebenfalls von Auseinandersetzungen mit den Mongolen geschwächt, zeigte sich angesichts der Truppenaufmärsche äußerst besorgt und entsandte Unterhändler, die mit Fa Ngum eine gemeinsame Grenze festlegen sollten. Man einigte sich auf die Wasserscheide des Truong-Son-Gebirges, eine Markierung, die bis heute gültig ist und in der Geschichte fast nie umstritten war.

Schon im folgenden Jahr setzte Fa Ngum seinen Feldzug nach Westen fort und unterwarf Lan Na, das er zu seinem Vasallenreich machte. Ein dritter Streitzug führte ihn ab 1356 nach Süden, wo die Ebene von Vientiane und das dortige Fürstentum sowie weiter entfernte Reiche besiegt werden konnten. Selbst das bedeutende und hochgerüstete Tai-Königtum Ayutthaya unterwarf sich bei Herannahen der Truppen kampflos. So war innerhalb weniger Jahre ein riesiges Reich entstanden, das sich über das gesamte heutige Laos und einige angrenzende Gebiete sowie das heutige Nordthailand erstreckte. Es handelte sich allerdings nicht um einen festgefügten Staat, sondern eine Gruppe von neu strukturierten und regional verwalteten Fürstentümern, die sich untereinander durch Tributleistungen verpflichtet waren. Fa Ngum regierte als König in Luang Prabang und empfing jedes Jahr die Gesandtschaften aus den Provinzen, die ihm Rechenschaft abzulegen hatten. Er führte zudem das Amt des Vizekönigs (Oupahat) ein, das in den folgenden Jahrhunderten meist von einem Bruder des Königs ausgeübt wurde, dem die alltägliche Verwaltung im Innern des Reichs unterstand.

Nach der Festigung seines Reiches strebte Fa Ngum auch einen geistigen Überbau an und bat seinen Schwiegervater und seinen Lehrer, den Mönch Maha Pasaman aus Angkor, um die Entsendung von Missionaren. Die Bevölkerung der von Fa Ngum eroberten Fürstentümer glaubte vor allem an Geister, hatte jedoch seit langer Zeit sporadischen Kontakt zum in China vorherrschenden Mahayana-Buddhismus gehabt. Die zahlreichen nun aus Angkor anreisenden Mönche vertraten jedoch den elitäreren Theravada-Buddhismus, der schließlich offizielle Staatsreligion in Lane Xang wurde. Fa Ngum ließ zahlreiche Klöster bauen, und eine aus Sri Lanka stammende vergoldete Buddhastatue namens Pra Bang (›heiliger goldener Buddha‹) wurde zum Symbol dieser Staatsreligion. Die Statue blieb zunächst in Vientiane und wurde erst später Namenspatronin des heutigen Luang Prabang. Später eiferte auch Fa Ngums Sohn dem Vater in der Verbreitung des Buddhismus nach, ließ weitere Mönche und Baumeister aus Angkor kommen und übernahm die Patronage über zahllose Tempelanlagen, die bis heute bestehen.

Die Nachfolger des Reichsgründers

Fa Ngums Macht hielt nur bis 1368, dem Jahr, in dem seine Khmer-Gattin starb und in dem seine weit entfernten politischen Verbündeten, die Mongolen, die Herrschaft über das große China an die einheimische Ming-Dynastie verloren. Der offiziellen Geschichtsschreibung nach soll Fa Ngum nach dem Tod seiner Frau zahlreiche adlige Damen als Konkubinen genommen haben. Er sah sich deshalb mit Verbannung bedroht, doch gibt es deutliche Anzeichen für einen

Der Wat Visun in Luang Prabang entstand unter König Visun

Machtkampf am Hof mit dem Ziel, den Einfluss der mit Fa Ngum angekommenen Khmer zurückzudrängen. Fa Ngums ältester Sohn bestieg den Thron und nannte sich nach der ersten Volkszählung (1376) Samsentai, was ›Herrscher über 300 000 Tai‹ bedeutet und der Zahl der festgestellten Männer entsprochen haben soll. Frauen und Kinder wurden nicht mitgezählt, allerdings registrierte man noch 400 000 Männer, die nicht den Tai-Lao-Völkern zugehörten, woraus man auf eine Gesamtbevölkerung von gut zwei Millionen Menschen schließen kann.

Nach dem Tod Samsentais 1416 brachen erste Streitigkeiten unter seinen Söhnen aus, doch bis 1428 konnte das Reich noch einigermaßen zusammengehalten werden. Danach desintegrierte es, zahlreiche Herrscher folgten in kurzer Zeit, wurden aber meist wieder gewaltsam abgesetzt. Eine bedeutende Rolle spielten dabei die diversen Ehefrauen der erweiterten Königsfamilie, die größtenteils aus anderen Reichen stammten. Hatte sich die Vermählung einst als diplomatisch geschickter Schachzug erwiesen, so führte sie nun in Zeiten der Schwäche zur Einflussnahme auf das laotische Reich von außen, in diesem Fall vor allem von Ayutthaya.

In dieser instabilen Situation kam es zudem häufig zu kriegerischen Auseinandersetzungen mit den Vietnamesen, die etwa 1479 die Hauptstadt Luang Prabang eroberten, und mit den Burmesen, die ihr Reich in der zweiten Hälfte des 16. Jahrhunderts beträchtlich ausweiteten. Die Tai des Reiches Lan Na wurden hingegen als Verwandte angesehen, mit denen man den friedlichen Ausgleich suchte.

Erst mit der Herrschaft des Königs Visun (reg. 1500–1520) kann erneut von einem funktionierenden Staatswesen gesprochen werden. Er legitimierte seine Macht durch die schriftliche Niederlegung der Khun-Borom-Legende und festigte den Theravada-Buddhismus als Staatsreligion durch eine enge Zusammenarbeit mit der Mönchsgemeinde (*sangha*). Zahlreiche neue Tempel wurden gebaut, darunter auch der Wat Visun, in dem die Buddhastatue Pra Bang aufbewahrt wurde. Der grundlegende buddhistische Kanon Tripitaka erfuhr eine Übersetzung ins Laotische, den Mönchen wurden Ordensregeln auferlegt.

Die genaue Ausbreitung des Staats war nicht definiert, da weite Gebiete nicht zu kontrollieren waren oder erst im Laufe der Zeit besiedelt wurden. Dies führte immer wieder zu Versuchen lokaler Fürsten, aus dem Staatsverband auszuscheren, sich selbständig zu machen oder Allianzen mit Nachbarn zu suchen. Unter der Herrschaft von Visuns Nachfolger, Phothisarath, zerbrach das Reich schon wieder, was auch eine Verlegung der Hauptstadt von Luang Prabang nach Vientiane im Jahr 1533 nicht verhindern konnte. Beide Städte dienten in der Folgezeit immer wieder als Hauptstadt und Königssitz. Ab 1560 war Vientiane hauptsächlich weltliche Hauptstadt, Luang Prabang mit seinen zahlreichen Wats das religiös-philosophische Zentrum.

Phothisarath fühlte sich dem Buddhismus sehr eng verbunden, überließ sogar 1525 für einige Zeit die Macht dem Obermönch, so dass er sich selbst der Meditation hingeben konnte. Allerdings folgte daraus 1527 ein Verbot allen Geisterglaubens, dem die Landbewohner von alters her anhingen. Alle nicht-buddhistischen Altäre wurden zerstört. Dieser in der Geschichte des Buddhismus einzigartige Akt der Intoleranz lässt sich kaum nachvollziehen und zeitigte im Bewusstsein der einfachen Menschen auch keine Konsequenzen.

Bald verwickelte sich der König in zahlreiche Kriege mit seinen Nachbarn, vor allem mit den Siamesen im Westen. Streitobjekt war mehrfach das Reich Lan Na mit der Hauptstadt Chiang Mai, dessen Tributpflicht häufiger zwischen Lane Xang und Ayutthaya wechselte. 1548 starb der Herrscher von Lan Na, ohne einen Nachfolger zu hinterlassen. Der Thronrat bat König Phothisarath, einen seiner Söhne auf den Thron zu entsenden.

Mit dem Anschluss Lan Nas an Lane Xang kam eine äußerst wertvolle Buddhafigur in laotische Hand, der aus Jade bestehende Pha Keo. Er soll einer Legende zufolge 1464 in einer Pagode in Chiang Mai entdeckt worden sein, als ein Blitz in eine dort stehende Gipsfigur einschlug, die zerbrach und so die eingeschlossene Jadestatue freigab.

Das Reich zerfällt

Für den Rest des 16. und den größten Teil des 17. Jahrhundert versank das Reich Lane Xang in zahllose kriegerische Auseinandersetzungen mit seinen Nachbarn, vor allem Ayutthaya und dem zwischenzeitlich erstarkenden Burma. Die Thronfolge im Innern blieb die meiste Zeit umstritten, Herrscher und potentielle Herrscher wurden ermordet oder fanden keine Unterstützung, was die Vasallen meist durch die Einstellung der Steuerzahlungen bekundeten. Nur unter König Soulignavongsa, der von 1633 bis 1690 herrschte, blieb das Land einigermaßen friedlich, so dass eine kulturelle Blüte einsetzen konnte. In diese Zeit fallen die ersten Besuche europäischer Händler, etwa des Holländers Gerrit van Wuysthoff (1641/42), und von Missionaren wie dem italienischen Jesuitenpater Giovanni Leria (1642–1647), der allerdings keine Erlaubnis zur Missionierung erhielt. Beide brachten erste Augenzeugenberichte aus der abgelegenen buddhistischen Welt von Lane Xang nach Europa.

Anouvong-Statue in Vientiane

Nach dem Tod von König Soulignavongsa (1694) brachen die Intrigen am Hof in besonders krasser Form auf, erneut wurden mehrere Prinzen ermordet, nachdem sie nur kurz auf dem Thron gesessen hatten. 1707 zerfiel das Reich in zunächst zwei Staaten, Luang Prabang und Vientiane, 1713 schließlich in drei, als sich im Süden Champasak aus der Dominanz der Khmer löste. Champasak hatte lange Zeit zum Khmer-Reich gehört, stand ab dem ersten Drittel des 17. Jahrhunderts jedoch ohne Thronerben da. Als sich 1690 eine Prinzessin vom Vientianer Hof einer ungeliebten Heirat durch Flucht nach Süden entzog, wurde sie vom Obermönch einer hauptstädtischen

Pagode begleitet, dem der Adel von Champasak die Herrschaft über das Fürstentum antrug. Dieser organisierte das Land nach laotischen Vorstellungen und räumte 1714 den Thron für einen Sohn der Prinzessin. Obwohl Champasak nun vergleichsweise stabil blieb, konnte es sich 1778 nicht gegen die Übermacht der siamesischen Armee behaupten, deren Ziel nicht nur die laotischen Königreiche waren, sondern auch Kambodscha. Champasak wurde als erstes Fürstentum überrannt und Siam angegliedert.

Das Königreich Vientiane hielt sich unter permanenten internen Machtkämpfen 72 Jahre lang und wurde 1779 vom siamesischen König Rama I., dem Begründer der noch heute herrschenden Chakri-Dynastie, erobert und als Kolonie dem Reich von Siam einverleibt. Luang Prabang hatte sich zeitweise mit Burma verbündet, rückte bei Herannahen der siamesischen Armee aber ebenfalls auf Vientiane vor, um sich nach einem Sieg des mächtigen Nachbarn die Unabhängigkeit zu erhalten. Dies gelang aber nicht, denn 1779 musste sich auch Luang Prabang in seine Rolle als Vasall Siams fügen. Mit der Unabhängigkeit gingen auch die laotischen Nationalheiligtümer, die Buddhafiguren Pra Bang und Pha Keo, verloren, die die siegreichen Siamesen in ihre Heimat mitnahmen.

Die Siamesen setzten Abkömmlinge der laotischen Königsfamilie als Verwalter in den jetzt abhängigen Königreichen ein, betrieben aber gleichzeitig eine Politik der Assimilierung der laotischen Bevölkerung. Ein einheitliches Großreich aller Tai-Völker sollte geschaffen werden. Dass dies nicht gelang, ist aber eher dem aufkommenden Kolonialismus zuzusprechen als dem sich rührenden Widerständen gegen die siamesische Herrschaft. Den bedeutendsten Aufstand zettelte 1825 der Vientianer König Anouvong an, der jedoch 1829 besiegt und in Bangkok zu Tode gefoltert wurde. Er wird in Laos bis heute als Held verehrt.

Luang Prabang hingegen arrangierte sich stärker mit den Siamesen, unterstützte sie sogar bei der Niederschlagung von Anouvongs Rebellion. Im Gegenzug erhielten die regionalen Herrscher Hilfe bei der Eindämmung verschiedener Bergvölker, die in den nördlichen Regionen immer wieder für Unruhe sorgten.

Die größte Gefahr ging ab etwa 1870 von teilweise vielköpfigen chinesischen Banden aus dem Klan der Ho aus, die im gesamten Grenzgebiet Chinas zu Vietnam, Laos und Siam ihr Unwesen trieben. 1875 und wieder 1885 erreichten sie sogar das nach den Zerstörungen durch die Siamesen kaum noch bewohnte Vientiane, wurden aber bei beiden Gelegenheiten nach kurzer Zeit wieder vertrieben. 1887 plünderten sie Luang Prabang. Erneut mit siamesischer Unterstützung wurde die Ordnung wieder hergestellt. Die Vertreter des Throns in Bangkok nutzten dabei jede Gelegenheit, den formal selbständigen Thron von Luang Prabang immer stärker unter die Kontrolle Siams zu bringen. Dies bot den französischen Kolonialherren später einen – wenn auch nur formellen – Vorwand, ein Protektorat über das ehemalige Königreich Lane Xang zu errichten.

Die laotische Gesellschaft

Vor diesen rund 100 Jahren als dreigeteiltes Reich in Abhängigkeit von Siam hatte Laos von 1353 bis 1707 gut 350 Jahre als relativ stabiler Staat auf einem Gebiet bestanden, das in etwa dem heutigen entspricht. Die Grenzen verschoben sich zwar immer wieder leicht, wie auch die Machtverteilung zwischen dem Königshaus und den Provinzfürsten, was angesichts der engen Verwandtschaft der hier lebenden Völker nicht weiter verwundert. Zu bedenken ist zudem das unwegsame Gelände mit recht dünner Besiedlung, das nicht so einfach zu kontrollieren war. Tributzahlungen regelten die hierarchischen Beziehungen der Fürstentümer untereinander und zum König, dessen Stellung sicher dadurch gestärkt wurde, dass es in Laos keinen traditionellen Adel gab. Titel wurden lediglich vom König verliehen und konnten wieder entzogen werden; sie waren nicht erblich. Für die Verwaltung waren der Vizekönig, meist ein Bruder des Herrschers, sowie eine bis in das einzelne Dorf hinunterreichende Pyramide von Gouverneuren und Beamten zuständig. Das Militär setzte sich aus der königlichen Garde und den Armeen der Provinzfürsten zusammen, bei Feldzügen wurde meist ein Prinz mit dem Kommando betreut.

Alles Land stand im Eigentum des Königs. Die Bauern erhielten es zur Nutzung und mussten jedes dritte Jahr die Hälfte der Ernte abliefern. Sie waren zudem zu Arbeitsleistungen von 6 bis 14 Tagen im Jahr verpflichtet. Die Handwerker bildeten keine besonders herausragende Schicht, sie besaßen auch kein großes Ansehen in der Gesellschaft. Auf der untersten Stufe standen die Sklaven, die meist aus Kriegsgefangenen fremder Völker rekrutiert wurden. Andere waren verurteilte Verbrecher oder verarmte Bauern, die ihre Abgaben nicht mehr entrichten konnten. Sklaven lebten in den jeweiligen Familien und besaßen keine überragende wirtschaftliche Bedeutung.

Eine außerhalb dieser gesellschaftlichen Pyramide stehende Gruppe stellten die buddhistischen Mönche dar. Sie lebten in den zahlreichen Klöstern, waren von allen Steuern und körperlichen Arbeiten befreit und wurden von den in der Umgebung der Klöster wohnenden Menschen unterstützt, viele auch direkt vom Königshaus oder von anderen Notabeln. Zahlreiche Klöster, nicht aber die einzelnen Mönche, sammelten so große Reichtümer an. Die Mönche fungierten in vielfacher Hinsicht als Berater, von den Alltagssorgen der einfachen Menschen bis hin zu den Angelegenheiten des Staates. Kenntnisse über Architektur, Astronomie und Medizin wurden in den Klöstern bewahrt und fortgeführt. Die Mönchsgemeinde war allerdings auch streng hierarchisch organisiert und duplizierte so die allgemeine gesellschaftliche Struktur.

Denkmal am Grab Mouhots in Luang Prabang

Henri Mouhot – der Entdecker

Der abenteuerlustige und vom Interesse an fremden Kulturen geprägte Franzose Henri Mouhot brachte die Landschaften des Mekong und den Glanz der alten Kulturen der Khmer und Lao ins Bewusstsein der Europäer. Damit löste er eine erste große Welle des Interesses für ›Hinterindien‹ aus. Geboren wurde Henri Mouhot am 15. Mai 1826 in Montbéliard nahe der Schweizer Grenze. Seine Eltern waren gutbürgerliche Protestanten, der Vater Beamter, die Mutter Lehrerin, doch bereits der junge Henri widmete sich mehr den Künsten, studierte Philosophie und verließ mit 18 Jahren seine Heimat, um in Russland und Polen Französisch zu unterrichten und später mit seinem Bruder kreuz und quer durch Europa zu reisen. 1856 ließ er sich auf der Kanalinsel Jersey nieder und heiratete – wie auch sein Bruder – eine der Nichten des berühmten schottischen Arztes und Afrikareisenden Mungo Park, der 1806 bei der Erforschung des Flusses Niger ums Leben gekommen war und zu den großen Idolen der Brüder Mouhot gehörte. Die Lektüre des 1857 erschienenen Buches des englischen Diplomaten John Bowring über das Königreich Siam war für Henri schließlich der Anstoß, selbst zum Forschungsreisenden zu werden.

Obwohl sich die europäischen Kolonialreiche weiter ausdehnten und genauere Informationen über noch nicht eroberte Regionen benötigten, fand Mouhot bei der französischen Regierung keine Unterstützung. Mit Empfehlungsschreiben der britischen Geographical Society und der Zoological Society sowie dem Geld seiner eigenen Familie machte er sich am 27. April 1858 an Bord des Segelschiffs ›Le Kusrovie‹ von London aus auf den Weg nach Osten und erreichte am 12. September die Mündung des Chao Phraya, an dem nur wenig landeinwärts Bangkok liegt. Er wurde an den Königshöfen von Siam, Kambodscha und Laos empfangen, besuchte Arm und Reich, Dörfer und Bauern und notierte fleißig seine Beobachtungen.

Nachdem Mouhot die Umgebung von Bangkok und die Küste erkundet hatte, wandte er sich weiter nach Osten und ins Landesinnere, bereiste die damalige kambodschanische Hauptstadt Udong sowie Phnom Penh, von wo aus er den Tonle Sap hinauffuhr. Im Januar 1860 erreichte er die Tempelruinen von Angkor, die von hunderten Mönchen bewohnt wurden und im Volk der Khmer durchaus bekannt waren. Doch durch Mouhots Berichte wurde das Wissen darüber auch nach Europa getragen. Drei Wochen vermaß und zeichnete er die Ruinen und kehrte dann nach Bangkok zurück. Im nächsten Jahr machte er sich Richtung Yunnan auf und von dort wieder nach Süden in das Königreich Laos. Am 25. Juli 1861 kam er in der Hauptstadt Luang Prabang an und wurde vom König empfangen.

Mouhot erkundete die Umgebung der Stadt am Mekong, war jedoch bereits von den anstrengenden Reisen, Insekten, dem Genuss von unsauberem Wasser und Tropenkrankheiten gezeichnet. In seinem Tagebuch sehnte er sich zurück nach Europa, das er aber nie mehr sehen sollte. Er starb am 10. November 1861 im Alter von nur 35 Jahren in Luang Prabang, wahrscheinlich an Malaria.

Mouhot ist außerhalb von Luang Prabang begraben, seine Aufzeichnungen nahmen seine siamesischen Begleiter mit nach Bangkok und schickten sie von dort nach London, wo sie von Mouhots Bruder und der Geographical Society ausgewertet und in populärwissenschaftlichen Zeitschriften veröffentlicht wurden, 1864 erschienen sie als Buch auf Englisch, 1868 auf Französisch.

Laos als Kolonialreich

Wie in Kambodscha, so war auch in Laos die französische Machtübernahme mit keinen großen Eroberungszügen verbunden. Das Vorgehen Frankreichs zeigte jedoch, dass ›Indochina‹ gar nicht das Hauptziel der kolonialen Bestrebungen darstellte, sondern Siam und vor allem Südchina, in das man auf dem Mekong vordringen wollte. Zwar hatte sich bereits früher erwiesen, dass der Mekong wegen seiner Wasserfälle und Stromschnellen nur abschnittsweise befahrbar ist, doch vor dem Bau der Eisenbahn von Hanoi nach Yunnan schien er immer noch der beste Verkehrsweg zu sein. Dem standen die Interessen der Siamesen und der Briten entgegen, die den französischen Einfluss eindämmen wollten, ohne dabei größere Streitigkeiten auszulösen. Da sich Briten und Franzosen auch in Europa annäherten, einigte man sich darauf, Siam weitgehend als Pufferstaat zwischen dem durch Burma vergrößerten britischen Kolonialreich in Indien und dem französischen Indochina zu tolerieren. Verhandlungen und nur kleinere militärische Auseinandersetzungen führten am 3. Oktober 1893 zu einem Vertrag Frankreichs mit Siam, der die laotischen Gebiete östlich des Mekong dem französischen Indochina zuschlug, die westlichen Siam. Durch eine Vereinbarung mit Großbritannien 1896 wurde dies bestätigt. Danach kam es nur noch zu kleineren Gebietsveränderungen.

Ursprünglich hatten die Franzosen vor, auch das ausgedehnte Khorat-Plateau zu übernehmen, das mit zum Reich Lane Xang und zum Königreich von Vientiane gehört hatte. Doch der französische Enthusiasmus zur Ausdehnung in Südostasien war Ende des 19. Jahrhunderts längst zum Erliegen gekommen. Nur die Beamten vor Ort drängten meist auf eine Erweiterung des Territoriums, während in Paris grundsätzliche und finanzielle Erwägungen die Oberhand behielten.

Französisches Erbe: Patisserie in Luang Prabang

Der Königspalast in Luang Prabang zeigt französische Einflüsse

Der erste Leiter der französischen Kolonialverwaltung in Laos, Auguste Pavie, war schon vorher viel durch Laos gereist und wollte ›Laos erobern durch die Eroberung der Herzen der Laoten‹. Doch dies passte der Regierung in Paris nicht so recht, die Pavie absetzte, es aber erst 1897 mit der Gründung des Kolonialministeriums fertigbrachte, eine einheitliche Verantwortung für Indochina zu etablieren: Vorher hatten verschiedene Regionen verschiedenen Ministerien unterstanden. Unter dem neuen, in Hanoi residierenden Generalgouverneur für ganz Indochina, Paul Doumer, wurde Laos am 19. August 1899 offiziell in die Indochinesische Union eingegliedert.

Da sich das moderne Laos weitgehend in den damals gesetzten Grenzen herausbildete, ist so die weltweit wohl einmalige Situation entstanden, dass seitdem mehr ethnische Lao außerhalb des Staates Laos leben als innerhalb, vor allem in Ost- und Nordostthailand, die zum alten Lane Xang gehört hatten.

Die Franzosen führten in Laos eine direkte Verwaltung ein, mit einigen französischen Beamten an der Spitze, vietnamesischen im mittleren Bereich und lokalen auf der unteren Ebene und in Hilfsfunktionen sowie in der ›Eingeborenenarmee‹. Ausnahme war das Königreich Luang Prabang, das noch einigermaßen funktionierende Strukturen aufwies, so dass hier die königlichen Beamten unter Aufsicht und im Auftrag der Franzosen agierten.

Ganz oben auf der Agenda der Franzosen standen die Abschaffung der Sklaverei als höchstes Ziel ihrer ›zivilisatorischen Mission‹, die Kontrolle des Anbaus und Handels mit Opium, die gleichmäßigere Verteilung und der effektivere Einzug von Steuern sowie ein System von Zwangsarbeit, der sich alle zu unterwerfen hatten, von der man sich allerdings freikaufen konnte. Dies alles störte die traditionellen Gesellschaftsstrukturen im dünn besiedelten Vielvölkergebilde Laos beträchtlich. Und obwohl die französischen Steuern und der Umfang der

Zwangsarbeit höher ausfielen als vorher unter den Tai, war es weniger die Höhe der Leistungen als jene Zerstörung der traditionellen Lebensformen, die die Menschen zum Widerstand und zur Rebellion trieben. Auch wenn die heutige Geschichtsschreibung die frühen Rebellionen gerne als Keimzelle des nationalen Widerstandes gegen die Kolonialmacht sieht, so war das Ziel jener Auflehnungen gegen das Neue doch die Wiederherstellung des Alten.

Laos im 20. Jahrhundert

Die Ambitionen der Franzosen in Laos waren also recht bescheiden. Sie wollten neue Handelswege aufbauen, da die alten meist von Chinesen beherrscht wurden und auf Bangkok ausgerichtet waren. Die neuen Wege sollten nach Vietnam führen, und da sich der Mekong nicht als idealer Transportweg erwies, begann man mit dem Bau von Straßen und Eisenbahnen, was sich aber als schwierig und teuer herausstellte.

Man beutete einige kleinere Zinnminen aus, exportierte Teak und Naturprodukte wie Harze, Wachs, Kräuter, Lack und Kardamom, kontrollierte zudem den Opiumhandel. Plantagen gab es in Laos kaum. Ziel der französischen Kolonialpolitik war außerdem die Erhöhung der Bevölkerungszahl, was man über vietnamesische Einwanderer erreichen wollte, die auch ökonomisch wichtige Positionen besetzten, was zu erheblichen Konflikten mit der lokalen Bevölkerung führte. Dennoch: Das Leben der meisten Laoten änderte sich unter den Franzosen zunächst kaum, 90 Prozent von ihnen blieben selbstversorgende Bauern.

Während der laotische Adel weitgehend mit den Franzosen kooperierte, die Bergbewohner gelegentlich eher spontane Aufstände zur Verbesserung ihrer Lebensumstände anzettelten, leistete einzig die Kommunistische Partei Indochinas Widerstand, der bis Mitte 1934 aber praktisch nur Vietnamesen angehörten und die in Laos weitgehend unterdrückt wurde. Mehr Bewegungsfreiheit erhielt sie erst 1936, als in Frankreich die Volksfrontregierung an die Macht kam, der die französischen Kolonialisten allerdings wenig Sympathien schenkten.

Zweiter Weltkrieg

Schon ab 1937, als Japan nach China vorstieß, wurden die Zeiten auch in Indochina unruhig. Das faschistische Japan hatte den größten Teil Ost- und Südostasiens zur ›Sphäre der Ko-Prosperität‹ erwählt, die es zu erobern und ›beglücken‹ galt. Zug um Zug rückte es über Korea nach China und von dort

König Sisavang Vong 1930

nach Süden vor. In Thailand putschte sich 1938 ein ebenfalls faschistischer General an die Macht, der Japans Losung ›Asien den Asiaten‹ in ›Thailand den Thais‹ übersetzte, was sich vor allem gegen die den Handel beherrschenden Chinesen im Land, aber auch gegen die zahlreichen Lao richtete.

Nach dem Einmarsch Deutschlands in Frankreich unterstützte die Mehrheit der Kolonialbeamten das Vichy-Regime, eine Minderheit die Résistance. Unter der Bedingung, dass ein ihnen genehmer, das Vichy-Regime vertretender Generalgouverneur eingesetzt werde, der dann in Admiral Jean Decoux gefunden wurde, stimmten die Japaner zu, dass Frankreich seine Kolonien in Indochina weiter verwaltete. Als zusätzliche Auflage wurde diktiert, dass die Nachschubrouten der Guomindang, der chinesischen Nationalisten, die wie die KP Chinas Japan bekämpfte, unterbrochen werden sollten. So stand die französische Verwaltung praktisch in Japans Diensten und ermöglichte es den Japanern, weitere Gebiete Südostasiens zu erobern. Auch Thailand begann im November 1940 mit militärischen Aktionen gegen südlaotische und kambodschanische Gebiete. Laotische Städte wurden bombardiert, während Frankreich große Teile der Thai-Marine vernichtete. Ein Vertrag vom Mai 1941 sollte die Kämpfe beilegen, Frankreich trat darin aber auch Gebiete westlich des Mekong ab, was wiederum die Laoten aufbrachte, die mit einem erneuerten Protektoratsvertrag beruhigt werden mussten, der die verlorenen Gebiete aber auch nicht zurückbrachte. Auch wirtschaftlich brachte die Kriegszeit Laos nur Nachteile, denn die Japaner sahen das Land lediglich als Reislieferanten für ihre Truppen.

Der national gesinnte Widerstand in Indochina gewann in den Kriegsjahren beträchtlich an Bedeutung. 1941 kehrte Ho Chi Minh aus dem Exil nach Vietnam zurück; der Befreiungskampf bekam mit ihm eine pragmatischere, weniger an leninistischen Ideologien als an den konkreten Bedingungen vor Ort orientierten Charakter. Ab 1942 waren wieder vietnamesisch beeinflusste kommunistische Zellen in Laos aktiv. In der politischen Mitte etablierten sich jüngere Vertreter der alten laotischen Eliten, die gegen Frankreich und gegen Japan eingestellt waren, in der Bewegung ›Lao Itsala‹ (›Freies Laos‹). Die Gruppierung ›Lao Pen Lao‹ (›Laos den Laoten‹) versammelte die chauvinistisch eingestellte politische Rechte, die mit einem Großlaos vergangene Zeiten wieder aufleben lassen wollte; einige ihrer Vertreter sollten später noch eine bedeutende Rolle spielen.

Politisch brachte erst die Befreiung Frankreichs vom deutschen Faschismus wieder Bewegung selbst nach Laos. Nachdem Frankreich damit offiziell ins Lager der Alliierten gewechselt war, setzten die Japaner 1945 die französische Kolonialregierung ab und zwangen am 8. April 1945 König Sisavang Vong von Luang Prabang zur Erklärung der Unabhängigkeit von Frankreich. Prinz Phetsarath (1890–1959) kooperierte mit Japan und wurde Premierminister. Nach der japanischen Kapitulation im August 1945 kehrten die Franzosen jedoch nach Laos zurück. Der König schwenkte wieder auf ihre Linie ein, während Phetsarath die Unabhängigkeit beibehalten wollte und daraufhin als Premierminister entlassen wurde. Phetsarath verbündete sich mit den vom vietnamesischen Viet Minh gegründeten Volkskomitees, erklärte die Unabhängigkeit, veröffentlichte eine provisorische Verfassung und setzte eine provisorische Regierung des ›Pathet Lao‹ (›Land der Lao‹) ein. Der König erklärte dies für illegal und wurde daraufhin am 20. Oktober 1945 abgesetzt.

Die Akteure

Nun hatten jene Personen und Gruppen die Bühne der laotischen Politik betreten, die diese in den nächsten Jahrzehnten bestimmen sollten:

– Prinz Souvanna Phouma (1901–1984), ein jüngerer Bruder von Phetsarath, der die Position bezog, Laos sollte Zug um Zug in die Unabhängigkeit geführt werden. Er hatte ein französisches Lyzeum in Hanoi besucht und in Frankreich Elektrotechnik studiert, dann als Bauingenieur in Laos Straßen gebaut und Tempel restauriert. Später wurde er Minister und mehrfach Ministerpräsident. Nach der Machtübernahme der Kommunisten 1974 zog er sich weitgehend aus dem öffentlichen Leben zurück.

– Prinz Souphanouvong (1909–1995), der ›Rote Prinz‹ und jüngste Halbbruder Phetsaraths, der mit einer Vietnamesin verheiratet war, den Viet Minh unterstützte und meist die radikalsten Positionen einnahm. Auch er hatte das Lyzeum in Hanoi und die Universität in Frankreich besucht und danach als Straßen- und Brückenbauingenieur in Mittelvietnam gearbeitet. Nach einer Begegnung mit Ho Chi Minh im September 1945 trat er den vietnamesisch-laotischen Guerillakämpfern bei und gehörte später zur Spitze der KP. Vom arroganten Aristokraten wandelte er sich dabei zum beim Volk beliebten Verhandler, der immer den Ausgleich suchte. Nach Ausrufung der Volksrepublik wurde er Staatspräsident, ein Amt, das er bis 1986 innehatte, als er einen Schlaganfall erlitt.

– die Führer der Kommunistischen Partei, Kaysone Phomvihane (1920–1992) und Nouhak Phoumsavanh (1910–2008). Kaysone war der Sohn eines vietnamesischen Beamten und einer Laotin aus dem Süden, ging in Hanoi auf die Schule und studierte dort Jura. Von der dortigen Jugendorganisation bis zum Posten des Generalsekretärs der laotischen KP durchlief er eine klassische Parteikarriere und repräsentierte den dogmatischen Flügel der Partei, bekam allerdings nach dem Zusammenbruch der Sowjetunion noch rechtzeitig die Kurve und ließ marktwirtschaftliche Elemente in der Wirtschaft zu. Er bekleidete mehrere Ministerämter und wurde noch 1991 bis zu seinem Tod Staatspräsident. Auch Nouhak hatte einen vietnamesischen Vater und zwei vietnamesische Ehefrauen. Er war immer die Nummer 2 in der Partei und bekleidete mehrere Ministerämter.

Kaysone Phomvihane

Richtung Unabhängigkeit

Zunächst konnte sich die provisorische Regierung jedoch nicht an der Macht halten. Die Franzosen kehrten zurück, setzten den König in einer konstitutionellen Monarchie wieder ein, und der Lao Itsala floh unter der Führung von

Phetsarath nach Thailand. Doch der Widerstand gegen die Franzosen wuchs und wurde auch in Laos vor allem vom Viet Minh geführt, der die militärische Ausbildung leitete und Aktionen vom Norden Vietnams aus startete. Die Exilregierung hingegen saß in Bangkok.

Im März 1949 kam es zum Bruch innerhalb des Lao Itsala, denn es deutete sich die Gewährung einer größeren Unabhängigkeit an, die im Oktober Realität wurde. Der größte Teil des Lao Itsala kehrte daraufhin nach Vientiane zurück, angeführt von Souvanna Phouma, während Souphanouvong mit Unterstützung des Viet Minh ein Widerstandskomitee gründete und Phetsarath in Bangkok verharrte, um die volle Unabhängigkeit abzuwarten. Die drei Halbbrüder symbolisierten die Spaltung des Landes.

Zunächst wurde eine Regierung aller Parteien gebildet, doch die Wahlen im Jahr 1951 gewann die Nationale Fortschrittspartei von Souvanna Phouma, der daraufhin eine neue Regierung anführte. Sein Bruder Souphanouvong hingegen gründete mit dem Viet Minh die Front zur Befreiung von Laos, die später als ›Pathet Lao‹ bekannt wurde und jene Leute umfasste, die 25 Jahre später die Revolution zum Erfolg führen sollten. Diese Bewegung war stark von außen abhängig und in Laos selbst von den Minderheitenvölkern des Hochlandes, was ihr bis heute anzumerken ist. Pathet Lao und Viet Minh setzten von vornherein auf die militärische Karte, und so begannen sie Anfang 1953 mit Vorstößen im Norden. Sie eroberten zwei Provinzen, darunter die ›Ebene der Tonkrüge‹, und riefen in dieser ›befreiten Zone‹ eine Gegenregierung aus.

Nachdem der Koreakrieg geendet und in Frankreich eine neue Regierung die Macht übernommen hatte, wurde am 22. Oktober 1953 der königlichen Regierung von Frankreich, mit Unterstützung der USA, die Unabhängigkeit gewährt. Denn anders als in Vietnam stand eine konservative, auf jeden Fall nicht-kommunistische Kraft bereit, die im Zeichen des Kalten Krieges die Unterstützung der USA und Frankreichs gewann. An der militärischen Option des Pathet Lao änderte sich jedoch nichts.

Das Ende des Kolonialismus

Nach der Schlacht von Dien Bien Phu wurde auf der Genfer Konferenz am 20. Juli 1954 vereinbart, dass alle ausländischen Truppen bis auf kleine Kontingente sofort abzuziehen seien, dass einheimische Truppen sich in bestimmte Gegenden zurückzuziehen hätten, dass Indien, Kanada und Polen ein Überwachungskomitee stellen sollten und dass 1955 allgemeine Wahlen abzuhalten seien. Der Pathet Lao hatte damit erstmals ein international anerkanntes Rückzugsgebiet auf laotischem Territorium gewonnen.

Die Wahlen konnten wegen eines Attentats und wenig erfolgreicher Verhandlungen über die nationale Einheit im Dezember 1955 nur in zehn von zwölf Provinzen abgehalten werden und wurden vom Pathet Lao als illegal bezeichnet. Souvanna Phouma bildete eine neue Regierung, die eine ›flexible Neutralität‹ und gute Beziehungen zu allen Nachbarn anstrebte. Gleichzeitig geriet sie jedoch unter starken Einfluss der USA, die ab 1955 die gesamte laotische Armee finanzierten und das Land als antikommunistischen Vorposten ausbauen wollten. Die Laoten hingegen strebten weiterhin mehr Gemeinsamkeiten und eine Koalitionsregierung an, für die im März 1957 sogar Prinz Phetsarath aus Bangkok zurückkehrte, was die USA mit allen Mitteln zu unterminieren trachteten.

Für kurze Zeit funktionierte die Koalitionsregierung recht gut. Die Kämpfer des Pathet Lao wurden in die königliche Armee integriert, eine gemeinsame Verwaltung wurde aufgebaut. Der Pathet Lao gewann in den ländlichen Gebieten große Unterstützung, weil er diese nicht, wie alle vorherigen Regierungen, auszubeuten, sondern aufzubauen trachtete. Ganz im Gegensatz dazu unterstützte die US-Hilfe lediglich die Städte und kam fast ausschließlich der Oberschicht zugute.

Fataler US-Einfluss

Die Wahlen im Mai 1958 brachten eine Mehrheit der linken Kräfte, wenngleich die Regierung weiter von den Zentralisten unter Souvanna Phouma dominiert wurde. An diesem Punkt beging die US-Regierung ihren wohl entscheidenden Fehler, der Laos in den Krieg in Vietnam und später in eine sozialistische Revolution hineinziehen sollte. Die USA suspendierten die Hilfslieferungen an die Regierung und die Dollarversorgung der Nationalbank, um eine Währungsreform und mehr Einfluss der rechten Kräfte zu erzwingen. Souvanna Phouma gab nach kurzer Zeit auf. Es wurde eine rechte Regierung gebildet, die direkt aus der US-Botschaft gesteuert wurde. Die Rolle der für das kleine Land viel zu großen Armee verstärkte sich in Regierung und Gesellschaft, eine Säuberung aller gesellschaftlichen Organisationen von Unterstützern des Pathet Lao führte zur Flucht vieler Kader nach Nordvietnam. Selbst die Mönchsgemeinschaft, die gewisse Sympathien für den Pathet Lao hegte, ließ die Regierung streng überwachen. Der Bürgerkrieg entbrannte Mitte 1959 erneut.

Prinz Souvanna Phouma mit US-Präsident Kennedy in Washington, 1962

Überbleibsel des Krieges

Im Oktober 1959 starb zuerst König Sisavang Vong, dessen Nachfolge der schwache, eher westlich orientierte Prinz Sisavang Vatthana antrat, dann Prinz Phetsarath, womit das Zentrum eine wichtige Symbolfigur verlor. Die militärischen Auseinandersetzungen gingen weiter, und der Pathet Lao gewann dabei ständig an Boden: Anfang 1960 kontrollierte er etwa 50 Prozent des Territoriums und 20 Prozent der Bevölkerung, aber eben nicht die Hauptstadt Vientiane und die Königsresidenz Luang Prabang.

Die Wahlen vom 24. April 1960 wurden vom amerikanischen Geheimdienst vollständig gefälscht. Laos drohte zu einer Kolonie der USA zu werden. Dagegen lehnten sich im August 1960 einige junge Offiziere der königlichen Armee mit einem Putsch auf, der die Neutralität von Laos wiederherstellen sowie den Bürgerkrieg und die Einmischung von außen beenden wollte. Darauf reagierten die USA mit einem Gegenputsch durch Verteidigungsminister Phoumi Vongvichit, der nun zur starken Figur im Land aufgebaut wurde. In langen Kampfhandlungen, unterstützt von US- und Thai-Militär, eroberte Phoumi von Süden das Land und im Dezember auch die Hauptstadt.

Die neutrale Mitte wurde dadurch geschwächt, die Politiker, einschließlich Souvanna Phouma, flohen nach Kambodscha, die Militärs verbündeten sich mit dem Pathet Lao. Auf beiden Seiten wuchs die militärische Eskalation durch mehr ›Berater‹ und verstärkte Waffenlieferungen. Der US-Geheimdienst begann zudem mit dem Aufbau einer ›geheimen Armee‹ von Guerillas aus dem Bergvolk der Hmong.

Nur der Wahlsieg John F. Kennedys verschob die Eskalation um einige Jahre. Schon im September 1960 hatte der kambodschanische Präsident Sihanouk eine neue Genfer Konferenz für Laos vorgeschlagen. Dem schloss sich die neue US-Administration an, die das Ziel verkündet hatte, Laos wieder zu einem neutralen Land zu machen. Im Mai 1961 begannen langwierige Verhandlungen, die erst im Juni 1962 zu einer neuen Allparteienregierung und im Juli 1962 zu einem Abschluss führten.

Er besaß wenig Chancen zum Erfolg. Das neutralistische Zentrum war zwar in der Regierung stark vertreten – erneut unter Souvanna Phouma –, doch inzwischen im Land und der Armee schwach. Es stand unter Druck der Rechten und Linken, die diesmal ihre Positionen nicht aufgaben. Nach neun Monaten war die Koalition zerbrochen: Nordvietnam unterstützte nun noch intensiver den Pathet Lao, die USA die Rechte und die geheime Hmong-Armee. Nach einem nicht erfolgreichen Militärputsch von rechts (19. April 1964) brach das neutrale Lager auseinander und schloss sich teils dem rechten, teils dem linken Lager an. Laos war endgültig in den Vietnam-Konflikt hineingezogen worden. ›Nach 1963 war Laos nur noch die Warze auf der vietnamesischen Kröte‹, kommentierte Dean Rusk, Außenminister unter US-Präsident Lyndon B. Johnson.

Neuer Krieg

Während die Regierung mit Souvanna Phouma als Premierminister kaum mehr als die Hauptstadt verwaltete, war die Kontrolle des Landes dreigeteilt: Den Osten inklusive des Ho-Chi-Minh-Pfades beherrschten die Nordvietnamesen, den Westen mit dem Mekong-Tal die USA und Thailand und den Norden die Chinesen.

Im Mai 1964 begann der amerikanische Luftkrieg über Laos: Getarnt als ›bewaffnete Aufklärungsflüge‹ bombardierten die US-Piloten den Ho-Chi-Minh-Pfad und Pathet-Lao-Stellungen auf der ›Ebene der Tonkrüge‹. Nach der Tet-Offensive in Vietnam Anfang 1968 wurde die Bombardierung auf unglaubliche Weise intensiviert, 1969 war ganz Ostlaos eine ›freie Feuerzone‹, in der die Bomber alle Ziele angreifen durften, 1970 begann auch die Flächenbombardierung aus B-52-Bombern. Dabei wurde dem offiziell neutralen Laos nie der Krieg erklärt, der amerikanische Kongress und die Öffentlichkeit wurden rechtswidrig erst bei Anhörungen im Jahr 1970 informiert. Bis zum Waffenstillstand nach den Pariser Verhandlungen 1973 wurden mehr als zwei Millionen Tonnen Bomben auf die ›Ebene der Tonkrüge‹ abgeworfen, mehr als zwei Tonnen pro Bewohner.

Auf dem Boden kämpfte die königliche Armee mit großer Zurückhaltung gegen den Pathet Lao. Die militärische Führungsspitze war viel zu stark mit korrupten Geschäften und dem Drogenhandel zur Versorgung der US-Soldaten

Kämpfer des Pathet Lao 1973 in Vientiane

Denkmal für die gefallenen Laoten in Phonesavan

in Vietnam beschäftigt. Die Hauptlast trug vielmehr die ›geheime Armee‹ der Hmong, in die der US-Geheimdienst selbst 14-jährige Kinder presste und die über 30 000 Soldaten verlor, mehr als zehn Prozent der Hmong-Bevölkerung.

Trotz des massiven zerstörerischen Engagements konnten die USA keines ihrer Ziele in Laos erreichen. Zu keinem Zeitpunkt wurde der Ho-Chi-Minh-Pfad unterbrochen, die ›Ebene der Tonkrüge‹ konnte dem Pathet Lao nicht entrissen werden. Laos spielte in der Entscheidung des US-Krieges gegen Vietnam keine Rolle, es blieb lediglich als Ruine zurück.

Die Pariser Waffenstillstandsvereinbarungen sahen für Laos eine erneute Regierung der Nationalen Einheit vor, während ausländisches militärisches Personal und Material abgezogen werden mussten. Die Umsetzung zog sich über Monate hin, so dass die Teilung des Landes de facto bestehen blieb. In den Gremien waren der Pathet Lao und die Rechte jeweils paritätisch vertreten, und alle Beschlüsse mussten einstimmig gefasst werden.

Endlich unabhängig

Die Ereignisse vom Frühjahr 1975 jedoch brachten auch Laos auf einen anderen Weg. Nachdem Phnom Penh und Saigon in die Hände kommunistischer Organisationen gefallen waren, strebte auch der Pathet Lao nach der gesamten Macht. Eindrucksvolle, genau geplante Demonstrationen forderten die ›Bestrafung der reichen Familien‹, die daraufhin, zusammen mit rechten Militärs, nach Thailand flohen. Büros amerikantischer Organisationen wurden besetzt, was zur Einstellung der Hilfe und Ausreise der meisten Amerikaner führte. Auch militärisch breitete sich der Pathet Lao wieder aus, und Souvanna Phouma ordnete an, dass dem kein Widerstand entgegengesetzt werden sollte, eine Entscheidung, die später vielfach kritisiert wurde, doch Souvanna Phouma setzte weiter auf nationale Versöhnung, während der Pathet Lao längst den Sieg plante.

Am 18. August 1975 übernahm ein Volkskomitee die Verwaltung von Luang Prabang, fünf Tage später auch von Vientiane. Im November forderten Demonstrationen die Errichtung einer Volksrepublik, woraufhin der König den Prinzen Souvanna Phouma und Souphanouvong einen Abdankungsbrief überreichte. Am 2. Dezember 1975 wurde die Laotische Volksrepublik verkündet.

Ihre Struktur entsprach der orthodoxen kommunistischen Art mit einem siebenköpfigen Politbüro im Zentrum, das Kaysone Phomvihane, Nouhak Phoumsavanh und Souphanouvong anführten. Klugerweise bewahrte man jedoch auch ein wenig Kontinuität und machte den ehemaligen König Sisavang Vatthana zum Berater des zum Staatspräsidenten ernannten Souphanouvong, Prinz Souvanna Phouma zum Berater der Regierung, der Kaysone als Ministerpräsident vorstand, während Kronprinz Vong Savang Abgeordneter in der Volksversammlung wurde. Der neue Staat wurde sofort von den meisten anderen Ländern der Welt anerkannt, auch von den USA und ihren Verbündeten.

Nach verschiedensten Rebellenaktivitäten wurde die königliche Familie jedoch im März 1977 verhaftet und in ein Lager an der vietnamesischen Grenze gebracht, aus dem sie nicht wieder zurückkehrte. König und Kronprinz sollen bereits 1978 oder 1980 gestorben sein, die Königin 1981 oder 1982. Lange deckte die neue Führung den Mantel des Schweigens über die Behandlung der Königsfamilie, erst bei einem Besuch in Frankreich im Jahr 1989 gab Parteichef Kaysone Phomvihane auf hartnäckige Fragen von Journalisten zu, dass alle Gefangenen tot waren, behauptete aber, der König sei erst 1984 an Malaria gestorben. Die Wahrheit ist bis heute nicht ans Licht gekommen.

Das Siegesmonument in Vientiane war ursprünglich als Denkmal für die Unabhängigkeit von Frankreich geplant

Aufbau des Sozialismus

Im Innern wurde ein orthodoxes kommunistisches Regime aufgebaut, das in starkem Maße von Vietnam abhängig war, von wo Berater und Hilfslieferungen kamen. Wer mit der alten Regierung kooperiert hatte, verschwand in politischen Umerziehungslagern, Reisen im Land waren nur mit Passierscheinen gestattet, alle Publikationen wurden zensiert. Die Regierung verstaatlichte Handel und Industrie, in der Landwirtschaft drängte sie die Bauern in Kooperativen. In Wirtschaft und Verwaltung zeigten sich riesige Kompetenzprobleme, da die neuen Beamten über keinerlei Erfahrung verfügten. Ergebnisse waren eine verstärkte Fluchtbewegung (bis ein Jahr nach dem Regimewechsel waren etwa zehn Prozent der Bevölkerung geflohen, meist nach Thailand) und beträchtliche ökonomische Probleme.

Auch außenpolitisch befand sich Laos in einer isolierten Lage. Gute Beziehungen gab es nur zu Vietnam und der Sowjetunion, zu China waren sie ambivalent und zu Thailand meist gespannt. Nach der Invasion Vietnams in Kambodscha verurteilte Laos die chinesischen Vergeltungsmaßnahmen und reduzierte die diplomatischen Beziehungen auf ein Minimum. Als erstes Land erkannte es die von Vietnam installierte Regierung nach dem Sturz der Roten Khmer an.

Auf die wirtschaftlichen Schwierigkeiten reagierte die Partei mit einem Kurswechsel bereits vier Jahre nach der Machtübernahme. Private Kleinindustrie und privater Handel wurden wieder zugelassen und die landwirtschaftlichen Kooperativen aufgelöst. 1991 wurde dies sogar in der Verfassung festgeschrieben. Eine vergleichbare politische Öffnung gab es allerdings nicht. Diese Maßnahmen brachten zunächst keine wesentliche Verbesserung der wirtschaftlichen Situation, sie schienen nur eine weitere Verschlechterung aufzuhalten. Nach Berechnungen des UNDP (United Nations Development Programme) betrug das durchschnittliche jährliche Pro-Kopf-Einkommen im Jahr 1984 etwa 98 US-Dollar, womit Laos eines der ärmsten Länder der Erde blieb.

Ein Zensus der laotischen Regierung aus dem Jahr 1985 meldete eine Bevölkerung von knapp 3,6 Millionen Menschen, von denen nur etwa 15 Prozent in städtischen Regionen wohnten. Die Hauptstadt Vientiane hatte etwa 377 000 Einwohner. Rund 47 Prozent der Laoten war unter 15 Jahre alt, nur sechs Prozent über 60 – deutliches Zeichen hoher Geburtenraten und niedriger Lebenserwartung, also auch von Armut. Nur etwa 1,5 Prozent der Anbaufläche wurde bewässert, 90 Prozent der Bauern arbeiteten in Familien, und die Industrieproduktion machte nur fünf Prozent des Bruttoinlandsproduktes aus – alles Signale für ein Scheitern der parteigelenkten Wirtschaft, die in zehn Jahren praktisch keine Fortschritte erreicht hatte.

Immerhin muss der Partei zugute gehalten werden, dass sie ihre eigenen Fehler erkannte und durch wirtschaftliche Reformen teilweise korrigierte. 1984/85 brach ein interner Machtkampf darüber aus, bei dem sich Parteichef Kaysone als Reformer, sein Stellvertreter Nouhak als Bremser herausstellte; die Armee stand mehrheitlich auf Kaysones Seite. Bis zum Parteitag im November 1986 war ein Kompromiss ausgearbeitet, der eine ›neue Wirtschaftsweise‹ vorsah, nach der Unternehmen, auch staatliche, sich aus den eigenen Gewinnen zu finanzieren hatten; ansonsten konnten sie geschlossen werden. Zur Durchsetzung der Politik wurden starke personelle Veränderungen in der Bürokratie vorgenommen. Angesichts der Unsicherheit, ob die neue Linie Bestand haben würde, änderte sich in der Praxis allerdings kaum etwas.

Aufbruch der Isolation

Verbesserungen traten 1988 vor allem in den außenpolitischen Beziehungen ein. Die vietnamesischen Truppen verließen endlich das Land und kündigten einen Abzug aus Kambodscha an. Die diplomatischen Beziehungen zu Peking wurden normalisiert, wofür es als Gegenleistung Wirtschaftshilfe gab. Eine komplette Wende in den Beziehungen trat zu Thailand ein, von kleinen Grenzgefechten im Frühjahr zu den herzlichsten Beziehungen im Herbst, die thailändischen Unternehmern erstmals Investitionsmöglichkeiten im Nachbarland eröffneten.

Nach dem Zusammenbruch der Sowjetunion reduzierte sich die Hilfe der sozialistischen Staaten auf ein Minimum, und der Handel wurde auf neue, aus harten Devisen bestehende Beine gestellt. Laos verbesserte daraufhin seine Beziehungen zu kapitalistischen Staaten, neben Thailand vor allem zu Japan, Australien, den ASEAN-Staaten und Schweden.

Die Jahre 1990/91 waren vor allem durch die Debatte um die Verfassung gezeichnet, die allerdings nur die Spielwiese für die Auseinandersetzung um die Rolle der Partei darstellte. Ergebnis war, dass die Partei weiterhin keine Kritik duldete und nicht bereit war, irgendwelche Machtpositionen aufzugeben. Auf dem 5. Parteitag vom März 1991 zurrte sie die politische Front wieder fest. Souphanouvong war längst in den Hintergrund gedrängt worden und trat nun offiziell als Staatspräsident zurück. Sein Nachfolger wurde Kaysone, dessen Amt beträchtlich aufgewertet wurde. Neuer Ministerpräsident wurde Khamtay Siphandone. Als Kaysone im November 1992 starb, erbte Nouhak das Amt des Staatspräsidenten und Khamtay das des Parteivorsitzenden.

Endlich Anschluss gewinnen

Die Eröffnung der ersten Brücke über den Mekong im April 1994, am Stadtrand von Vientiane mit australischer Unterstützung gebaut, symbolisierte eine Reihe von Entwicklungen: die Verbesserung der internationalen Position von Laos – Thailand hatte sich zu einem Gegengewicht zum früheren starken Einfluss Vietnams entwickelt –, die Verbesserung der Infrastruktur – mit internationaler Hilfe wurden zahlreiche Straßen gebaut – und eine Wende in der Wirtschaft von der Land- und Holzwirtschaft hin zum Verkauf von

Khamtay Siphandone, ab 1991 Ministerpräsident, ab 1992 Staatspräsident

Energie und zum Tourismus. Damit verbunden waren neue Probleme: die Qualität des hauptsächlich von Thais bestimmten Tourismus, die rapide Verbreitung von AIDS und Drogen sowie in Bürokratie und Partei vor allem die Korruption.

Angesichts dieser Entwicklung trat der 6. Parteitag im März 1996 mit voller Kraft auf die Bremse. Fast alle Reformer wurden aus den oberen Rängen der Partei entfernt und vor allem durch Militärs ersetzt. Die Armee gewann die Kontrolle über die Partei und damit über den Staat. Auch in die Wirtschaft mischte sie sich zunehmend mit eigenen Unternehmen ein. Die wirtschaftlichen Reformen wurden zwar nur wenig angetastet, doch nicht zuletzt die Wahlen im Jahr 2002 haben gezeigt, dass die Partei überhaupt nicht daran denkt, von ihrer Alleinherrschaft auch nur im geringsten abzurücken. Die Aufstellung von Kandidaten, die nicht Parteimitglieder sind, blieb reine Augenwischerei: Wahlpflicht für alle und Ergebnisse haarscharf unter der 100-Prozent-Marke belegten, dass sich Laos von den drei Ländern Indochinas politisch am wenigsten geöffnet hat.

Schwierige Wirtschaftsentwicklung

Wirtschaftlich setzt Laos seit einiger Zeit auf zwei Pferde. Das eine ist die Wasserkraft, vor allem der Nebenflüsse des Mekong, mit deren Hilfe Strom erzeugt und in die Nachbarländer exportiert wird. Allerdings fehlt es dem Land an Kapital zum Bau der Kraftwerke, wodurch es sich in eine Abhängigkeit von den Abnehmerländern begeben muss. In der Asienkrise nach 1997 erlebte Laos, wie es jäh in den Wirtschaftsabschwung Thailands gerissen wurde, des Hauptabnehmers von elektrischer Energie. Als Konsequenz daraus will man jetzt mehr nach Vietnam ausführen. Trotz der zahllosen Probleme der Vergangenheit setzt die Regierung auf immer größere Staudämme und zieht gelegentlich die Pläne für ein Megakraftwerk im Hauptstrom des Mekong aus der Schublade. Trotz aller Beschwerden der Nachbarländer, die beträchtliche Störungen im Wasserfluss befürchten, trotz des Mangels an Investoren, trotz ökologischer und sozialer Bedenken aller Gutachter will die Partei das Projekt irgendwann verwirklichen – denn einige wenige werden daran grandios verdienen.

Das zweite Pferd der laotischen Wirtschaftspolitik ist nicht weniger umstritten: weitflächige Landverpachtungen an meist chinesische Unternehmen, die im Norden gigantische Plantagen anlegen wollen. Aus Plantagenholz soll Papier werden, Zucker und Kautschuk sollen produziert werden, und die Produzenten von Biokraftstoffen stehen auch schon in der Tür. Außer den Pachtgebühren, die – nach den üblichen Abzügen – im Staatshaushalt verschwinden, haben die Laoten nichts von solchen Pachtverträgen, denn die Chinesen sind dafür bekannt, dass sie sogar Personal für die einfachsten Arbeiten mitbringen. Über die ökologischen Folgen der Plantagenwirtschaft und die sozialen Folgen der Vertreibung der Bewohner spricht in den beiden Kommunistischen Parteien natürlich niemand.

Die Beziehungen zwischen Laos und China waren immer delikat. Die KP fühlte sich Vietnam und der Sowjetunion näher, während das riesige Reich der Mitte im Norden immer mehr als Bedrohung angesehen wurde. China war inzwischen aber zur Werkbank der Welt für Billigwaren geworden, die fliegende Händler meist illegal nach Laos brachten und dort gegen ein paar Dollar für lokale Polizeichefs verscherbelten. Die Bevölkerung und die lokalen Händler brachte dies auf, vor allem als die Geschäfte immer umfangreicher wurden und Chinesen auch Restaurants, Hotels und selbst landwirtschaftliche Betriebe wie Fisch- und Geflügelzucht, Obst- und Gemüseanbau betrieben. Die Bestimmungen wurden verschärft, aber wirklich ernsthafte Maßnahmen, die eigene Bevölkerung vor dieser korruptionsgeleiteten Besatzung zu schützen, blieben aus. Zur Zeit scheint der große Kotau Richtung Norden angesagt zu sein.

In diese Kategorie fällt auch der begonnene Bau einer Hochgeschwindigkeitsstrecke für eine Eisenbahn von der chinesischen Grenze nach Vientiane und von dort weiter nach Bangkok. Auch hier wurde außer der Regierung, die mit offener Hand bereitstand, im Land niemand gefragt. Die Strecke dient allein den Interessen Chinas, das für den Transport seiner Waren und seiner militärischen Infrastruktur Zugang zum Golf von Thailand bekommen will. Nachdem das chinesische Eisenbahnministerium angesichts unvorstellbar gigantischer Korruptionsfälle vollständig neu organisiert wurde, schreitet der Ausbau Kilometer um Kilometer voran.

Außenpolitisch machte Laos in den letzten Jahren gute Fortschritte. Mit den USA löste man Probleme von Kriegsgefangenen und im Kampf Gefallenen und kam auch in der Frage der möglichen Rückkehr von in die USA ausgewanderten Hmong weiter. Vor allem die Kämpfer der amerikanischen ›geheimen Armee‹ und ihre Angehörigen waren nach dem Pariser Waffenstillstandsabkommen in großer Zahl nach Thailand und weiter in die USA geflohen, weil sie sich – wohl zu Recht – vor Verfolgungen nach einer kommunistischen Machtübernahme fürchteten. Im November 2004 normalisierten die USA die Handelsbeziehungen, Hilfslieferungen gab es aber kaum.

Laos wurde 1997 Mitglied der ASEAN und richtete im November 2004 den ersten ASEAN-Gipfel in Vientiane aus, was zahlreiche Staatsoberhäupter und hunderte von Diplomaten erstmals in das kleine Land am Mekong brachte. Auch im Sport wurde Laos Gastgeber, denn im Dezember 2009 fanden die Asienspiele in Vientiane statt.

Die wirtschaftliche Entwicklung schwankte, von 2006 bis 2010 gab es eher schwierige Jahre, 2006/2007 kam es sogar zu einer Versorgungskrise bei Lebensmitteln.

Stete Entwicklung

Der 9. Parteitag im Jahr 2011 zog wie üblich Bilanz und gab mit einem neuen Fünfjahrplan einen Blick in die Zukunft. Das durchschnittliche Wirtschaftswachstum hatte danach von 2006 bis 2010 knapp acht Prozent betragen, was unter den Erwartungen lag. Die höchsten Wachstumsraten erzielten der Bergbau und die Energiegewinnung aus Wasserkraft. Immerhin fiel es der Partei auf, dass dies ein wenig einseitig war und die natürlichen Ressourcen übermäßig beanspruchte. Die Ineffizienz der Staatsbetriebe und die weit verbreitete Korruption wurden kritisiert, unternommen wurde aber nichts dagegen.

Für die nächsten Jahre wurde ein Durchschnittswachstum von acht Prozent angestrebt, man setzte auf Industrialisierung, ohne zu erwähnen, wie diese daherkommen soll. Das durchschnittliche Pro-Kopf-Einkommen sollte auf 1700

Choumaly Sayasone

US-Dollar steigen, die Zahl der armen Familien sollte unter die Marke von zehn Prozent gedrückt werden. Zudem wollte man einen Durchbruch im Bereich der Bildung erreichen und das bürokratische Denken zurückdrängen. An der alleinigen Führungsaufgabe der Partei wurde keinen Millimeter gerüttelt, die Gremien blieben weitgehend unverändert, bis auf einige spektakuläre Rücktritte ›aus gesundheitlichen Gründen‹, die anzeigten, dass die Korruptionsbekämpfung vor allem hinter geschlossenen Türen, lautlos und nur in Einzelfällen stattfand.

Die einen Monat später abgehaltenen Parlamentswahlen zeigten, dass die Bevölkerung zunehmend ungeduldig wird, denn einige der bekannten Gesichter auf der Einheitsliste der Partei fielen durch. Das Parlament bestätigte jedoch erwartungsgemäß Choumaly Sayasone als Staatspräsident und Thongsing Thammavong als Ministerpräsident. Es richtete eine Hotline ein, die die Menschen während der Parlamentssitzungen lebhaft in Anspruch nahmen. Themen waren die Fragen der Zukunft: Korruption, Landraub, das Rechtssystem, das Auseinanderklaffen der Einkommen und die Ausbildung von Arbeitskräften, da jetzt viele qualifizierte Jobs von Chinesen, Vietnamesen oder Thais ausgefüllt werden.

Dann stand wieder Feiern auf dem Programm, denn Laos war im November 2012 Gastgeber des 9. ASEM-Gipfels, eines Treffens zwischen asiatischen und europäischen Regierungschefs. Erstaunlicherweise gewann ein chinesisches Konsortium den Auftrag, auf einer Mekong-Insel ein 25 Hektar großes neues Stadtviertel mit repräsentativen Villen zu errichten, in denen die Delegationen wohnen sollten. Die dort lebenden 163 Familien wurden blitzschnell umgesiedelt. Nach dem Gipfel sollte das Viertel noch erweitert werden. Die chinesische Regierung schenkte der laotischen aus diesem Anlass ein protziges Konferenzzentrum neben der Parteizentrale der Kommunistischen Partei. Soviel zum Thema Korruptionsbekämpfung.

Im Februar 2013 wurde Laos als 158. Mitglied in die Welthandelsorganisation WTO aufgenommen. Dies symbolisiert den Weg ganz gut, den die laotische Führung gehen will. Sie weiß, dass sich das kleine, abgelegene Binnenland zwischen den ökonomischen Großmächten Thailand, Vietnam und China mehr nach außen wenden muss. Sie weiß, dass der Export von Naturressourcen und die Verpachtung von Land langfristig kein Erfolgsrezept sein kann, aber in einer Ein-Parteien-Gesellschaft, die völlig von der Korruption und Selbstbereicherung beherrscht wird, fällt der Führung nichts anderes ein, denn das könnte ja die Bevölkerung am Wohlstand beteiligen. Man kann nur hoffen, dass die laotische Führung realisiert, in welch starke Abhängigkeit von der Neokolonialmacht China sie sich begeben hat, vor allem durch die übermäßige Verschuldung, die in vielen Jahrzehnten nicht abgebaut werden kann.

Gelingt die Wende?

Auf dem 10. Parteitag im Januar 2016 wurden einige Veränderungen umgesetzt, die bereits vor einiger Zeit hinter den Kulissen beschlossen worden waren. Das politische Führungspersonal wurde ausgetauscht, ohne dass dies aber einer Rebellion oder einem Umsturz nahe kam. Der entscheidende Mann ist jetzt der neue Premierminister Thongloun Sisoulith (geb. 1945). Er hat eine Partei- und Regierungskarriere hinter sich, die klassischer gar nicht sein könnte, arbeitete bereits als Jugendlicher in der Patriotischen Front und studierte dann von 1973 bis 1978 am Pädagogischen Institut in Leningrad Sprach- und Literaturwissenschaften. Danach begann der Aufstieg in der Regierung, zunächst als Abteilungsleiter für auswärtige Beziehungen im Unterrichtsministerium. Dabei dürfte geholfen haben, dass er der Schwiegersohn von Phoumi Vongvichit (1909–1994) ist, einem der alten Kämpfer der Lao Itsala, der zudem von 1986 bis zu seinem Tod 1994 Präsident der Volksrepublik war.

Thongloun studierte erneut in der Sowjetunion, diesmal Geschichte, und wurde 1984 an der Akademie für Sozialwissenschaften in Moskau promoviert. Zurück in Laos trat er wieder in die Regierung ein und war von 1987 bis 1992 stellvertretender Außenminister, danach Arbeitsminister. Von 1998 bis 2003 war er zudem Abgeordneter der Nationalversammlung. Der nächste Karriereschritt erfolgte 2001, als er stellvertretender Premierminister, Leiter der Planungskommission und Vorsitzender des Nationalen Komitees für Energiefragen wurde. Damit hatte er praktisch die gesamte Wirtschaftsplanung des Landes unter seiner Kontrolle und müsste damit eigentlich auch die Verantwortung für die schleppende Entwicklung der Lage übernehmen. Doch 2006 wechselte er als Minister ins Außenministerium und blieb zudem stellvertretender Premier. Was ist von einem Mann mit einer solchen Karriere zu erwarten? Er ist zweifellos ein Mann der Partei, der nichts von der Macht der Partei aufgeben wird. Er gilt als etwas weltgewandter und interessierter als seine Vorgänger und viele seiner Ministerkollegen. Aber er war auch einer der Hauptverantwortlichen für die misslungene Politik der letzten Jahre.

Seine bisherige Regierungszeit hat bestätigt, dass Thongloun verstärkt drei Dinge bekämpfen will: die Korruption, den Drogenhandel und den Schmuggel von Hartholz. Auf allen Gebieten hat er Erfolge vorzuweisen, doch es stellt sich die Frage, ob diese Erfolge nachhaltig sind. Er hat spektakulär die teuren Dienstwagen der führenden Kader versteigern und einige bekannte Persönlichkeiten wegen Korruption verhaften lassen. Doch alles dies ist Propaganda und Showpolitik. Solange nicht die Strukturen der Wirtschaft, der Auftragsvergabe, der Aushandlung von Verträgen grundlegend geändert werden, verschwindet auch die Korruption nicht. Dass sich Thongloun jetzt in den Würgegriff Chinas begeben hat, lässt auch nicht darauf hoffen, dass sich auf diesem Gebiet wirklich etwas ändert.

Geschichte im Überblick

6000 vor unserer Zeit Besiedlung des Khorat-Plateaus westlich des Mekongs.

500 vor unserer Zeit Eisenzeit, megalithische Kultur im Hochland (›Ebene der Tonkrüge‹).

Ab 8. Jahrhundert Wanderung der Tai-Lao aus dem heutigen Südchina in den Norden der heutigen Länder Vietnam, Laos und Thailand.

12./13. Jahrhundert Größere Einwanderungswelle von Tai-Lao, die vor den Mongolen fliehen, als diese China besetzen und sich stark ausbreiten.

1353 Vereinigung von Lao-Fürstentümern zum Reich Lane Xang unter König Fa Ngum, der am Königshof von Angkor (Kambodscha, Khmer-Reich) aufgewachsen und von dort gelenkt ist. Die Buddhastatue Pra Bang kommt aus Angkor in die Hauptstadt, das spätere Luang Prabang.

1376 König Samsentai (›Dreihunderttausend Tai‹); eine Volkszählung legt nahe, dass es ca. zwei Millionen Einwohner im Reich gab.

1491 Nach Kriegszug gelangt der Buddha Pha Keo von Chiang Rai nach Luang Prabang.

1555 König Setthathirath weitet die Macht auf das Reich Lan Na im heutigen Nordthailand aus.

1560 Verlegung der Hauptstadt von Lane Xang von Luang Prabang nach Vientiane.

1574–1604 Oberherrschaft Burmas über Lane Xang.

1596 Erste Europäer in Vientiane.

1707 Teilung des Königreiches zwischen Luang Prabang und Vientiane.

1713 Ausrufung eines weiteren Königreiches in Champasak.

1765 Königreich Luang Prabang erneut Vasall Burmas.

1778/79 Angriff der Siamesen auf Vientiane, Entführung der Buddhastatuen Pra Bang und Pha Keo nach Siam.

1779 Alle drei Teilreiche sind abhängig von Siam.

1781 Rückgabe des Pra Bang nach Vientiane.

1825 Aufstand des Verwalters von Vientiane, Anouvong, gegen seine Schutzherren in Siam.

1861 Henri Mouhot erkundet den Mekong in Kambodscha und Laos.

1866–1868 Zweite Mekong-Exkursion unter de Lagrée und Garnier.

1868–1887 Marodierende chinesische Banden (Ho) greifen Laos an, nehmen 1875 Vientiane ein, 1887 Luang Prabang und richten große Zerstörungen an.

1887 Nach Abzug der Ho-Banden wird August Pavie Konsul in Luang Prabang.

1893 Eingliederung von Laos in die französische Kolonie Indochina.

1907 Vertrag zwischen Frankreich und Siam über die Grenzziehung, Rückgabe von siamesisch besetzten Gebieten an Laos und Kambodscha.

1930 Gründung der KP Indochinas in Hongkong.

1937–1945 Zweiter Weltkrieg; nach Vereinbarung Japans mit der Vichy-Regierung setzt Frankreich die Verwaltung seiner Kolonie Indochina fort; erst am 9.3.1945 übernimmt Japan die Macht direkt, kapituliert aber am 15.8.1945. Nach dem Potsdamer Abkommen wird der Norden von Laos von den chinesischen Nationalisten (Guomindang), der Süden von Großbritannien verwaltet.

12.10.1945 Unabhängigkeitserklärung einer provisorischen Regierung der sozialistisch-patriotischen Befreiungsorganisation Pathet Lao.

1946 Frankreich übernimmt (auch mit militärischen Mitteln) wieder die Macht in Laos, das Teil der ›Indochinesischen Föderation‹ wird.

Januar 1949 Gründung der laotischen Volksarmee und Beginn von militärischen Aktionen gegen die Kolonialherrschaft.

22.10.1953 Vertrag über die Freundschaft und Zusammenarbeit zwischen dem Königreich Laos und der französischen Republik.

Mai 1954 Der Sieg des Viet Minh über die Franzosen in Dien Bien Phu (Vietnam) läutet das Ende der französischen Kolonialherrschaft ein. Die anschließende Genfer Indochinakonferenz sieht die Souveränität der drei Staaten vor.

22.3.1955 Gründung der Laotischen Volkspartei (Kommunistische Partei).

17.11.1957 Erste Koalitionsregierung.

1959 Ausbau des Ho-Chi-Minh-Pfades auf laotischem Gebiet, Laotische Volkspartei beschließt Wiederaufnahme des bewaffneten Kampfes.

9.8.1960 Rechter Putsch des Obersten Konglè. Die Neutralisten positionieren sich als eigene Kraft der Mitte.

1960 Aufnahme diplomatischer Beziehungen zur Sowjetunion unter Souvanna Phouma. Verstärktes militärisches Engagement der USA in Vietnam und Laos.

18.12.1961 Genfer Laos-Konferenz erklärt Neutralität. 2. Koalitionsregierung.

19.4.1964 Putsch, Ende der Koalition. Beginn des amerikanischen Bombenkriegs gegen Laos.

27.1.1973 Pariser Vietnam-Abkommen beendet den US-Krieg.

21.2.1973 Abkommen über die Wiederherstellung des Friedens und Schaffung der nationalen Einheit in Laos, Erneuerung der Koalitionsregierung. Tatsächlich Bürgerkrieg in Laos.

23.8.1975 Machtergreifung der kommunistischen Bewegung Pathet Lao.

2.12.1975 Ausrufung der Volksrepublik Laos.

Februar 1977 Die Laotische Revolutionäre Volkspartei beschließt ›den Aufbau des Sozialismus unter Umgehung des Kapitalismus‹.

18.7.1977 Vertrag über Freundschaft und Zusammenarbeit mit Vietnam.

Februar 1979 Nach Angriff Chinas auf Vietnam bricht Laos die Beziehungen mit der VR China ab.

1986 Erste Reformen in der Wirtschaftspolitik.

1989 Normalisierung der Beziehungen zu China.

14.8.1991 Verkündung der neuen Verfassung.

1992 Normalisierung der Beziehungen zu den USA.

1994 Eröffnung der ›Freundschaftsbrücke‹ zwischen Thailand und Laos südlich von Vientiane.

Juli 1997 Vollmitglied im südostasiatischen Staatenbund ASEAN.

2010 Inbetriebnahme des Wasserkraftwerkes Nam Theun 2.

Februar 2013 Mitgliedschaft in der Welthandelsorganisation WTO.

Januar 2016 Der 10. Parteitag tauscht die Führungsriege der Regierung aus. Premierminister wird Parteiveteran Thongloun Sisoulith, der ein strenges Vorgehen gegen Korruption, Drogen und Hartholz-Schmuggel ankündigt.

2018 Das Visit Laos Year 2018 soll den Tourismus befördern.

Der Begräbniswagen für König Sisavang Vong in Luang Prabang

Könige und andere Herrscher

Könige von Lane Xang

1353–1371	Fa Ngum
1371–1417	Samsentai
1417–1428	Lan Kham Deng
1428–1429	Phommathat
1430	Kham Tem (Pak Houey Luang)
1431	Mune Xay
1432–1435	Fa Khay
1436	Khone Kham (Xieng Sa)
1437	Nhou Khon
1438–1442	Kham Keut
1442	Nang Keo Phimpha
1442–1456	Interregnum
1456–1479	Lu Xay (Saya Chakaphat Phene)
1480–1486	Thene Kham (Souvanna Banlang)
1485–1495	La Nam Sen Thai
1495–1497	Regentschaft Visun
1497–1500	Somphou
1500–1520	Visun
1520–1550	Phothisarath
1550–1571	Saya Setthathirath
1572–1575	Sen Surindhalusai
1575–1579	Voravongso
1580–1582	Sen Surindhalusai (2. Herrschaft)
1582	Nakhon Noi
1582–1591	Interregnum (unter burmesischer Herrschaft)
1591–1596	Nokeokuman
1596–1604	Vorapita
1604–1621	Voravongsa
1621–1622	Upayuvarad
1623–1627	Bandit-Phothisane
1627–1633	Mom Kaeo
1633–1637	Thon Kham
1638	Visay
1637–1690	Soulignavongsa Thammikarad
1691	Phaya Muang Chanh
1691–1695	Ong-Lo
1695–1698	Nantharath
1698–1707	Sai-Ongve (Saya Setthathirath II.)

Dreiteilung des Landes

Vientiane

1707–1730	Saya Setthathirath II.
1730–1767	Ong Long

1767–1778 und	
1780/81	Ong Boun (Siribounyasan), (danach unter Siam)
1781–1795	Nanthasen
1795–1804	Inthavong
1804–1827	Anouvong
Luang Prabang	
1707–1713	Kitsarath
1713–1723	Ong Kham
1723–1749	Inthasom
1749	Inthapom
1749–1771	Sotika
1771–1791	Soulignavong
1795–1816	Anouroutha
1817–1836	Mathaturad
1836–1838	Ounkeo
1838–1850	Soukaseum
1852–1872	Chantharad
1872–1887	Oun Kham
1894–1904	Sakkarine
1904–1949	Sisavang Vong
1959–1975	Sisavang Vatthana
Champasak	
1714–1738	Soi Srisamuth
1738–1778	Saya Kuman (danach unter Siam)
1780–1791	Saya Kuman
1791–1807	Fai-Na
1813–1815	Manoi
1819–1827	Rajabud-Yoh
1827–1841	Hui
1841–1851	Nark
1855–1862	Kham-Nhai
1862–1900	Khamsouk
1900–1904	Nhouy Radsadanay
Fürsten von Champasak	
1904–1945	Nhouy Radsadanay
1945–1975	Boun Oum

Präsidenten der Demokratischen Volksrepublik Laos

1975–1991	Souphanouvong
1986–1991	Phoumi Vongvichit (amtierender Präsident wegen Krankheit Souphanouvongs)
1991–1992	Kaysone Phomvihane
1992–1998	Nouhak Phoumsavanh
1998–2006	Khamtay Siphandone
2006–2016	Choummaly Sayasone
Seit 2016	Bounnhang Vorachit

Politik und Wirtschaft

Laos unterteilt sich in 17 Provinzen, etwa 140 Distrikte und mehr als 11 000 Gemeinden. Es folgt dem klassischen Beispiel einer Volksrepublik, die von einer kommunistischen Partei beherrscht wird. In diesem Falle ist es die Laotische Revolutionäre Volkspartei, die aus der Widerstandsorganisation Pathet Lao hervorgegangen ist und das Land seit 1975 fest im Griff hat. Die Verfassung von 1991 weist der Laotischen Revolutionären Volkspartei eine führende Rolle zu. Sie hat den klassischen Aufbau nach dem Vorbild der Sowjetunion mit einer hierarchischen Führungsspitze, die aus einem großen Zentralkomitee besteht, das ein kleineres Politbüro und einen Ständigen Ausschuss wählt und von einem Generalsekretär geführt wird. Sie besetzt alle wichtigen Ämter und kontrolliert die Justiz und die Presse. Der sowieso schon voluminöse Regierungsapparat wird noch ergänzt durch einen auf jeder Ebene parallelen Parteiapparat, der de facto alle Entscheidungen fällt, die dann von der jeweiligen Regierungsebene ausgeführt werden.

Es gibt keine, noch nicht einmal nominelle Oppositionsparteien. Die Auseinandersetzungen werden innerhalb der Partei ausgetragen, wo es traditionell verschiedenste Fraktionen, Seilschaften und Familienzugehörigkeiten gibt.

Staatsoberhaupt ist der Präsident, zu dessen Aufgaben die Ernennung der Regierung, der Provinzgouverneure und der Bürgermeister gehört. Es handelt sich aber nicht um eine Präsidentialregierung nach französischem Muster, sondern die für die Tagespolitik verantwortliche Person ist der Premierminister. Seine Stellvertreter sind die Minister der Verteidigung, der Finanzen und des Äußeren. Außerdem besteht die Regierung aus einer großen Zahl weiterer Minister, Vizeminister und Staatssekretäre.

Der Präsidentenpalast in Vientiane

Parlament und Judikative

Über Gesetze entscheidet das für fünf Jahre gewählte Parlament, für das nur Personen kandidieren können, die von der Partei abgesegnet wurden; die weitaus überwiegende Zahl sind Parteimitglieder. Pro Provinz gibt es wenigstens drei Abgeordnete, ansonsten kommt auf 50 000 Bewohner ein Mitglied im Parlament. Das aktive Wahlrecht beginnt mit 18 Jahren, das passive mit 21 Jahren.

Das Parlament stimmt über Gesetze und den Fünf-Jahres-Plan ab. Zudem wählt es den Staatspräsidenten und den Präsidenten des Obersten Gerichts sowie der Staatsanwaltschaft. Tatsächlich verfügt das Parlament aber über wenig Macht, denn alle Entscheidungen werden vorher in den Parteigremien ausführlich diskutiert und beschlossen.

Auch die Judikative ist mit den Staatsanwaltschaften auf drei Ebenen organisiert: Distrikt, Provinz, Land. Auf Gemeindeebene lösen die Dorfältesten viele Alltagsstreitereien, so dass die Partei gerne auch ein Auge darauf wirft, wer in diese Position aufrücken darf. Die Gesetzgebung in Laos weist viele Lücken und Widersprüche auf, die zu einer Rechtsunsicherheit führen. Insgesamt kann man nicht von einer unabhängigen Justiz sprechen, denn auch diese untersteht letztlich der Kontrolle der Partei.

Wirtschaft

Nach der Machtübernahme 1975 stand das Land unter starkem vietnamesischem Einfluss, so dass das System der Planwirtschaft aus Nordvietnam nicht nur Südvietnam, sondern auch Laos übergestülpt wurde. Es funktionierte nicht, sondern führte zu großen ökonomischen Problemen. Wie auch in Vietnam änderte sich dies erst 1986, als Liberalisierungen des Wirtschaftssystems eingeführt wurden, die privaten Akteuren und der Familienarbeit sowie den Märkten größeres Gewicht einräumten. In Laos heißt das Programm Chintanakan Mai, was ›Neues Denken‹ bedeutet. Seitdem wächst die Wirtschaft jährlich um real sechs Prozent, und Laos ist bestrebt, seine Einordnung als eines der am wenigsten entwickelten Länder der Erde (›Least Developed Countries‹) bis 2020 verlassen zu können.

Die Voraussetzungen dafür sind allerdings nicht so gut. Der Warenaustausch ist generell schwierig, weil Laos keine Anbindung an die großen Handelsrouten hat, vor allem nicht ans Meer. Zudem gibt es zwar viele Wünsche, was man importieren möchte, aber wenig Produkte, die man im Gegenzug exportieren könnte. Einige Agrarprodukte wie Kaffee, Leder und Gewürze gehören dazu, Bodenschätze wie Gold und Kupfer, in jüngster Zeit jedoch vor allem Elektrizität. Laos hat zahlreiche Staudämme an Nebenflüssen des Mekong errichtet. Ein Masterplan zur Stauung des Mekong selbst liegt in der Schublade, lässt sich aber nicht in die Realität umsetzen, weil die Finanzmittel nicht vorhanden sind und weil die Widerstände auch der Nachbarstaaten doch beträchtlich sind. Dass die Staudämme erhebliche ökologische Zerstörungen nach sich gezogen haben, interessiert die Regierung eher nicht, auch wenn sich immer häufiger Menschen melden, die von Umsiedlungen oder Schäden betroffen sind. Exportiert wird die

Kaffee vom Bolaven-Plateau

Elektrizität vor allem nach Thailand, angesichts der immer häufiger auftretenden Wirtschaftskrisen dort ist der Absatz aber nicht mehr gesichert, was diese Strategie noch weiter in Frage stellt.

In jüngster Zeit orientiert sich die laotische Regierung immer stärker nach China, dessen weitgehende Expansionspläne auch Laos betreffen. Besonders im Fokus steht eine Hochgeschwindigkeits-Eisenbahnverbindung von der chinesischen Grenze quer durch das Land bis nach Vientiane und weiter durch Thailand Richtung Meer. Ursprünglich war auf der Strecke außer in Vientiane kein einziger Halt in Laos vorgesehen, was schon verdeutlicht, wem und wofür diese Strecke dient, nämlich allein der chinesischen Regierung, die ihre Exportwaren auf dem kürzesten Weg zum Meer transportieren und ihre Truppen möglichst schnell bewegen will. Die schweren Umweltschäden, die eine Strecke quer durch das Bergland anrichten würde, spielen bei den Überlegungen der beiden kommunistischen Regierungen keine Rolle, bedeutsam sind allerdings die Finanzen. Peking vergibt – wie in vielen anderen Ländern weltweit – zwar günstige Kredite, doch die massive Verschuldung, die Laos bei diesem Projekt auf sich nehmen muss, wird das kleine Land endgültig in völlige wirtschaftliche und politische Abhängigkeit von China bringen.

Landwirtschaft

Das Projekt der Eisenbahntrasse passt auch gar nicht in die sich recht langsam entwickelnde Wirtschaft von Laos, denn die wirtschaftlichen Aktivitäten sind noch relativ traditionell verteilt. Rund drei Viertel der Bevölkerung sind in der Landwirtschaft tätig und erwirtschaften damit etwa die Hälfte des Bruttoinlandsprodukts. Ein erheblicher Anteil der Produktion wird von den Bauern selbst konsumiert oder auf lokalen Märkten verkauft. Grund sind die Schwierigkeiten beim Transport und der geringe Ertrag. Nur im Flachland an den Ufern des Mekong kann eine intensivere Landwirtschaft betrieben werden, teilweise auch unter Bewässerung. Hauptprodukt ist Reis, meist Klebreis, von dem es eine Vielzahl an Sorten gibt und der für die Selbstversorgung des Landes ausreicht. Andere landwirtschaftliche Produkte sind Kartoffeln, Mais, Yam, Sojabohnen, Gemüse, Erdnüsse, Zucker, Kaffee und Tee.

Viehzucht wird betrieben, aber meist nur im Nebenerwerb. Bauern halten ein paar Kühe, Schweine, Ziegen und Hühner, der Wasserbüffel zieht den Wagen und den Pflug. Hier wurde ein gewisses Potenzial zur Intensivierung erkannt, wie auch bei der Fischzucht.

Im Prinzip könnte man auch Holzwirtschaft betreiben, doch die alten Wälder mit tropischen Edelhölzern sind längst im Raubbau abgeholzt und von Parteikadern und Militärs über die grünen Grenzen nach Vietnam und Thailand verschoben worden. Wie in vielen wirtschaftlichen Bereichen fehlen nun das Kapital für Investitionen, ökonomisches und technisches Knowhow sowie die Geduld, auf die Wirkung der Investitionen zu warten.

Industrie

Die Industrie ist kaum entwickelt. Bisher wurden vor allem in handwerklichen Kleinunternehmen Textilien erzeugt, langsam bekommt Laos auch ein wenig der aus China und Thailand abziehenden Massenproduktion mit, da die Löhne in den beiden Nachbarländern gestiegen sind. Der sehr kleine Binnenmarkt und die Schwierigkeiten bei der Infrastruktur lassen hier jedoch keine großen Möglichkeiten erkennen.

Dienstleistungen

Auch der Dienstleistungsbereich ist wenig entwickelt. Am meisten Hoffnung verbreitet der Tourismus, der sich in den letzten Jahren vor allem in Vientiane entwickelt hat. Dort setzt man eher auf die schlichten Formen mit Besuchern aus dem Nachbarland Thailand, während bei Kulturtouristen die alte Hauptstadt Luang Prabang mit ihren Tempeln am beliebtesten ist. Langsam entwickelt sich auch ein Natur- oder Ökotourismus.

Wasserbüffel als Nutztiere sind weit verbreitet

Kunst und Kultur

Kunst und Kultur sind in Laos fast vollständig an der Religion ausgerichtet. Profane Gebäude sind schlicht, die Tempel hingegen kompliziert und reich dekoriert. Malerei und Plastiken richten sich ganz auf den Buddhismus aus, und wenn man heute in einigen Läden moderne Gemälde sieht, so handelt es sich weitgehend um laute und bunte Dekoration, eher nicht um Kunst.

Buddhistische Kunst

In der frühen Zeit des Buddhismus, mindestens in den ersten 200 Jahren nach dem Tod des historischen Buddha, gab es weder eine festgefügte buddhistische Gemeinde noch eine buddhistische Ikonographie. Der Buddha wurde nicht abgebildet, nicht in Form von Statuen, auch nicht auf Gemälden. Statt dessen wurde seiner in Symbolen gedacht, etwa in Form eines Stupa, des Bodhibaums, unter dem er die Erleuchtung erlangte, des Rads der Lehre oder eines überdimensionierten Fußabdrucks, den man auch in Laos bis heute an mehreren Stellen sehen kann.

Die frühesten Kunstwerke, die den Buddha als Person darstellen, stammen aus dem Reich Gandhara (im heutigen Pakistan), das von Alexander dem Großen im Jahr 327 vor Christus erobert worden war. Die griechisch-römische Vorstellung, nach der Götter als besondere Ausdrucksformen der Schönheit und Vollkommenheit dargestellt werden sollten, übertrug sich hier auf den Buddhismus, auch wenn dieser den Buddha natürlich nicht als Gott ansieht. Dennoch übernahmen indische Künstler die griechischen Ideen und stellten Buddhastatuen von herausragender Ästhetik in einer Stilmischung aus indisch und griechisch-römisch her. So entwickelte sich die buddhistische Kunst in der Gupta-Zeit in der großen nordindischen Ebene und strahlte ab dem 7./8. Jahrhundert in die anderen buddhistischen Länder ab.

Sehr schnell bildete sich eine Stilisierung der Darstellung des Buddha heraus: 32 Eigenschaften muss eine korrekt dargestellte Figur aufweisen. Dazu gehören etwa die Ausbeulung am Kopf (*unisha*), die Weisheit bedeutet, die Markierung zwischen den Augenbrauen (*urna*), die Lockenfrisur, die langen Ohrläppchen, die auf die adlige Herkunft des Buddha hinweisen, die drei waagerechten Falten am Hals, Symbole für Schönheit, das die rechte Schulter freihaltende hauchdünne Gewand, die gleich langen Finger und Zehen, die Körperhaltung im Sitzen und Stehen (nur sehr, sehr wenige Buddhas schreiten) und die verschiedenen Handhaltungen (*mudra*), an denen die Bedeutung der einzelnen Buddhafigur zu erkennen ist.

Die beliebtesten Mudra in Laos sind die Gefahrenabwehr mit beiden Händen vor dem Körper (*abhaya*), das ›Bitten um Regen‹ (*hiek fone*) mit beiden bis an die Knie reichenden Armen seitlich des Körpers, eine Interpretation, die in den Nachbarländern nicht üblich ist, die Meditationshaltung (*vajrasana*) sitzend, mit Beinen untergeschlagen und die Hände ineinandergelegt sowie die Erdanrufung (*bhumisparsa*) mit der Sitzhaltung wie bei der Meditation, wobei die rechte Hand jedoch auf dem Bein liegend nach unten weist, womit der Buddha die Erdgöttin

Buddha im Mudra der Erdanrufung im Wat Sisaket in Vientiane

Buddha im Mudra der Regenbitte im Ho Pha Keo in Vientiane

als Zeugin für seine Erleuchtung anruft. Früher selten zu sehen, aber zunehmend häufiger wird auch der liegende Buddha präsentiert, der den Eintritt ins Nirwana darstellt. Meist umgeben von seinen Schülern stützt er den Kopf auf den rechten Arm und liegt lang ausgestreckt auf der rechten Seite; hier sind die gleich langen Zehen und die Räder der Lehre unter den Fußsohlen auffallend.

Buddhas, vor allem stehende, sind äußerst schlank, haben oft eine schmale Taille und breite Hüften, durch das Gewand lassen sich weiblich anmutende Brüste und Brustwarzen ausmachen, überhaupt wird der Buddha als androgynes Wesen, männlich und weiblich zugleich, dargestellt.

Sind Buddhastatuen einmal geweiht, so sind sie unantastbar. In vielen Tempeln sieht man in dunklen Ecken alte Statuen stehen, die dort ungestört langsam, aber sicher verfallen.

Wie in der Lehre, so verschränken sich auch in der künstlerischen Darstellung die verschiedenen Religionen, vor allem Hinduismus und Buddhismus. Nicht auf den Altären, aber zum Beispiel in den Reliefs auf Fenstern und Türen werden Szenen aus der Hindu-Mythologie dargestellt, etwa Prinz Rama oder der kämpfende Affenkönig. Die Nagas, die auch buddhistische Tempel bewachen und die Treppen auf die Podeste flankieren, stammen aus den hinduistischen Legenden und fanden im Buddhismus zuerst in der Szene Verwendung, als der Buddha in heftigem Regen predigt, woraufhin sich eine Schlange hinter ihm aufrichtet und mit sieben oder neun Köpfen das Wasser von ihm fernhält. Auch der im Buddhismus Reinheit symbolisierende Lotos ist ursprünglich im Hinduismus ein Geburtssymbol für den obersten Gott Brahma, den Schöpfer, der in der Ursuppe eine goldene Lotosblüte erkennt und aus ihr das Universum erschafft.

Buddhistische Schriften

Der Buddhismus wurde in den alten indischen Schriften Pali und Sanskrit verbreitet. Wichtige Texte wurden in Palmblätter geritzt, die Ritzen mit Tinte ausgefüllt. Mit Textilfäden band man die meist nur fünf, sechs Zentimeter schmalen Blätter zu einer Art Buch zusammen, in dem die Seiten umgeblättert werden können. In Tücher eingeschlagen und in Holzkisten verpackt, wurden die Texte in den Tempeln aufbewahrt. Einige davon kann man in Tempeln in Laos noch zu Gesicht bekommen, wobei meist unklar bleibt, aus welcher Zeit genau die Palmblattmanuskripte stammen.

Inzwischen ist die Moderne sogar in buddhistischen Tempeln in Laos eingezogen, denn das Nationalmuseum in Vientiane hat eine Bestandsaufnahme gemacht und dabei etwa 86 000 Texte gezählt, von denen einige auf Mikrofilmen, andere in digitaler Form gespeichert wurden.

Der buddhistische Kanon besteht aus drei Textsammlungen. Die Tripitaka (›Drei Körbe‹) wurde zunächst mündlich weitergegeben, später auf Pali aufgeschrieben. Die drei Teile mit den Lehren des Buddha, seinen Erörterungen sowie den Ausführungen über die Organisation der buddhistischen Gemeinschaft bilden das Herzstück des Buddhismus. Die Sutren (wörtlich: ›Fäden‹) sind die Predigten des Buddha, die allerdings erst Jahrhunderte nach seinem Tod auf Sanskrit oder Pali aufgeschrieben wurden. In der Vinaya (›Korb der Disziplin‹) werden die Verhaltensregeln des Klosterlebens festgelegt. Als weiterer wichtiger Text könnte das Abhidharma (›Höhere Ethik‹) gesehen werden, eine Sammlung von philosophischen Debatten und Interpretationen buddhistischer Gelehrter.

Laotische Geschichten

Die Verwebung von Hinduismus, Buddhismus und traditioneller Mythen und Legenden zeigt sich sehr schön im laotischen Epos ›Phra Lak Phra Lam‹, einer nicht nur sprachlichen, sondern auch räumlichen Übersetzung des klassischen hinduistischen Epos Ramayana. Der Held ist Prinz Rama (eine Inkarnation des hinduistischen Gottes Vishnu), dessen Frau Sita von dem Dämon Ravana auf die Insel Lanka entführt wird. In einem groß angelegten Feldzug mit zahllosen Abenteuern wird Sita von Rama, seinem Bruder Lakshman, dem Affengeneral Hanuman und seiner Affenarmee wieder befreit. Szenen aus diesem Epos sind auf Gemälden zu sehen, aber auch als Reliefs auf Tempeltüren oder -fenstern.

Palmblattmanuskripte im Wat Visun in Luang Prabang

Ebenfalls einen religiösen Hintergrund weist das Epos ›Sinxai‹ aus dem späten 17. Jahrhundert auf, in dem ein Bodhisattva als Held verschiedene Prüfungen besteht und so auf recht didaktische Weise den Menschen, die diese Geschichte zum Beispiel auf Tempelfesten anhörten, die rechte Art zu leben erklärte. Das ›Sinxai‹ wie auch der Gründungsmythos um Khun Borom und Varianten der indischen Jataka waren Inspiration und Vorbild für die laotische Literatur vom 16. bis hinein ins 20. Jahrhundert. Unter den Kommunisten waren sie eine Zeit lang verboten, tauchen jetzt aber zunehmend wieder auf.

EXTRA

Dr. Siri auf Spurensuche

Nur mit einer alten russischen Taschenlampe ›bewaffnet‹ stapft Dr. Siri Paiboun den Hügel hinauf und fühlt sich plötzlich ganz beschwingt, obwohl ihm der Kopf von der Diskomusik dröhnt, die kilometerweit zu hören ist und der er jetzt auf den Grund gehen wird. Siri weiß, oben am Ende des Weges befindet sich eine riesige Höhle, teilweise natürlichen Ursprungs, teilweise in Kriegszeiten vergrößert, damit sich die lokale Bevölkerung – und zahlreiche hohe Kader der Revolutionäre – dort vor den Bombenangriffen der Amerikaner verstecken konnte. Doch jetzt schreit diese dekadente Lärmkulisse des Feindes jede Nacht durch die Wildnis an der Grenze zu Vietnam und raubt Dr. Siri den Schlaf. Am Rande der Höhle angekommen, traut Dr. Siri nicht nur seinen malträtierten Ohren nicht mehr, sondern auch seinen alten Augen: Hunderte von Landsleuten, meist Alte wie er, tanzen zu den Beats und harten Bässen, und auch den Doktor zieht der Rhythmus in seinen Bann, ohne dass sich seine müden Knochen dagegen wehren können. Er tanzt wie besessen, und da er sich als Arzt in der Physiognomie seines Körpers gut auskennt, weiß er, welche Einzelteile ihn danach am meisten schmerzen werden. Doch in dieser ›Disko‹ – den Begriff erwähnte mal seine junge Krankenschwester – tanzen nur die Toten, Soldaten wie Zivilisten, die ihr Leben nie haben genießen können, sondern erst zu ausgelassenen Tänzern wurden, nachdem der Tod sie vom Leiden befreit hatte. Da richten sich helle Lampen auf Dr. Siri, er erwacht aus seiner Tanztrance, und die Wachen fragen den alten Mann, was er denn da mache. Entsetzt reißt er die Augen auf: keine Musik, keine Tänzer, nur er. Denn Dr. Siri ist in der Tat ›besessen‹: Der Geist eines dunkelhäutigen Kubaners, der im Krankenhaus gearbeitet hatte, später als Mumie in einem Betonweg auftauchte, ist in Siris Körper gefahren, lässt ihn die Musik hören und das Tanzbein schwingen. Und ihn ganz allein.

Dr. Siri ist der unbestrittene Held der Laos-Krimis des Engländers Colin Cotterill. Er wurde 1952 in London geboren, begab sich 1975 auf eine Weltreise, die rund 30 Jahre dauerte. Dabei unterrichtete er Englisch und Sport, entwarf Sprachlehrprogramme und betreute Flüchtlingskinder für eine Hilfsorganisation. Etwa jedes halbe Jahr ergriff ihn die Unruhe und drängte ihn, den Ort zu wechseln, so dass er in 30 Jahren ziemlich in der Welt herumgekommen ist. Gebremst wurde er beim Sprachunterricht in Chiang Mai in Nordthailand von einer Studentin, in die er sich verliebte, die er heiratete und die ihn sesshaft machte. Bis heute wohnt er in Südthailand, allerdings inzwischen mit einer Japanerin und mehreren Hunden.

Eigentlich ist Cotterill eher Zeichner und Illustrator, doch wie er in seinem Leben alles Mögliche ausprobiert hat, versuchte er sich auch mal an einem Buch. Er verarbeitete die schlimmen Erfahrungen, die er bei einer NGO bei der Betreuung von sexuell missbrauchten Kindern gemacht hatte, in einem Krimi, den er auch selbst produzierte und vermarktete, was aber nicht von Erfolg gekrönt war. Dann kaufte er sich – zumindest wenn man der gerne erzählten Anekdote glauben mag – auf einem Flughafen in Thailand die fünf bestverkauften Thriller und lernte daraus, wie man einen Bestseller kreiert: ›kurze Kapitel, jede Menge Cliffhanger, sympathische Helden‹. Und eine Nische. Und den Laos-Krimi gab's ja noch nicht. So schuf er Dr. Siri, den 72-jährigen Arzt, der nach der Revolution gegen seinen

Willen zum ›besten und einzigen Staatspathologen‹ in Laos berufen wurde, seine Assistenten, die Krankenschwester Dtui und den leicht behinderten Pathologieassistenten Mr. Geung; dazu seinen alten Freund Civilai, der jetzt im Zentralkomitee der Partei sitzt, aber immer Zeit genug hat, sein Mittagsbaguette auf einem Baumstamm am Mekong sitzend mit Siri zu teilen, wie auch die Geschichten über die Holzköpfe in der Regierung.

Mit einem solchen Erfolg hatte selbst der Lebensoptimist Cotterill nicht gerechnet. Der Anfang war schwierig, da es die Bücher nur in Vientiane und vereinzelt in Bangkok gab, doch seit ein internationaler Verlag sie herausbringt, sind sie weltweit bekannt und werden in mehrere Sprachen übersetzt. Zwölf Titel sind bisher erschienen, neun davon auch auf Deutsch (gebunden bei Manhattan, als Taschenbuch bei Goldmann). Zum Zeichnen käme er jetzt kaum noch, sagt Cotterill, die Siri-Produktion läuft, und seit einigen Jahren gibt es eine zweite Reihe mit der jungen Thailänderin Jimm Juree als Heldin.

Sie bereitet dem Autor zumindest eine Schwierigkeit nicht, vor die ihn Dr. Siri gestellt hatte. Denn der war bereits 72 Jahre alt, als er zum Helden wurde, und obwohl er ständig Geister sieht und trifft und selbst beherbergt, hätte er die Serie schnell zu Ende bringen können. Und so vergehen in den Stories immer nur wenige Wochen oder Monate, bis ein neues Abenteuer beginnt; Dr. Siri altert also weniger schnell als der Autor und seine Leser. Cotterill sagt, seine Eltern hätten ihn auf diesen alten Helden gebracht, denn auch sie seien schon recht betagt, aber immer noch sehr aktiv. Ein alter Held hat im laotischen Umfeld zudem eine gute Position: Das Alter wird verehrt, freundlich und vertraut wird Dr. Siri meist ›Onkel‹ genannt. Als Arzt im Pensionsalter weist er viele Erfahrungen auf, hat im Krieg gegen die Amerikaner gekämpft und vielen Verletzten geholfen. Überall, wo er in den Krimis hinkommt, kennt er Leute von früher, die ihm noch einen Gefallen schulden. Außerdem darf er gerne mal andere, die Zustände oder die inkompetente Regierung kritisieren, doch er kritisiert milde, im entspannten Tempo des Landes, altersweise.

Dabei scheint Dr. Siri der letzte Laote zu sein, der ›rot und Fachmann‹ zugleich ist. Er scheint den alten Kampf in den kommunistischen Parteien geradezu zu verkörpern, denn er kämpfte auf der Seite des Pathet Lao, trifft aber in einer seiner Traumsequenzen den abgesetzten König und ist voller Verehrung und Anerkennung für dessen Bildung und Stil. Als Arzt sollte er Fachmann sein, doch statt in der Hängematte seinen Ruhestand zu genießen, muss er sich jetzt um die Toten kümmern, von denen er keine Ahnung hat. Immerhin steht ihm ein französisches Pathologiefachbuch aus dem Jahr 1948 zur Verfügung, auch dieses also alt und damit ehrwürdig, fachlich vielleicht nicht mehr auf dem neuesten Stand, aber zuverlässig, so dass es gleichgültig ist, ob es ›rot‹ daherkommt. Denn Dr. Siri bohrt gerne etwas weiter, wenn die ›Roten‹ schon beschlossen haben, wie ein Fall zu interpretieren sei. ›Rot oder Fachmann‹ ist Definitionssache in einem Land, in dem frühere Prinzen Kommunistenführer werden und der gesamte niedere Adel den Pfründen hinterhermarschierte, nach Amerika oder in die rote Partei.

www.colincotterill.com, www.randomhouse.de

Musik, Tanz, Theater

Seit jeher stehen Musik, Tanz und Theater unter dem starken Einfluss der Khmer und der Siamesen. Der Gründungskönig Fa Ngum war am Khmer-Hof in Angkor aufgewachsen und ausgebildet worden und brachte die kulturellen Traditionen mit in das neue Reich, dessen Bewohner vor allem Bauern waren, die sich weniger den Künsten hingaben. So verwundert es nicht, dass die klassischen indischen Epen, die im Khmer-Reich schon eine Anpassung erfahren hatten, nun noch einmal auf das Leben der Lao abgestimmt wurden.

Die beliebtesten Unterhaltungen bei Tempelfesten, die immer auch einen Belehrungscharakter aufwiesen, waren der Maskentanz (*Khon*) und das Schattentheater. Zu beidem spielte ein Orchester, das vor allem aus Schlaginstrumenten bestand: Bambusxylophone (*Ranat*), Gongs, Trommeln, dazu Blasinstrumente wie Reet- und Bambusflöten und andere sowie schließlich einige Saiteninstrumente wie Kniegeigen (*So i*) und die *So o*, die einer indischen Sitar ähnelt. Alle Instrumente hatten eine ›Seele‹ und durften nicht zerstört werden, wenn sie nicht mehr brauchbar waren. Man brachte sie in den Tempel und ließ sie dort – wie auch alte Buddhafiguren – langsam vor sich hin rotten.

Die Musik wurde nicht notiert, sondern mündlich von Generation zu Generation weitergegeben. Das gilt auch für die Theaterstücke und die Volkstänze (*Lam*). Bei diesen handelt es sich meist um Schreittänze für Solistinnen und kleine Gruppen, die in der Regel getrennt von Frauen und Männern in traditionellen, sehr prächtigen Kostümen dargeboten werden. Volks- und Tempelfeste fanden zu bestimmten Anlässen statt, zum Beispiel nach dem Einbringen der Ernte oder anlässlich von Hochzeiten.

Ausdrucksstarker westlicher Tempeltänzer

Hausbau

Fast alle Völker, die in Laos leben, bauten traditionell ihre Häuser ganz aus Holz und auf Pfählen. Der Platz unter dem Haus bot Schutz vor Regen und Sonne, dort wurden Tiere gehalten, dort stand der Webstuhl, dort wurden Geräte und Fahrzeuge aufbewahrt. Das Haus selbst war zudem besser vor wilden Tieren, Insekten und Feuchtigkeit geschützt. Doch gleichzeitig waren die Pfähle auch die Schwachpunkte beim Hausbau und mussten alle drei, vier Jahre ausgetauscht werden, weil sie verrotteten oder von Termiten angenagt waren. Und das war gar nicht so einfach – und kostspielig.

Der erste Schritt der Veränderung ging dahin, die Holzpfähle durch Betonstützen zu ersetzen, die zwar teurer als

Traditionelles Haus auf der Ebene der Steingefäße

Holz sind, dafür aber bequem zehn Jahre und länger halten. Als nächster Schritt wurde der Raum unter dem Haus zugemauert. Die Betonpfosten sind oft noch zu sehen, der Raum zwischen ihnen wurde durch Ziegel oder Steine geschlossen, meist gibt es nicht einmal ein Fenster, was nahelegt, dass der Raum nur als Abstellraum genutzt wird. Der Webstuhl ist aus der Welt auch der ländlichen Bevölkerung verschwunden.

Man sieht zwar auch auf dem Land noch sehr viele Holzhäuser auf Pfählen, doch neue Häuser werden meist auf dem Boden errichtet und gemauert oder aus Beton gegossen. Sie sind entweder einstöckig, also so wie früher, nur ohne Pfähle, oder sie sind gleich zweistöckig, mit einer Treppe außen, wie in der Vergangenheit, oder innen. Und der Wasserbüffel hat jetzt nicht mehr vier Beine, sondern zwei Räder und hört auf den Namen Moped.

Tempelarchitektur

Genau wie Religion und Menschen nicht getrennt waren, so waren auch religiöse und profane Bauwerke nicht voneinander getrennt. Das Kloster (Wat) ist das Zentrum eines Dorfes (Ban), das sehr oft denselben Namen trägt wie der Wat. Vor allem in Luang Prabang kann man dies bis heute beobachten.

Der Vorläufer des Tempels war der Altar. In Zeiten des Animismus wurde den Naturgöttern ein Opfer dargebracht, meist an einer bestimmten Stelle in freier Natur. Dann vielleicht, damit es besser zu sehen war, auf einem Stein. Der Tempel war zunächst der Ort der Darbringung des Opfers, später der Ort der Kommunikation mit den Göttern, der religiösen Zeremonien, und noch später der Ort der Lehre und der Erziehung. Tempel sind fast immer Spenden reicher Leute. Durch Spenden erwirbt der Buddhist Verdienste, durch große Spenden große Verdienste.

Sehr viele Tempel wurden über die Jahrhunderte von Königen oder Mitgliedern der Königsfamilie gespendet, begründet oder erweitert, andere von reichen Beamten oder Unternehmern. Auch der Unterhalt des Tempels, Reparaturen und das Leben der hier wohnenden Mönche basieren völlig auf Spenden, nicht auf Steuern oder staatlichen Unterstützungen. Symbol hierfür mag der morgendliche Spendengang der Mönche sein (Luang Prabang, → S. 144). Heute kassieren die Klöster aber auch für die Abhaltung von Zeremonien, die Zurverfügungstellung des Tempels als Hintergrund für Hochzeitsfotos oder als abendlicher Parkplatz. Auch Eintrittsgelder von Touristen und vieles andere bringt Geld: Die heutigen Klöster sind in der Regel nicht arm.

Stile

Es gibt eine große Vielfalt an Tempelgebäuden, die zwar Ähnlichkeiten aufweisen, aber nicht gleich sind. Anfang des 20. Jahrhunderts begannen Mitarbeiter der École Française d'Extrême-Orient mit der Beschreibung und Klassifizierung der Tempel. Sie machten zunächst drei große Stilrichtungen aus, die sie nach den Regionen Luang Prabang, Vientiane und Xieng Khouang benannten. Der markanteste Unterschied wurde in den Dächern gesehen: Der Luang-Prabang-Stil weist ein hohes, weit heruntergezogenes und mehrfach gestaffeltes Dach auf, der Sim (Haupthalle) steht auf einer gestuften Plattform, die aus Ziegeln gemauert und verputzt ist. Die Dächer des Vientiane-Stils sind enger, aber steil und hoch und in der Regel nicht gestaffelt. Der Xieng-Khouang-Stil ist am einfachsten, mit einem ebenfalls weit heruntergezogenen, schlichten Dach.

Ende des 20. Jahrhunderts verfeinerte die UNESCO die Klassifizierung des Luang-Prabang-Stils; sie unterschied zwischen Luang Prabang I, II und III sowie dem Thai-Stil.

Luang Prabang I: Die Säulen im Innern des Bauwerks sind in der Mitte höher als an den Seiten. Die Unterkonstruktion der Buddhastatue stößt nicht an die Rückwand an, sondern ermöglicht eine Umrundung des Pantheons. Auch außen gibt es eine Galerie, auf der der Sim umrundet werden kann. Beispiele in Luang Prabang sind Wat May (→ S. 159), Wat Visun (→ S. 164), Wat Pak Khan (→ S. 152), Wat That Luang (→ S. 113).

Luang Prabang II: Während Luang Prabang I wie ein einschiffiges Bauwerk wirkt, erweckt Luang Prabang II den Eindruck von drei oder fünf Schiffen. Der Unterbau der Buddhastatue ist mit der Rückwand verbunden. Vor dem Eingang befindet sich eine meist quer liegende, überdachte Terrasse. Beispiele in Luang Prabang sind: Wat Xieng Thong (→ S. 147), Wat Khili (→ S. 152), Wat Paphane, Wat Sieng Muang und Wat Sene (→ S. 153).

Luang Prabang III: Die Säulen haben alle die gleiche Höhe; sie befinden sich in den Mauern, im Innenraum stehen keine freien Säulen. Vor dem Eingang gibt es oft eine quer liegende Veranda. Der Unterbau des Buddhas befindet sich direkt an der hinteren Wand. Beispiele: Wat Sop, Wat Aham (→ S. 166), Wat Phra Mahathat.

Thai: Im Prinzip wie Luang Prabang III, die Gebäude sind aber höher und wirken oft etwas unproportioniert. Sie wurden meist in der zweiten Hälfte des 19. Jahrhunderts erbaut. Beispiele: Wat Pa Khe, Wat Pa Huak.

Sim

Die Klosteranlagen sind in der Regel von einer etwa zwei Meter hohen Mauer umgeben. Während viele Tempel in der Region eine klare Anordnung der Gebäude entlang von Achsen oder in rechten Winkeln aufweisen, ist dies hier nicht der Fall. Wichtigstes Gebäude ist der meist in der Mitte der Anlage gelegene Sim, die Versammlungshalle der Mönche, in der auch die meisten Zeremonien abgehalten werden. Im Gegensatz zu den profanen Bauten, die in Laos oft auf Stelzen stehen (oder zumindest in der Vergangenheit standen), sind die Tempelbauten auf dem Boden errichtet, höchstens ein massives Podest von einem halben bis einem Meter Höhe hebt den Sim ein wenig hervor. In manchen Wats gibt es auch zwei Sim, meist aus verschiedenen Bauzeiten, die dann oft nebeneinander stehen. Die Grundform des Sim ist ein Rechteck, wobei sich der Haupteingang auf der Schmalseite befindet. Oft ist diesem Eingang eine querliegende überdachte Terrasse (*rabieng*) vorgelagert, zu der es auch seitliche Aufgänge gibt. Manche Sim sind von Galerien umgeben, die mehrere Treppen an allen Seiten aufweisen können.

Traditionell wurden Gebäude in Laos nur aus Holz erbaut, da das Land zum größten Teil von Urwald bewachsen war, in dem Harthölzer wie Teak in ausreichender Menge wuchsen. Erst seit der Kolonialzeit werden Häuser und Tempel auch aus Stein, Ziegel und heute Beton hergestellt. Wichtigstes strukturelles Element des Sim sind die Säulen, die die gesamte Last des Daches tragen. Sie stehen frei im Raum oder sind in die Außenwände eingebaut und bestanden früher aus einem einzelnen Baumstamm. Die Wände hingegen sind dünn und tragen kaum eine Last.

Die Dächer sind das auffälligste Element des Sim. Hoch aufragend, mehrfach gestapelt und weit heruntergezogen, weisen die Dächer enorme Flächen auf und ein enormes Gewicht. Dies liegt auch an den gebrannten Dachziegeln.

Zur markanten Dekoration des Daches gehört das auf dem obersten Dach in der Mitte angeordnete, aus Metall bestehende *Dok so faa*. Dies ist eine ungerade Anzahl von kleinen Pagoden, oft mit aufgesetzten Ehrenschirmen, die den Berg Meru, den mythischen Berg der Götter, symbolisieren. Die Schirme stehen für das Königshaus und können darauf verweisen, dass der Tempel von diesem gestiftet wurde. Alternativ kann auch eine Skulptur von in sich verschlungenen Nagas aufgesetzt werden. Dieses Schmuckelement wirkt der Schwere des Daches etwas entgegen und soll die Verbindung des Gebäudes mit dem Himmel betonen.

In manchen Gebäuden sind Stützbalken zwischen der Dachtraufe und der Wand erforderlich. Diese enden dann meist in einer aufwendig geschnitzten Konsole, oft in Form eines vergoldeten Naga-Kopfes. Zu den wichtigsten dekorativen Elementen aber gehört der Giebel, der bei den verwendeten Walm- oder Fußwalmdächern in der Regel dreieckig ist. Meist sind hier Holzreliefs angebracht, die zum Beispiel Szenen aus dem Ramayana, mythische Figuren oder Buddhas darstellen.

Schematische Darstellung des Luang-Prabang-Stils

Den Raum füllen üppige und gleichzeitig filigrane florale Motive. Ebenfalls reich durch Reliefs verziert sind die Eingangstüren und die Fensterläden. Auch hier werden meist Szenen aus den Mythen oder dem Leben des Buddha dargestellt. Die Grundfarbe solcher Reliefs ist Rot oder Schwarz, doch die wichtigsten Figuren werden in Gold hervorgehoben. Früher wurde hier tatsächlich Blattgold aufgebracht, heute begnügt man sich mit goldener Farbe.

Während sich der Eingang des Sim in aller Regel im Osten befindet, ragt der Altar mit der Buddhastatue vor der Westwand auf. Wenn der Sockel nicht direkt an die Wand gebaut ist, kann es hinter der Buddhafigur auch noch eine Tür nach außen geben, die jedoch normalerweise verschlossen ist. Die dicken runden Säulen und das Dachgebälk fallen sofort ins Auge: Sie sind auch meist in Rot oder Schwarz lackiert und mit goldenen Verzierungen versehen, die oft mit Hilfe von Schablonen aufgebracht werden. Dies können zum Beispiel Dharmaräder und andere buddhistische Symbole sein.

Normalerweise beherrscht eine große Buddhafigur das Pantheon. Sie kann aus Bronze, Holz oder Zement sein, der dann glattgerieben und lackiert wird. Da diese Statuen oft bis ins Dach hinaufreichen, werden sie zuerst errichtet und der Sim anschließend um sie herum gebaut. Die Figuren sind golden lackiert und weisen eine begrenzte Anzahl von Mudras auf (→ S. 74). Nur sehr wenige sind alt und wertvoll.

Vor der Hauptfigur werden meist noch weitere, von Gläubigen gespendete Statuen aufgestellt, manchmal ganze Gruppen von gleicher Größe und Machart, manchmal eine bunte Sammlung, die im Laufe der Jahrzehnte zusammenkam. In einigen Pantheons – meist vorne in der ersten Reihe – sind auch Statuen von (meist sitzenden) Mönchen zu sehen. Es handelt sich dabei meist um die Abbildungen von Äbten, die sehr lange in dem jeweiligen Wat gewirkt haben und von der Gemeinde nach ihrem Tod geehrt wurden.

Der Sim des Wat May in Luang Prabang mit Galerien

That Luang in Vientiane

Stupas

In den meisten Wats wird man eine sehr unterschiedlich große Anzahl von Stupas finden, die auch sehr unterschiedliche Formen haben können. Der Stupa (*that*) ist ein originär buddhistisches Bauwerk, das vor der bildlichen Darstellung des Buddhas diesen symbolisierte. Somit verbindet er sich mit dem Tod und enthält in der Tat häufig die Asche Verstorbener oder eine Reliquie. Frühe Stupas in Indien sahen aus wie umgedrehte Essschalen (auch Todessymbole), doch im Laufe der Zeit streckte sich die Form nach oben, wurde immer schlanker, der Grundriss quadratisch. Die für Laos typische Form ist die des That Luang in Vientiane (→ S. 113). Auch in diesem Fall werden wieder Vergleiche mit dem Berg Meru und mit einer Lotosknospe gezogen. Die Stupas stehen häufig entlang der Außenmauer oder in einer Ecke zusammen wie auf einem Friedhof. Enthält der Stupa die Asche eines Verstorbenen, so ist natürlich eine erhebliche Spende an das Kloster fällig. Aus diesen Spenden kann ein Kloster beträchtliche Einnahmen erzielen.

Noch ein Wort zu den Reliquien: Im gesamten Wirkungsbereich des Buddhismus gibt es Stupas, die angeblich Reliquien des Buddha enthalten sollen, meist Haare, Zähne oder Knochenteile. Tatsächlich ist der historische Buddha im Alter von über 80 Jahren gestorben, und sein Körper wurde, wie üblich, eingeäschert. Die Herausstellung seiner Person begann erst mehr als 200 Jahre nach seinem Tod, so dass es kaum anzunehmen ist, dass es tatsächlich Reliquien des Buddha gibt.

Bibliothek, Trommelturm und Wohngebäude

Nicht in allen Tempeln zu finden ist eine Bibliothek, in der die meist auf Palmblättern festgehaltenen Schriften des Buddhismus aufbewahrt und studiert werden konnten (→ S. 76). Zum Schutz gegen Termiten und andere Insekten wurden diese einfachen Bauwerke oft auf Stelzen errichtet.

Ebenfalls nach oben strebt der Trommelturm (*hor kong*), der oft nur aus Streben mit Zwischendecken und einem vielschichtigen Dach besteht. Die Trommel wird geschlagen, um die Mönche zu Gebeten, zum Essen oder zu anderen Aktivitäten zusammenzurufen. Da die Wats früher der Mittelpunkt eines Dorfes waren, warnte die Trommel die Dorfbewohner auch vor Gefahren wie etwa Bränden.

Die Mönche wohnen in sehr einfachen Gebäuden, von denen viele bis heute aus Holz bestehen. Mehrere Novizen teilen sich in den ›Kutis‹ genannten Quartieren ein Zimmer, ältere Mönche wohnen zu zweit oder allein in einem Raum, in dem sich außer einem Bett, einem Schrank, einem Tisch mit Stuhl wenig befindet. Bäder und Ess-Säle werden gemeinschaftlich genutzt.

Kunsthandwerk

Alle Formen des Kunsthandwerks sind von der Moderne bedroht, die den Sinn für Schönheit verloren zu haben scheint und nur auf den Preis und die Masse schaut. Während im Alltag billigste Fabrikware aus China getragen (Kleidung, Schuhe) oder benutzt (Plastikgefäße, Werkzeuge) wird, könnte der Tourismus die alten Handwerke vielleicht retten, wenn er nicht selbst auf die in den Markt und auf die Märkte gezwungenen Billigwaren des großen Bruders aus dem Norden hereinfiele.

Seide

Stoffe aus Seide und das Weben komplizierter Muster gehören zur kulturellen Identität von Laos. Schon vor mehr als 2500 Jahren soll die Seidenweberei in Regionen südlich des Yangzi, wo damals noch die Lao und andere Tai-Völker lebten, nicht aber die Chinesen, praktiziert worden sein, ab dem 2. Jahrhundert vor Christus sollen Seidenstoffe nach China, Indien und ins Zweistromland, später dann noch weiter nach Westen exportiert worden sein, auf diversen Routen, die später ›Seidenstraße‹ genannt wurden.

Mit den Lao und Tai wanderte die Seidenweberei nach Süden, wo sie über Jahrhunderte gepflegt wurde – bis in die 1960-er Jahre, als die Verheerungen des amerikanischen Kriegs in Vietnam Laos in völlige Armut stürzten, so dass niemand mehr Seide trug und viele Webstühle verkauft werden mussten, damit die Familie mit Essen versorgt werden konnte. Mit den Werkzeugen drohten das Wissen und die alten Muster zu verschwinden.

Erst in den späten 1980-er Jahren nahte eine vorläufige Rettung. UN-Programme förderten das Handwerk, um mehr Beschäftigung in die verarmten Dörfer zu bringen. In der Hauptstadt Vientiane wurde die Galerie ›The Art of Silk‹ eröffnet, bald folgte ›Lao Textiles‹ der Amerikanerin Carol Cassidy, die ursprünglich als Textilexpertin für die UNO ins Land gekommen war. Sie renovierte ein Kolonialhaus in Vientiane und stellt dort Stoffe, Wandbehänge und Möbel aus. Die Regierung, die gleichzeitig ihren erfolglosen sozialistischen Wirtschaftskurs öffnete, unterstützte die Handwerksprogramme für die Dörfer ebenfalls. Und so sind unter vielen Stelzenhäusern wieder Webstühle zu finden. Dieses Programm diente auch den sogenannten Minderheitenvölkern, die meist eine eigene Webtradition aufzuweisen haben. Auch wenn sie nur noch Teile ihrer Tracht tragen, weben die Frauen der Yao, Akha, Tai und Lue wieder ihre Röcke.

Im Weberdorf Bat Phanom besinnt man sich auf das traditionelle Handwerk

Nur die besten Weberinnen und Weber durften für den Hof arbeiten, der zwar eine erhebliche Nachfrage hatte, aber auch auf sehr wertvollen Materialien bestand. Nicht jeder kann mit Goldfäden weben oder sticken. Diese werden hergestellt, indem man Seidenfäden mit hauchdünnen Goldfolien umwickelt. Und sie finden Verwendung in den komplizierten Mustern und Stickereien im unteren Bereich der traditionellen langen Damenröcke (*pha sin*) und den Pluderhosen ähnelnden traditionellen Männergewändern, die heute fast gar nicht mehr zu sehen sind.

Heute werden neben Röcken und Schals vor allem Tragetücher für Kinder gewebt, Hochzeitskleider und -anzüge, Bettdecken und Vorhänge. Nur die schweren, oft doppelt liegenden Stoffe mit komplizierten Mustern stammen aus Laos. Man kauft sie eher in einem richtigen Kleiderladen als auf dem Markt, und sie sind recht teuer. Die preiswerte Stapelware an den Marktständen hingegen kommt aus China.

Silber

Wie Gold, so besaß (und besitzt teilweise noch) auch Silber zwei Funktionen: Es schmückt und bewahrt den Wert. In der Vor-Banken-Zeit legte man den erworbenen Wohlstand in Gold- und Silberschmuck, aber auch in Gefäßen aus den edlen Materialien an; in entfernten Dörfern wird dies heute noch getan. In Laos waren früher vor allem Priester gleichzeitig Silberschmiede, seit der Wirtschaftsreform haben sich einige Familien auf die Herstellung von Silberwaren spezialisiert.

Die Muster sind oft fein ziseliert und erscheinen in europäischen Augen etwas altmodisch. Das in Laos verarbeitete Silber stammt teilweise aus dem eigenen Land, teilweise aus China. Der Reinheitsgehalt liegt zwischen 50 und 100 Prozent; wenn man wirklich ein schönes Stück kaufen möchte, sollte er mindestens 90 Prozent betragen. Da Silber ein sehr weiches Material ist, werden kaum Gegenstände aus hundertprozentigem Silber hergestellt, sondern meist aus einer Legierung aus Silber und Kupfer. Eine andere Technik besteht darin, den Kern des Gegenstandes aus Kupfer herzustellen und diesen dann zu versilbern. So werden die meisten Souvenirs gefertigt.

Essen und Trinken

Was ist das herausragende Produkt der laotischen Küche? Klebreis (*Oryza glutinosa*), eine Reissorte mit einer anderen Verteilung der Stärkemoleküle als bei den nicht klebenden Reissorten. Auch der lateinische Name bezieht sich auf das Kleben nach dem Kochen, nicht etwa darauf, dass der Reis Gluten enthält, was nicht der Fall ist. Klebreis wird in vielen anderen asiatischen Ländern angebaut und verzehrt, doch die Hauptreissorte ist er nur in Laos und in Nordostthailand, wo viele Laoten leben.

Wenn das bekannteste Produkt der Küche ein Grundnahrungsmittel ist, kommt der Verdacht auf, dass die Küche nicht so überaus elegant und vielfältig ist. Der lässt sich nicht ganz von der Hand weisen, aber es ist natürlich auch so, dass die Menschen erst seit einigen Jahren wieder genug Geld in der Tasche haben, dass sie sich beim Essen und Trinken mal etwas mehr leisten können. Es ist zudem sehr schwierig zu bestimmen, was denn tatsächlich ›laotische Küche‹ ist. Zu viele Überschneidungen gibt es da mit den Nachbarn, jeder beeinflusst jeden. Die größten Ähnlichkeiten weisen die laotische und die Thai-Küche auf, viele gleiche oder ähnliche Gerichte, gleiche Gewürze und Kräuter. Aber es gibt auch Einflüsse aus der chinesischen und der vietnamesischen Küche. Manchmal verspürt man noch einen Hauch Frankreich, aber der ist doch schon recht fern.

Wie wird er denn nun gemacht, der Klebreis, der in Laos *Khao niao* heißt? Traditionell wird der Reis erst für einige Stunden gewässert und dann in einem Bambuskorb gedünstet. Wenn der Reis gar ist, stürzt man den Korb auf eine glatte Fläche und knetet den Reis mit einer großen Holzschaufel, damit er ›Dampf ablässt‹. So entstehen verschieden große Kugeln aus klebendem Reis, die dann wie-

Körbe für Klebreis

Markt in Luang Prabang

der in Bambuskörbe, *Tip khao* genannt, gegeben und so serviert werden. Klebreis wird mit der rechten Hand gegessen: Man bricht ein Stück von der Menge im Korb ab und knetet es, um dann etwas Sauce oder andere Zutaten aufzunehmen und das Ganze in den Mund zu stecken. Der Reis ist recht trocken, die Körner kleben aneinander, aber nicht an den Fingern.

Für manche Gerichte wird der Klebreis nochmal gebraten, er heißt dann *Khao khoua* und hat einen etwas nussigen Geschmack. Besonders intensiv schmeckt der wilde Klebreis, und selbst als Nachtisch kann man Klebreis mit Mangos essen.

Das Rohe und das Gekochte

Zu vielen Gerichten wird ein Korb mit Kräutern und Blättern serviert, darin findet sich zum Beispiel asiatisches Basilikum, Koriander, Minze, Dill, Neem, Blauregen (Wisterie), wilde Betelblätter, rohe grüne Bohnen und Kopfsalat sowie andere Salatsorten. Während in der so dominanten chinesischen Küche praktisch nichts ungekocht gegessen wird, sind die Vietnamesen wieder auf ihre Kräuter gekommen: Nirgendwo in dieser Region gibt es aber eine solche Vielfalt wie in Laos, wo man zur Suppe und zu vielen anderen Gerichten Zweiglein um Zweiglein verdrückt.

Kein Wunder also, dass auch das inoffizielle Nationalgericht viele rohe Zutaten aufweist. Dies ist eine Art Salat, der Larb (ohne ›r‹ gesprochen, auch ›laap‹ geschrieben) heißt. Das Larb kann aus vielen Zutaten hergestellt werden, am be-

Reis im Bananenblatt

liebtesten sind Huhn, Rind, Ente, Fisch, Schwein oder Pilze. Auch das Fleisch kann roh verwendet werden, meist ist es aber gekocht oder gebraten. Es wird dann zu Hackfleisch zerkleinert, mit Chili, Minze, zerstoßenem geröstetem Reis und gegebenenfalls mit zerkleinertem Gemüse gemischt. Hinzu kommen frische Kräuter in ähnlicher Menge wie das Fleischgemisch, und zum Würzen nimmt man Fischsauce und Limonensaft. Dazu wird – natürlich – Klebreis gegessen.

Es gibt zahllose Varianten dieses Gerichts, das ein echtes Volksgericht ist, was bedeutet, dass jeder es so bereitet, wie es in der Familie üblich war und ist. Natürlich werden auch traditionell alle Gewürzmischungen selbst hergestellt, das Curry, das die Briten ›erfunden‹ haben, ist nichts anderes als eine Variante einer traditionellen Gewürzmischung für eine Kokosmilchsuppe, die in Indien, in Thailand und in Laos zum Alltag der häuslichen Küche gehört.

Viele Gerichte in Laos werden in einem Topf gesimmert, also langsam gekocht, egal ob mit Fleisch, Fisch oder Gemüse wie etwa den beliebten Auberginen, die hier lang und dünn sind. Fleisch wird gerne auch gegrillt (*ping*). Dafür wird es zunächst in einer Mischung aus gestoßenem Knoblauch, Korianderwurzel, Galangal, Salz, Sojasauce und Fischsauce mariniert und dann mit Bambusstreifen befestigt auf einen Rost gelegt, unter dem die Holzkohle glüht. Eine scharfe Sauce dazu kompensiert, dass das Fleisch beim Grillen manchmal etwas trocken wird. Auch auf den Märkten sieht man solche Snacks sehr häufig.

Eine sehr pflegliche Garweise ist das Dämpfen in einem Bambusbehälter oder fest eingewickelt in ein Bananenblatt, wie etwa beim *Mok pa*, dem gedämpften Flussfisch. Gebratene Nudeln und gebratener Reis dienten traditionell eher der Resteverwertung; Reis, der abends übrig geblieben war, konnte so zum Frühstück mit kleinen Gemüseschnitzen, Fleischresten und Ei aufgebraten werden. In vielen Restaurants sind gebratener Reise oder gebratene Nudeln ein beliebtes, einfaches Mittagessen.

Diese Gerichte werden im Wok zubereitet, pfannengerührt nennt man dies. Dies ist eine Garmethode, die in Laos jetzt immer beliebter wird, die aber eigentlich als ›chinesisch‹ angesehen wird. Alle möglichen Gerichte mit Fleisch und Gemüse kann man so mit großer Hitze schnell zubereiten. Doch den Laoten steht das Langsame näher. Ebenfalls unberührt lässt ihn eine Zubereitungsart, die im Westen gerne als ›typisch asiatisch‹ gilt, das süß-saure. Noch nicht einmal in chinesischen Lokalen wird man es finden, denn diese Geschmacksrichtung ist in Laos völlig unbekannt. Saure Gerichte gibt es schon, aber die Kombination damit ist eher ›bitter‹, denn bitteres Essen gilt als heilend.

Nachtische sind eher selten, meist bekommt man einfach Früchte. Aber auch hier kommt der Klebreis wieder ins Spiel, denn mit frischen, saftigen Mangos bildet er eine göttliche Kombination. Sehr zögerlich wird jetzt wieder Pudding aus verschiedenen Früchten angeboten, auch Bäckereien eröffnen, die Kuchen und Schokolade anbieten. Eine Kaffeetradition haben die Laoten ja nicht erst seit der französischen Kolonialzeit.

Essgewohnheiten

Essen ist eine genussvolle, gemütliche Gemeinschaftsaktivität, ob in der Familie, mit Kollegen oder Freunden. Traditionell sitzt man auf einer Matte auf dem Boden. In der Mitte steht eine Art Tablett mit einem Unterbau aus Rattan, das *Ka toke* genannt wird. Darauf werden gleichzeitig alle Speisen gestellt. Neben Klebreis und Grünzeug sind dies meist eine Suppe, etwas Gebratenes, ein Eintopf und ein Fleisch-Gemüse-Gericht. Immer essen alle von allem, auch im Restaurant, niemals würde beim Essen in einer Gruppe jeder ein einzelnes Gericht bestellen. Bei einem normalen Essen wählt man meist ein Gericht mehr als Personen am Tisch sitzen, zu einem besonderen Anlass nimmt man doppelt so viele Gerichte wie Personen da sind. Als Gastgeber zu Hause oder im Restaurant zu wenig zu essen anbieten zu können, wäre der größte Gesichtsverlust, den man sich vorstellen könnte.

Oft wird das Essen lauwarm serviert, was nicht als Nachteil empfunden wird. Dies rührt wahrscheinlich daher, dass früher mit den Händen gegessen wurde. Denn nur so lässt sich der Klebreis bequem bewältigen, den man in der rechten Hand knetet und dann mit anderen Speisen gemischt in den Mund steckt. Die Suppe isst man mit einem Löffel, das verwundert nicht, Nudeln mit Stäbchen, dazu gehört ein wenig Übung. Die Logik sagt es schon, dass Nudelsuppe mit den Stäbchen in der rechten Hand und dem Löffel in der linken angegangen wird. Zumindest in Restaurants ist es inzwischen ›modern‹ geworden, mit Löffel und Gabel zu essen, wobei der Löffel zum Mund geführt wird, die Gabel nur Hilfsdienste leistet. Das ist, man darf es nur leise sagen: wie in Thailand.

Im Restaurant bekommt jeder sein eigenes Bambuskörbchen mit Klebreis, und wenn man ausreichend gegessen hat, schließt man einfach den Deckel des Reiskorbs und sagt damit: Das war genug.

Getränke

Zum Essen wird traditionell nichts getrunken, auch kein Wasser. In den modernen Zeiten wird im Restaurant aber gerne Wasser in Gläsern oder einem Krug auf den Tisch gestellt. Wenn man nicht sicher ist, dass es sich dabei um Wasser aus Flaschen handelt, sollte man mit einem empfindlichen Westlermagen davon lieber Abstand halten und abgefülltes Wasser bestellen, das meist gekühlt geliefert und berechnet wird. Auch heißer (oder lauwarmer) grüner Tee schmeckt gut zum Essen. Es gibt zudem Fruchtsäfte, manchmal Wein und beinahe überall ein schönes Bier.

Beerlao

Der erste Schluck ist immer der beste. Das gilt auch für ein erfrischend-kühles Beerlao am Abend. Spricht man in Laos von Bier, so spricht man automatisch von der Marke mit dem Tiger, denn diese reklamiert für sich, 99 Prozent Marktanteil am Biermarkt in Laos zu besitzen. 1971 gründeten französische und laotische Geschäftsleute eine Firma, um Bier in Laos zu brauen, und tatsächlich begann 1973, also noch zu Kriegszeiten, die Produktion. Doch nach der Revolution wurde das Unternehmen 1975 verstaatlicht. Mit der Lockerung der Wirtschaftspolitik 1986 setzte man wieder auf ausländisches Know-how und ausländische Investitionen. Zwei europäische Firmen hielten 51 Prozent der Anteile, die Regierung 49 Prozent. Bald konnte man 20 Millionen Liter Bier im Jahr brauen.

Das ging eine ganze Zeitlang gut, bis sich die Investoren 2002 zurückzogen und die Carlsberg Brauerei mit ihrer thailändischen Partnerfirma einstieg. Der Absatz wurde auf 60 Millionen Liter erhöht. Um die Transportkosten zu verringern, eröffnete die Lao Brewery Company (LBC) 2008 ein Werk mit einer Kapazität von 100 Millionen Litern in Pakse im Süden, im Hauptwerk in Vientiane wurden schon fast 200 MillionenLiter erzeugt. 2017 schließlich zog

Hochprozentiges aus Laos

Kaffeeplantage auf dem Bolaven-Plateau

sich die Regierung noch weiter aus dem Geschäft zurück. Sie hält jetzt nur noch 29 Prozent der Anteile, Carlsberg den Rest. Das Unternehmen beschäftigt 700 Mitarbeiter.

Beerlao wird aus dem Getreide gebraut, das in Laos in genügender Menge vorhanden ist, nämlich Reis. Alle anderen Zutaten müssen importiert werden, Malz aus Frankreich und Belgien, Hopfen und Hefe aus Deutschland. Inzwischen sind drei Marken im Angebot: Das Lager ist das Standardbier mit fünf Prozent Alkoholanteil, genau wie das Gold, das aus einer anderen Reissorte hergestellt und als Premiumprodukt vertrieben wird. Das Beerlao Dark hingegen ist nicht nur dunkel, sondern mit 6,5 Prozent Alkoholgehalt auch stärker.

Noch ein Umwelttipp: Nehmen Sie möglichst die großen Flaschen (0,64 Liter). Sie kosten nur unwesentlich mehr als die kleinen, das Leergut wird allerdings von der Brauerei zurückgenommen und wieder befüllt, was bei den kleinen Flaschen (und den Dosen natürlich sowieso) nicht der Fall ist.

Die Firma vermarktet auch Trinkwasser in Plastikflaschen unter der Marke ›Tigerhead‹.

Lao Lao und Lao Hai

Dies ist eine Sammelbezeichnung für allen möglichen offiziell gebrannten oder zu Hause in der Küche produzierten hochprozentigen Reisschnaps. Wer allerdings meint, der Name komme daher, dass man nach einem Schluck alles doppelt sieht, irrt sich. Tatsächlich handelt es sich um zwei verschiedene Wörter mit unterschiedlicher Betonung. Das erste bedeutet ›Alkohol‹, das zweite ›laotisch‹. Viel präziser kann man das Gebräu kaum beschreiben, der Alkoholgehalt liegt zwischen 40 und 60 Prozent, und vielleicht sollte man den Genuss lieber den Laoten überlassen. Es ist sagenhaft, was diese an Alkohol konsumieren.

Lao Hai bedeutet ›Alkohol im Krug‹. Dies ist eine weniger starke Variante von Reisschnaps, die gewöhnlich in einem Tonkrug aufbewahrt wird. Im Dorf sitzen die Trinker um den Topf herum und saugen den Alkohol mit langen Halmen aus dem Krug.

Frische Kräuter vom Markt

Kaffee

Der lokale Kaffee ist meist sehr stark, aber dennoch bekömmlich, seit die Plantagen auf dem Bolaven-Plateau (→ S. 225) weitgehend auf die Sorte Arabica umgestellt haben. Nach Meinung von Experten ist die Qualität des dort gewonnenen Kaffees noch nicht erstklassig, so dass die Erzeuger Schwierigkeiten haben, ihn auf dem Weltmarkt zu verkaufen. Abnehmer sind derzeit vor allem Japan und Thailand, beide nicht gerade weltberühmt für ihre Kaffeekultur.

Schwarz und stark kommt er also daher, so dass man ihn gerne mit Zucker trinkt. Auch Milchkaffee ist sehr beliebt; er entsteht aus einem Drittel gesüßter Milch und zwei Dritteln Kaffee. Bestellt man Kaffee, so sollte man gleich klären, ob er heiß oder kalt serviert werden soll. Im zweiten Fall wird ein Glas mit Eiswürfeln gefüllt und der Kaffee darüber gegossen.

Tee

Früher wurde – wie auch in China und Vietnam üblich – kommentarlos ein Topf mit heißem grünen Tee auf den Tisch gestellt, wenn ein Gast sich niederließ. Dieser diente im weiteren Sinne zur ›Reinigung‹, vor allem des Mundraums (manche Leute spuckten den Tee anschließend sogar auf den Boden). Das Spiel wiederholte sich zum Ende der Mahlzeit. Heute ist dies nicht mehr der Fall, man muss schon gezielt nach Tee fragen, um welchen zu bekommen. Stattdessen gibt es oft einen Krug Wasser.

In Laos wird Tee angebaut und verarbeitet, doch eine wirkliche Teekultur hat sich nicht entwickelt. Im Hotel kann man morgens ›black tea‹ oder gleich ›Lipton tea‹ (denn von dieser Firma stammen die ins Wasser gehängten Beutel, wenn sie nicht Fakes dieser Firma sind) bestellen, und auch der Grüntee kommt oft in Beuteln.

Am größten ist das Teeangebot in den modernen Cafés, die in den Touristengegenden jetzt aus dem Boden sprießen wie der junge Bambus nach dem Regen. Sie imitieren oft das Angebot moderner amerikanischer Ketten-Cafés und bieten damit eine breitere Auswahl an Tee als die meisten traditionellen Cafés.

Beliebte Speisen

Vorspeisen und Salate

Moo Hua Si Khay: Auf Zitronengrasstäbe aufgespießtes Schweinefleisch
Sin Haeng: Schweinefleisch mit Chilisauce
Ping Kai Mai Siap: Hühnerspieße mit einem Dressing aus Gurken, Limonen und schwarzem Pfeffer
Jeow Ha Yang: Wilder Klebreis mit traditionellen Dips
Yor Khao: Rohe Frühlingsrollen mit Gemüse und Kräutern
Yor Tjeun: Frittierte vegetarische Frühlingsrollen mit süßer Chilisauce
Ping Peek Kai: Gegrillte Hühnerflügel
Tam Som: Grüne-Papaya-Salat

Suppen (Kaeng)

Kaeng Som Pa: Saure Fischsuppe
Kaeng Jeut: Gemüsesuppe mit Schweinefleisch
Kaeng Naw Mai: Suppiger Eintopf mit Bambussprösslingen
Kaeng No Mai Sai Yanang: Suppe aus Bambusschoten
Tom Jeow Pa: Scharfe Fischsuppe
Tom Kha Gai: Scharfe Suppe mit Kokosnussmilch, Pilzen und Huhn
Tom Yum: Scharf-saure Suppe mit Zitronengras in den Varianten Huhn, Rind, Schwein, Fisch oder Meeresfrüchte

Nudelgerichte

Khao Piak: Dicke Nudeln aus Cassavawurzeln
Pheo: Reisnudeln
Khao Say: Reisnudeln mit Schweinefleisch
Khao Poun: Reisnudeln mit Schweineinnereien
Khao Poun Num Pa: Reisnudeln mit Büffelfleisch

Touristen-Speisekarte

EXTRA

Snacks auf dem Markt

Spezialitäten

Larb: Salat aus Fleisch, Gemüse und grünen Blättern
Larb Ped: Larb mit Ente
Koy Pa Salmon: Lachssalat mit Zitronengras, Minze, Schalotten und geröstetem Reispulver
Mok Nor Mai Sai Sin Moo: Im Bananenblatt gedämpftes Schweinefleisch mit Bambussprossen
Or Lam: Rindfleischeintopf mit Auberginen und Kräutern
Or Lam Mou: Fleischeintopf mit Gemüse und Pilzen
Or Lam Sin Kuay: Gericht mit dem Fleisch junger Wasserbüffel
Or Lam Nok Kho: Gekochte Wachteln
Gai Hor Bai Teuy: In Pandanblättern frittiertes Huhn
Mok Pa: Im Bananenblatt gedämpfter Fisch
Ping Sin: Gegrilltes Rindfleisch
Ping Kai: Gegrilltes Hähnchen
Ua No Mai: Gefüllte Bambusschoten
Khua Kai Khing: Im Wok gebratenes Huhn mit Ingwer und Frühlingszwiebeln
Sai Oua Keuang: Aus Luang Prabang stammende Schweinewurst mit vielen Kräutern und Gewürzen

Nachtisch (Khong Van)

Khao lam: In einem Bambusrohr gedünstete Süßigkeit mit Klebreis, roten Bohnen, Kokosnuss, Kokosnussmilch und Zucker
Khao Niao Mak Muang: Klebreis mit Kokosnuss und Mango
Khao Pard: Reiskuchen aus verschiedenen Schichten aufgebaut, einige davon grün durch die mitgekochten Pandanblätter
Khanom Kok: Gedämpftes Teigbrötchen mit Kokosnuss
Khanom Maw Kaeng: Kuchen mit Kokosnusspudding
Lod Xong: Grüner Reisgelee mit Kokosmilch und flüssigem Palmzucker
Voon: Gelee mit Kokosmilch

Reisen im Land

Die weitaus am häufigsten besuchten Ziele einer Reise durch Laos sind die Hauptstadt **Vientiane**, die ehemalige Hauptstadt **Luang Prabang** weiter nördlich, auf halber Strecke zwischen ihnen die ehemalige Travellerhochburg **Vang Vieng**, die im Osten nahe der Grenze zu Vietnam gelegene **Hochebene**, auf der sich große Steingefäße fanden, sowie im Süden die Umgebung der Stadt **Pakse** bis hinunter zur Grenze nach Kambodscha.

Die meisten Besucher reisen weiterhin über die Hauptstadt Vientiane ein, weil sie die meisten Flugverbindungen ins Ausland aufweisen kann. Möglich wäre es aber auch, die Reise in Luang Prabang zu beginnen oder im Süden, in Pakse. Umgekehrt könnte man auch zum Ende der Reise von Pakse zum Beispiel nach Bangkok ausreisen statt nach Vientiane zurückzukehren.

Vientiane ist kein besonders aufregendes Reiseziel; wer sich auf die Haupttempel beziehungsweise -museen beschränken will, kommt hier mit zwei Tagen bequem aus. Etwas mehr sollte man für **Luang Prabang** einrechnen, selbst wenn man sich nicht für Tempel begeistert, denn es lohnt sich, durch das alte Zentrum zu bummeln, den Berg Phusi zu besteigen und ein paar Ausflüge in die Umgebung zu unternehmen (→ S. 106).

In **Vang Vieng** gibt es keine Sehenswürdigkeiten, wenn man nicht die herrliche Umgebung aus Fluss und Karstbergen ansehen will. Hier stehen Höhlenbesuche, Bootsfahrten, das berühmte ›Tubing‹ (im LKW-Reifen den Fluss hinuntertreiben), vielleicht Klettern oder Wandern auf dem Programm (→ S. 126).

Auf die ›Ebene der Tonkrüge‹, die **Ebene der Steingefäße** heißen müsste, fährt man nur wegen der Steingefäße, eine Nacht reicht hier völlig (→ S. 186).

Die Strecke von Vientiane nach **Pakse** (→ S. 207) im Süden zieht sich ein wenig, aber wenn man die Zeit hat, sollte man sich durchaus auf diese Route begeben, da die Orte unterwegs, von denen viele direkt am Mekong liegen, einen noch etwas

Vang Vieng steht hauptsächlich für Spaßtourismus

gelasseneren Eindruck vermitteln als die Großstädte. Pakse selbst kann man an einem Tag erkunden, aber hier beginnen die Ausflüge zu den schönsten Orten des Südens, auf das **Bolaven-Plateau** (→ S. 225), wo der Kaffee wächst und die Flüsse von Felsen stürzen, zum Khmer-Tempel **Wat Phu** (→ S. 212), der unter dem Schutz des UNESCO-Welterbes steht, zu den **4000 Inseln** (→ S. 229) im Mekong und den **Wasserfällen** (→ S. 236) an der kambodschanischen Grenze.

Inlandsflüge

Es gibt zwei Fluggesellschaften, die kleinere private **Lao Skyway** (www.lao skyway.com), die nicht immer zuverlässig ist, und die Staatslinie **Lao Airlines** (www.laoairlines.com). Letztere fliegt moderne Airbusse und ATR 72 und hat sich in Sachen Pünktlichkeit und Sicherheit sehr gemausert, wenn nicht gerade das Wetter dagegen steht. Die meisten Verbindungen bestehen mit der Hauptstadt Vientiane, es gibt aber auch zunehmend Querverbindungen. Den aktuellen Stand findet man auf der Website.

Busreisen

Große, manchmal zweistöckige Reisebusse verkehren auf allen gut ausgebauten Straßen zu den wichtigsten touristischen Zielen und zu den Grenzübergängen beziehungsweise in die Nachbarländer. Es gibt sogar **Nachtbusse** mit Schlafkojen. Nachts gibt es weniger Verkehr und es ist weniger heiß, doch nicht jeder möchte nachts über die kurvenreichen Strecken schaukeln. Die Preise sind niedrig, da sich verschiedene Gesellschaften Konkurrenz machen.

Informationen über Routen, Abfahrten und Preise erhält man nicht nur in den Büros der Busgesellschaften, sondern auch in vielen Guesthouses, Läden und sogar Restaurants. Vor allem Guesthouses bieten an, dass, wenn man über sie bucht, man rechtzeitig zum jeweiligen Busbahnhof gebracht wird, was vorteilhaft ist, da viele Busstationen am Stadtrand liegen.

Eine Maschine der Lao Airlines in Pakse

Bus im Süden von Laos

Außerhalb der Hauptverkehrswege sieht das Bild wesentlich schlechter aus, denn die Linien- und die Lokalbusse befinden sich oft in einem traurigen Zustand und sind nicht zuverlässig. Sie sind langsam, weil sie oft halten, bieten karge Sitze und selten eine Klimaanlage.

Schiffsreisen

Da der Mekong nicht durchgehend schiffbar ist, können Flusskreuzfahrten nur streckenweise angeboten werden. Die beliebtesten Routen sind von Norden nach Süden von Huay Xai (nahe Chiang Rai, Thailand) nach Luang Prabang oder umgekehrt, von Luang Prabang nach Vientiane oder umgekehrt und im Süden in der Umgebung von Pakse. Bei allen Strecken hängt die Möglichkeit der Durchführung vom Wasserstand des Mekong ab. In der Trockenzeit, die sonst die beste Reisezeit ist, werden am wenigsten Schiffsreisen angeboten.

Auf dem Mekong fahren noch viele kleinere Boote, die auch Passagiere mitnehmen. Manche setzen nur zum anderen Ufer über oder fahren zu außerhalb gelegenen Sehenswürdigkeiten wie den Höhlen von Pak Ou bei Luang Prabang, manche legen auch längere Strecken zurück.

Weiterhin gibt es die sogenannten **Speed Boats**, lange, schmale, offene Boote mit einem starken Außenborder hinten und Platz für vier bis sechs Passagiere. Sie sind sagenhaft schnell unterwegs, aber nicht nur irrsinnig laut, sondern auch wirklich gefährlich. Jedes Jahr kommt es wegen der hohen Geschwindigkeit zu tödlichen Unfällen.

Mietwagen

Anders als in den Nachbarländern ist es in Laos erlaubt, einen Mietwagen mit einem internationalen Führerschein selbst zu fahren. Doch davon kann nur abgeraten werden. Das Fahrverhalten ist durchaus gewöhnungsbedürftig, manche

Flussschiffe auf dem Mekong

Verkehrsteilnehmer wie Kleinkinder in den Dörfern entlang der Strecke oder Tiere wie Schweine, Wasserbüffel und Kühe halten sich nicht an die Verkehrsvorschriften, und die Strecken sind kaum beschildert. Zudem kostet ein Auto mit Fahrer auch nicht mehr als ohne.

Ausflüge von einem halben, einem ganzen Tag oder auch mehreren Tagen lassen sich auf viele Arten organisieren, zum Beispiel über Hotels, Guesthouses, Reiseführer oder Reisebüros. Jeder kennt jemanden, der zum Preis von 30 bis 50 Dollar pro Tag Gäste mit einem Auto durch die Gegend fährt. Sprachkenntnisse darf man allerdings nicht erwarten, der Fahrer ersetzt also nicht den Guide. Direkte Hotelautos sind meist recht teuer, auch der oft angebotene Transfer zwischen Hotel und Flughafen schlägt ins Geld. Längere Strecken mit Übernachtungen sollte man möglichst vor der Reise von zu Hause buchen.

Straßenzustand

Die großen **Nationalstraßen** sind in einem guten Zustand, allesamt asphaltiert und meist das ganze Jahr über befahrbar. Viele Strecken sind allerdings sehr kurvenreich, so dass man weniger schnell vorwärtskommt als in Europa gewohnt. Bei einer Langstrecke kann man lediglich mit einer Durchschnittsgeschwindigkeit von 50 Stundenkilometern rechnen. Von Vientiane nach Luang Prabang braucht man einen ganzen Tag, nach Vang Vieng rund sechs Stunden. Von Luang Prabang oder Vientiane auf die ›Ebene der Tonkrüge‹ dauert die Fahrt einen ganzen Tag. Da die Straße 13 nach Süden in der Mekong-Ebene verläuft, kommt man hier schneller vorwärts, kann es notfalls nach Pakse an einem sehr langen Tag schaffen, aber das ist nicht empfehlenswert. Die Orte zwischendurch liegen schön am Mekong und haben nette Hotels.

Viele **Nebenstraßen** befinden sich in einem wesentlich schlechteren Zustand, weisen große Schlaglöcher auf oder fransen an den Rändern aus. Manche sind in der Regenzeit nicht passierbar. Auf jeden Fall sollte man aktuelle Informationen einholen.

Stadtverkehr

Es gibt jetzt viel mehr Autos als noch vor wenigen Jahren und deshalb zunehmend Staus. Das liegt zum Teil auch daran, dass die Parkplätze knapp sind und die sehr beliebten amerikanischen Pick-ups nicht nur die Gehwege zuparken und damit die Fußgänger auf die Straße zwingen, sondern viele Fahrer dazu verlocken, ihre Gefährte einfach mitten auf der Fahrbahn abzustellen.

Trotz des Autozuwachses gibt es sehr wenige erkennbare **Taxis**, so dass es wenig sinnvoll ist, am Straßenrand auf ein vorbeifahrendes zu warten; auch Taxistände gibt es mangels Parkmöglichkeiten kaum.

Ausweichen kann man im Stadtverkehr auf die sehr variationsreichen **Tuktuks**, die Mopeds mit Anhänger, aber auch Kleinlastwagen mit Sitzbänken auf der Ladefläche sein können. Wichtig ist, vor Fahrtbeginn den Preis zu verhandeln, meist ist etwa die Hälfte von dem Preis, der zuerst genannt wird, immer noch mehr, als der Einheimische zahlen würde.

Der **öffentliche Nahverkehr** spielt praktisch keine Rolle. Nur wenige stinkende Busse stehen mit im Stau, Straßen- oder U-Bahnen sind völlig unbekannt.

Unterkünfte

In **Vientiane**, **Vang Vieng** und **Luang Prabang** existiert das gesamte Spektrum an Unterkünften, vom internationalen Fünf-Sterne-Hotel über Vier-Sterne-Boutique-Hotels, lokale Hotels mit drei Sternen über Guesthouses verschiedener Qualität bis zu einfachen Hostels mit Schlafsälen.

Tuktuks eignen sich zur Stadterkundung

Boote bei den Höhlen von Pak Ou

Die Stadt **Phonesavan** auf der Ebene der Steingefäße hat nur wenige Hotels mit einfacher Ausstattung und eine große Zahl von Guesthouses.

Die **Städte am Mekong** weisen an den Uferstraßen meist eine bunte Mischung aus älteren Standardhotels, die nicht empfehlenswert sind, neueren Boutique-Hotels mit rund 30 Zimmern und Guesthouses auf. **Pakse** hat ein großes Angebot, wobei die Spitze fehlt und man die großen Kästen in der Nähe der Mekong-Brücke mit ihren thailändischen Großgruppen meiden sollte. Unterwegs ist das Angebot minimal, allerdings entstehen gerade einige sehr schöne Resorts etwas außerhalb der Städte, von denen einige in diesem Buch aufgelistet sind.

Viele der **älteren Hotels** und **Guesthouses** sind leider in keinem besonders guten Zustand, da Reparaturen und Investitionen vernachlässigt wurden. Auf den Websites werden nicht immer die Zimmer abgebildet, die nachher auch zur Verfügung stehen. Wer vor Ort bucht, sollte auf jeden Fall mehrere Zimmer in unterschiedlichen Hotels anschauen und sich dann entscheiden.

Das **Personal** ist oft sehr freundlich und bemüht, aber weder sprachlich noch sonstwie ausgebildet. Wer gut Englisch kann, hat sich längst einen lukrativeren Posten geangelt, und die sich plötzlich beschleunigende Entwicklung im Tourismus kann durch die bescheidenen Bildungsangebote nicht so schnell aufgeholt werden.

Vor allem muss gesagt werden: Alle Hotels in Laos sind bei dem, was sie bieten, im Vergleich zu den Nachbarländern viel zu teuer.

Hotelpreise in diesem Reiseführer:

Die Angaben beziehen sich auf ein Doppelzimmer in der Hauptsaison (November bis März). Bei einer Nutzung als Einzelzimmer gibt es kaum Abschläge.

**** (gehobene 4-Sterne- und 5-Sterne-Hotels) 150 bis 250 US-Dollar

*** (gehobene 3-Sterne- und normale 4-Sterne-Hotels) 100 bis 150 US-Dollar

** (durchschnittliche 3-Sterne-Hotels, gute Guesthouses) 50 bis 100 US-Dollar

* (einfache Guesthouses, Hostels, private Minihotels) 20 bis 60 US-Dollar.

Reiseorganisation

Bucht man eine **Pauschalreise** zu Hause bei einem europäischen Veranstalter, ist meist von der Visabeschaffung über Flüge, Hotels, Transporte, Mahlzeiten bis hin zum Besichtigungsprogramm alles organisiert. Die Veranstalter müssen versichert sein, so dass es bei Pannen oder Ausfällen von Leistungen finanzielle Regelungen gibt.

In Zeiten von Internet und E-Mail empfiehlt der Autor gerne jenen, die keine Pauschalreise machen möchten, eine Route zu Hause auszuarbeiten und dann bei verschiedenen lokalen Reisebüros Angebote einzuholen, zu verhandeln und dann mit einem der lokalen Anbieter zusammenzuarbeiten. Eine solche Empfehlung ist in Laos aber derzeit guten Gewissens nicht möglich, vielleicht *noch* nicht möglich. Denn selbst größeren Anbietern fehlt es offensichtlich an Erfahrung, welche Art von Urlaub Europäer gerne machen, in was für einer Art von Hotels sie gerne absteigen und welche Art von Sehenswürdigkeiten sie gerne besuchen. Es fehlt zudem an Zuverlässigkeit, oft gibt es tagelang keine Antwort auf E-Mails, die Sprachkenntnisse sind so mangelhaft, dass man Mails kaum verstehen kann. Man hat den Eindruck, Reisebüros dienen vor allem den eigenen Interessen und versuchen nicht, die Interessen ihrer Kunden umzusetzen. Das ist schade, scheint aber der gegenwärtige Stand der Entwicklung zu sein.

Deshalb wendet man sich derzeit am besten an **Reiseveranstalter in der Heimat**, die für Einzelreisende oder kleine Gruppen Rundreisen (meist aus Bausteinen) zusammenstellen und eine gute Auswahl an Hotels zur Verfügung stellen. Aufgrund langfristiger Verträge können sie meist die Hotelpreise vor Ort und im Internet deutlich unterbieten. Sie haben einen klareren Zugriff auf die Agenturen vor Ort und können so die Wünsche ihrer Kunden realisieren.

Hotel in Vang Vieng

Die Hauptstadt in einer Flussbiegung des Mekong befindet sich im Aufbruch. Noch vor wenigen Jahren wirkte sie verschlafen und staubig, viele Läden hatten auch zur besten Tageszeit geschlossen, Beamte und andere Offizielle waren mit wichtigeren Dingen als ihrer Arbeit beschäftigt. Jetzt ist ein Bauboom ausgebrochen, pompöse Gebäude ragen in den Himmel, in den Straßen stauen sich die Pick-ups. Das alte Vientiane ist nur noch in einigen Klöstern und Gärten erhalten.

Der Wat Si Muang in Vientiane

VIENTIANE

Geschichte

Wahrscheinlich wurde Vientiane im 10. Jahrhundert als eine Siedlung der Khmer gegründet, die damals ihren Machtbereich nach Norden und Westen ausdehnten. Doch eine bedeutende Siedlung wurde es nie. Auch nicht unter König Fa Ngum, als der 1353, aus Angkor kommend, das Königreich Lane Xang gründete. Denn seine Hauptstadt lag weiter im Norden und hieß Luang Prabang. Vientiane war damals als Vieng Chan, ›Stadt des Mondes‹, bekannt, stellte aber nur ein regionales Verwaltungszentrum dar.

Erst 1563, als sich Laos weiter nach Süden ausgedehnt hatte, verlegte König Setthathirath (reg. 1548–1571) die Hauptstadt hierher und ließ Paläste und Klöster errichten. Doch schon 200 Jahre später mussten sich die Lao den Siamesen unterwerfen, ständige Kriege wogten auf beiden Seiten des Mekong, bis die Siamesen 1827/28 Vientiane vollständig zerstörten und als eine mehr oder weniger verlassene Kleinstadt zurückließen.

So fanden die Franzosen sie vor, als die Mekong-Expedition 1867 eintraf: reizvoll gelegen, aber von tropischer Vegetation überwuchert. Dennoch machten sie Vientiane und nicht Luang Prabang zur Kapitale des Protektorats Laos, legten lange Alleen an, bauten koloniale Villen, eine katholische Kirche, Hotels, ein Krankenhaus und renovierten viele der verfallenen Klöster.

Bemerkenswert turbulent ging es in den Kriegsjahren zu. Abseits der weiter östlich verlaufenden Front trafen sich Agenten und Journalisten, amerikanische Offiziere und Führer der verschiedenen laotischen Fraktionen. Dies alles endete mit dem Sieg des Pathet Lao im Jahr 1975, nach dem Vientiane zu einer stillen, freudlosen Stadt verfiel.

▲ Karte S. 107

Jetzt will die Kommunistische Partei repräsentieren. Riesige, meistens leerstehende Ministerien, Verwaltungsgebäude und Konferenzzentren schossen aus dem Boden, oft Geschenke der kommunistischen Führung in China, die Laos unter ihre wirtschaftliche Kontrolle zwingen will. Schöner ist Vientiane dadurch nicht geworden.

Sehenswertes

■ Wat Inpeng

Der Name soll auf den Gott Indra verweisen, einer der obersten hinduistischen Götter, was nahelegen würde, dass der Tempel in der Zeit der Khmer-Herrschaft etwa vom 8. bis 11. Jahrhundert gegründet wurde. Im Reich der Khmer war der Synkretismus, also die Vermischung verschiedener Religionen, weit verbreitet, so dass der Tempel zunächst hinduistisch und zum Beispiel seit der Herrschaft des Königs Setthathirath dann buddhistisch gewesen sein kann.

Obwohl der Tempel also zu den ältesten der Stadt gehören könnte, wurden viele Verzierungen an der Veranda des Sim, die Szenen aus dem Leben des Buddha darstellen, sowie an den mit Schnitzereien und Mosaiken besetzten Giebeln erst bei einer Restaurierung in den 1970-er Jahren angebracht. Zahlreiche wertvolle Objekte aus dem Wat Inpeng sind im **Museum Ho Pha Keo** zu sehen (→ S. 110).

■ Wat Ongtu

Der heute wieder sehr beliebte Tempel wurde etwa 1570 geweiht, um den Ongtu, den ›Schwergewichtigen‹, zu beherbergen. Dabei handelt es sich um eine tonnenschwere **Bronzefigur eines Buddhas**, deren Gewicht verhinderte, dass sie 1828 Richtung Bangkok abtransportiert wurde. Denn zu dieser Zeit wurde auch dieser Tempel dem Erdbo-

Vientiane, Zentrum
0 150 300 m
Dong Palan
Lane Xang
Saylom
Nongbone
Hatsady
Khouvieng
Morgenmarkt (Talat Sao)
That Dam
Samsentai
Setthathirat
Khun Buom
Settha Palace
Pangkham
Vangthong-Markt
National-museum
Kulturhalle
Nokeo-koummane
Xang Khoo
Moonlight Lounge
Springbrunnen Nam Phu
Kualao
Wat Sisaket (Museum)
Ho Pha Keo (Museum)
Präsidentenpalast
Chantha-koummane
Fa Ngum
Anouvong
Anouvong-Park
Oot Ni Art and Gallery
Dresden Laos
Chanthapanya
Le Trio
Khop Chai Deu
Joma Bakery Café
Lao Textiles
Oot Ni Art
Her Works
Phasouk Residence
Banneton
Le
Laoderm Handicraft
Wat Mixay
Mixay Boutic
New Lao Silk
Camacrafts
Mulberries
Best Western
F.Ngin
Lani's House by the Ponds Book Café
Chao Anou
Wat Ongtu
Le-Luxe Boutique
Salana
Ansara
Nachtmarkt
Wat Inpeng
Inpeng
Khamvongsa
T'Shop Lai Gallery
Common Grounds Café & Bakery
Auberge Sala Inpeng
Bor Pen Yang
Samsentai
Khun Bulom

Wächterfigur am Wat Mixay

den gleichgemacht. Erst 1911 wurde er neu errichtet, erfuhr aber in den 1990-er Jahren eine tiefgreifende Renovierung. Die Anlage ist vielleicht nicht die schönste der Stadt, doch sie gehört zu den wichtigsten, denn hier residiert die Nummer Zwei in der Mönchshierarchie, der Huong Sankharath. Außerdem betreibt das Kloster ein sehr bedeutendes buddhistisches Institut, in dem Mönche für die höheren Ränge im Pali-Kanon ausgebildet werden.

Wat Mixay

Zwei imposante, grimmig dreinblickende **Wächterfiguren**, Nyak genannt, flankieren den Eingang zu der kleineren, mit einem Eisenzaun abgetrennten Anlage. Der Sim wurde im siamesischen Stil errichtet und vor einiger Zeit etwas grell renoviert. Den Innenraum beherrscht ein großer **Buddha**. Die Wände sind vollständig mit Bildern ausgemalt, die das Leben des Buddha darstellen.

▸Karte S. 107

Präsidentenpalast

Hier gaben sich die Machthaber die Tür in die Hand. Bis zum 19. Jahrhundert befand sich an dieser Stelle der Königspalast, den die Siamesen schleiften, dann ließ sich der französische Gouverneur einen im traditionellen Kolonialstil gehaltenen Amtssitz errichten, in dem nun der Präsident der sozialistischen Republik amtiert. Die Anlage, die nur zu großen offiziellen Anlässen genutzt wird, ist nicht zugänglich.

Anouvong-Park

Der Mekong zum Sonnenuntergang war immer schon ein Anziehungspunkt für entspannte Hauptstädter. Früher gab es dort ein paar schlichte Bars und Restaurants, in denen man einen Sundowner oder ein Curry von der anderen Uferseite genießen konnte. Das war den städtischen Machthabern wahrscheinlich zu nostalgisch. Jetzt wird jedenfalls am Ufer aufgeräumt. Die Holzbars sind verschwunden, die Straße ist ausgebaut, streckenweise ist ein breiter Flanierweg entstanden, abends wird ein langgezogener **Nachtmarkt** abgehalten.
Zwischen Präsidentenpalast und Mekong-Ufer wurde mit ein paar Bäumen und Bänken ein Park angelegt, über den eine etwas groß geratene **Statue des Königs Anouvong** (reg. 1804–1827) an der Uferstraße wacht. Er war eigentlich Verwalter Vientianes im Auftrag Siams, zettelte jedoch 1825 einen Aufstand gegen Siam an, der bald niedergeschlagen wurde. Anouvong wurde nach Bangkok gebracht und dort zu Tode gefoltert. Mit steifem rechtem Arm weist er als Statue den Weg, den Blick starr auf die andere Flussseite gerichtet, das Langschwert in der überdimensionierten Linken. Die Besucher zeigen ihre Ehrerbietung und legen Blumen und Gipstiere nieder wie auf einem Tempelaltar.

Wat Sisaket

Obwohl der Wat Sisaket (Museum) mit seiner Gründung im Jahr 1818 eine vergleichsweise kurze Historie aufzuweisen hat, gilt er als das älteste Gebäude der Stadt, denn er blieb 1828 beim Überfall der Siamesen als einziger Tempel unversehrt. Die Frage, warum dies der Fall war, gibt weiter Rätsel auf, Erklärungsversuche beschränken sich auf die äußere Ähnlichkeit des Sim mit siamesischen Bauwerken. Dieser Mischstil zwischen laotisch, siamesisch und einigen kolonialen Einsprengseln war gerade modern, als König Anouvong das Kloster stiftete. Beim südlichen Eingang stehen zwei **Türme**, die Anouvong zu Ehren seiner Eltern erbauen ließ. Geht man weiter, so erreicht man die **Galerie**, die den zentralen Sim umgibt und ebenfalls vollständig erhalten ist; in ihr umschreitet man den Sim im Uhrzeigersinn. Solche nach innen auf den Sim gerichtete Galerien sind für laotische Wat äußerst ungewöhnlich, gewährleisten aber eine friedliche Stille und Konzentration auf das so abgeschlossene Ensemble. Mehr als 300 **Buddhastatuen** aus dem 16. bis 19. Jahrhundert reihen sich hier auf. Sie bestehen aus Bronze, Stein oder Holz, manche sind mit Gold oder Silber verziert. Sie haben unterschiedliche Größen, und auch ihre Mudras variieren; meist wird der Buddha aber in der Pose der Erdanrufung mit der rechten Hand über das Bein nach unten weisend dargestellt. In der Wand dieser nach innen offenen Galerie befinden sich zahllose Nischen, in denen gespendete kleine Buddhas aufgestellt wurden. Insgesamt soll der Tempel fast 10 000 Buddhafiguren aufbewahren.

Der **Sim** im Zentrum steht auf einer Plattform von einem Meter Höhe. Wie im Bangkok-Stil üblich, stützt außen eine Reihe kräftiger Säulen das beein-

Der Wat Sisaket

druckende, vierfach gestapelte Dach. Im Innern des Sim fallen zunächst wieder die zahllosen Nischen in den Wänden auf, in denen Buddhas aufgestellt sind. Noch freie Flächen sind mit Fresken bedeckt, die das Leben des Buddha oder Szenen aus den Jatakas darstellen. Unter den großen Buddhastatuen auf dem Altar fällt eine kleine, nur zehn Zentimeter messende in Meditationshaltung auf, die die Gesichtszüge des Tempelspenders König Anouvong trägt: Tue Gutes und rede darüber. Sehr dekorativ ist zudem der Kerzenständer vor dem Altar (1819), in dem sich Naga-Körper winden.

Im Westen der Anlage (links vom Eingang) blieb ein kleiner Pavillon, der **Ho Tai**, erhalten, in dem die Palmblattmanuskripte des Klosters aufbewahrt wurden, bis sie 1828 nach Bangkok entschwanden. Von den vier Holztüren des auf einem anderthalb Meter hohen Sockel errichteten Bauwerks mit einem vielfach gestaffelten Dach ist noch eine original.

Öffnungszeiten: tgl. 8–12, 13–17 Uhr

Ho Pha Keo

Die Tempelanlage (Museum), die heute Ho Pha Keo heißt, gehört auch zu jenen, die von König Setthathirath in den 1560-er Jahren in Auftrag gegeben wurden, nachdem die Hauptstadt von Luang Prabang nach Vientiane verlegt worden war. Sie befand sich damals auf dem Gelände des Königspalastes und diente dazu, den Jadebuddha Pha Keo zu beherbergen, den Setthathirath aus dem Reich Lan Na mitgebracht hatte und der ihm schon in Luang Prabang als Zeichen seiner Macht und des Reiches der Lao

Ho Pha Keo

▲ Karte S. 107

gedient hatte. Da der Tempel, in dem der Jadebuddha über 200 Jahre blieb, als persönliche religiöse Stätte des Königs diente, wohnten hier keine Mönche und wurden keine profanen Gebäude in der Umgebung errichtet. Während des großen Krieges zwischen Siam und Laos brachten die Siamesen den Pha Keo 1779 in ihre damalige Hauptstadt Thonburi, heute befindet er sich im Wat Phra Keo in Bangkok.

König Anouvong ließ 1816 die Schäden am Tempelgebäude renovieren, doch bereits 1828 entstanden neue Zerstörungen, als der König sich vergeblich gegen die Oberhoheit der neuen Chakri-Dynastie in Siam zu wehren versuchte. Es waren aber erst die Franzosen, die von 1936 bis 1942 einen erneuten Aufbau versuchten, diesmal in Beton. Sie orientierten sich an den noch vorhandenen Gebäudeteilen, trafen den ursprünglichen Stil aber nicht mehr. Da dieser Tempel zu keinem Kloster gehörte, fand er keinen wirklichen Zweck, so dass er in den 1970-er Jahren zu einem Museum umgewidmet wurde. Weitere Renovierungen fanden in den 1990-er Jahren statt. Heute beherbergt der Ho Pha Keo eine äußerst sehenswerte **Sammlung von religiösen Gegenständen** aus verschiedensten Zeiten und Regionen. Auf der umlaufenden Galerie sind steinerne und bronzene Buddhastatuen zu sehen, von denen einige bis ins 6. Jahrhundert zurückreichen. Weitere Statuen aus Holz und anderen Materialien befinden sich im Innern, wo auch ein vergoldeter **Thron** in Pyramidenform steht, auf dem dereinst der echte Pha Keo wieder seinen Platz finden soll. Dem Thron gegenüber ist eine Nachbildung dieser Figur zu sehen, die aber nicht aus edler Jade, sondern nur aus Holz besteht. Weiterhin zu beachten sind **Steinstelen aus dem Khmer-Reich**, buddhistische Texte auf

Immer gut besucht: der Wat Si Muang

Palmblattbüchern, die in Holzkisten aufbewahrt werden, Holzschnitzereien und vor allem die originalen **Türen** aus dem alten Tempelgebäude. Sie zeigen zwei himmlische Wesen, die jeweils in einer Hand eine Muschel halten, während die andere auf der Brust liegt. Ihre langen Röcke werden von Gürteln gehalten, deren Enden lang herunterhängen. Unter ihnen befinden sich zwei Wächterfiguren. Der Tempelbau ist von einem sehr gepflegten **Garten** umgeben, in dem auch eines der Steingefäße von der ›Ebene der Tonkrüge‹ (→ S. 186) zu sehen ist.

Öffnungszeiten: tgl. 8–12, 13–16 Uhr.

Wat Si Muang

Die Legende, die mit der Begründung dieses Klosters verbunden ist, verdeutlicht auf das Schönste den Übergang von traditionellem Geisterglauben auf einen lebendigen Volksbuddhismus, der mit der philosophischen Tradition des Buddhismus kaum noch Verbindung hält. Nach dieser Legende soll der Tempel zur Reichsgründung im Jahr 1356 erbaut worden sein und den Mittelpunkt der damaligen Stadt markiert haben. In einer großen Zeremonie soll eine Steinstele aufgerichtet worden sein, die ursprünglich aus einen Khmer-Bauwerk stammte (also die Nachfolge, aber auch den Sieg über die Khmer symbolisierte). Nach dem Geisterglauben musste dazu Leben geopfert werden. Vorgesehen war ein weißer Hund, der in die Grube hinabgelassen wurde. Doch da erschien, durch die festliche Musik angelockt, eine junge schwangere Frau, sprang in die Grube, was die Verankerung der Stele löste, die daraufhin Hund und Frau unter sich begrub.

Bis heute ist Wat Si Muang einer der beliebtesten und belebtesten Tempel der Stadt. Vor allem Frauen mit Kinderwunsch besuchen ihn, entzünden Räucherstäbchen, die ihre Wünsche in den Himmel transportieren sollen und spenden Bananen, Kokosnüsse, Kerzen und Geld. Der Geisterglaube lebt.

Tatsächlich wurde der buddhistische Wat wohl erst nach 1560, nach der Verlegung der Hauptstadt, begründet. Reste von Lateritmauern legen nahe, dass er auf dem Fundament eines Khmer-Heiligtums entstand, denn dieser rötliche, poröse, aber sehr harte Vulkanstein wurde von den Khmer gerne für Umfassungsmauern und später durch Stuck verdeckte Grundmauern von Tempeln verwendet. Beim Angriff der Siamesen 1828 wurde auch dieses Kloster zerstört; der Sim entstand erst 1915 unter französischer Anleitung neu und weist deshalb die typische Mischung von Stilen aus dieser Zeit auf. Dazu gehören hier vor allem die markanten Rundungen an Portal und Fenstern sowie die auffälligen äußeren Pilaster und Friese. Das Giebelfeld über dem Eingang zieren Reliefs mit Szenen aus dem Leben des Buddha, zum Beispiel seiner Predigten.

Ungewöhnlicherweise beherbergt der **Sim** zwei Räume, wovon der vordere nur eine große Halle ist, die die zahlreichen Gläubigen aufnimmt und in der die Mönche einfache Zeremonien durchführen, für die Spenden abzuliefern sind, die das Kloster finanzieren. Im hinteren Raum wird **Lak Muang**, der Schutzgeist der Stadt, in Form einer quadratischen, oben abgerundeten Sandsteinsäule verehrt. Die Phallusform sowie der Schmuck durch Tücher und Bänder verweist auf indische Traditionen und Götter (Shiva wird meist als Phallus/Lingam dargestellt), die Verehrung von Steinen und Pflanzen gehört hingegen zentral zum Animismus. Umgeben ist die Steinsäule von mehreren gespendeten Buddhafiguren aus neuerer Zeit. Besonders verehrt wird allerdings der mittlere Buddha, dessen genaues Alter nicht bekannt ist, der jedoch den Angriff der Siamesen 1828 überstand und dem deshalb besondere Fähigkeiten zugesprochen werden. So bietet dieser Tempel jedem etwas, an wen oder was auch immer man glaubt. Kein Wunder, dass er vor allem während des That-Luang-Festes im November besonders frequentiert wird.

Durch ein kleines Tor ist vom Tempelgelände aus ein **Garten** zu erreichen, in dem eine **Statue des vorletzten Königs, Sisavang Vong** (reg. 1904–1959), aufgestellt wurde, die ein Geschenk aus einem Staatsbetrieb der Sowjetunion war und deshalb wohl, trotz Abkehr vom Königshaus, nicht entfernt werden darf.

Öffnungszeiten: tgl. 6–19 Uhr.

That Dam

Etwas unvermittelt ragt mitten in einem Kreisverkehr dieser ›schwarze Stupa‹ empor. Seine genaue Entstehungszeit ist unbekannt, wahrscheinlich war es die Gründungszeit des Staates Laos, auf jeden Fall gehörte er damals zu einem normalen Klosterensemble, dass inzwischen jedoch völlig verschwunden ist, so dass der auf einem Achteck errichtete Turm mit dunklem Stuck jetzt recht verloren wirkt.

▸ Karte S. 107

Textilmuseum, Nongtha Tai, Chanthaboul; tgl. 10–16 Uhr.

■ COPE Visitor Centre

Hier gibt es wirklich interessante Informationen über den amerikanischen Krieg und seine Folgen für die Zivilbevölkerung. Auf dem Gelände werden auch Prothesen und Rollstühle gefertigt und individuell angepasst.
COPE Visitor Centre, Khu Veng; tgl. 9–18 Uhr.

■ Kaysone-Phomvihane-Museum

Zum 80. Geburtstag im Dezember 2000 wurde dieses ›Museum‹, das dem Personenkult rund um den ehemaligen Parteisekretär, Premierminister und Präsidenten Kaysone Phomvihane (1920–1992) dient, eröffnet. Es wurde finanziell und von der Konzeption her vom Ho-Chi-Minh-Museum in Hanoi beeinflusst. Ausgestellt werden einige Realien sowie zahlreiche Fotos. Interessant ist vielleicht noch, dass von diesem Gelände früher die amerikanische Hilfsorganisation USAID die Unterstützung der antikommunistischen Kämpfer organisierte.
Kaysone-Phomvihane-Museum, Kilometer 6, Straße 13; Di–So 8–12, 13–16 Uhr.

■ Kaysone Phomvihane Memorial

Unweit des großen Staatsmuseums findet sich das Wohnhaus des ehemaligen Präsidenten, das nach seinem Tod kaum verändert wurde. Halbvolle Schnapsflaschen stehen genauso herum wie kitschige Ostblock-Souvenirs; Schuhe und dicke Wintermäntel finden sich noch an ihrem Platz. Das Museum steht unter der Kontrolle der Partei, ein Mitglied veranstaltet eine kleine Führung.
Kaysone Phomvihane Memorial, Silivay Village, Kilometer 6, Straße 13; Di–So 8–12, 13–16 Uhr.

Ausflüge

■ Wat Xieng Khouang

Etwa 25 km südöstlich der Stadt befindet sich der Wat Xieng Khouang genannte Park (Buddhapark), der aber kein wirklicher Tempel ist. Vielmehr hat hier Bounleuang Soulilat in einer Höhle gewohnt, bevor er 1958 begann, Buddhastatuen aus Beton in der Landschaft zu verteilen. So bekommt man verschiedenste Buddhas in unterschiedlichen Größen, meist etwas überdimensioniert, Posen und Gestalten zu sehen. Hinzu kommt eine ganze Reihe hinduistischer Götter. Das ganze wirkt mehr wie ein Kinderspielplatz oder ein Ausflugspark, denn die Umgebung ist freundlich und grün.
Wat Xieng Khouang; tgl. 8–16.30 Uhr.

■ Kulturpark der Ethnien

Ziel des 1994 neben der Brücke nach Thailand eröffneten Parks (Lao National Ethnic Culture Park) war es, die verschiedenen Traditionen mehrerer Völker in Laos in einer Art Freiluftmuseum zu präsentieren. Dazu wurden zuerst Häuser im traditionellen Stil errichtet, aber nicht aus traditionellen Materialien, sondern meist aus Beton. Verschiedene Personen, von denen man nicht genau weiß, ob sie wirklich dem Volk angehören, das sie vertreten, zeigen den Besuchern Kleidung, Lebensmittel und Schmuck. Manchmal werden Tänze vorgeführt. So richtig echt wirkt das alles nicht, und man verlässt den schattigen Tann mit einem unsicheren Gefühl.
Nach der Privatisierung wurde zudem noch ein **Ausflugsrestaurant** mit Swimmingpool auf dem Gelände nahe der Freundschaftsbrücke errichtet.

■ ITECC Ocean Park

Großes Schwimmbad mit Wellenbecken und Rutschen am östlichen Stadtrand.
Öffnungszeiten: tgl. 11–19 Uhr

Vientiane-Informationen

Allgemeine Informationen

Vorwahl: +856/21.

Ein **staatliches Reisebüro** bezeichnet sich als **Tourist Information Centre** und bietet Broschüren und Karten an, Lane Xang, Tel. +856/21/212248.
www.ecotourismlaos.com

An-, Ab- und Weiterreise

Wattay International Airport (VTE), 3 km westlich vom Zentrum.

Internationale Flüge: Direkte Flugverbindungen aus Europa gibt es nicht. Hauptdrehscheibe ist Bangkok, es gibt aber auch Verbindungen von Hanoi und Saigon (Vietnam), Phnom Penh (Kambodscha), weiteren Städten in Thailand und touristisch interessanten Orten wie Siem Reap (Angkor, Kambodscha) oder Rangun (Burma).

Vom Flughafen in die Stadt: Ein Shuttle-Bus fährt zwischen 8 und 22 Uhr ca. stündlich vom Flughafen zum zentralen Busbahnhof, er hält an mehreren Hotels in der Innenstadt (15 000 Kip). Ein Taxi kostet ca. 60 000 Kip.

Inlandsflüge: Die staatliche Fluglinie **Lao Airlines** ist zuverlässig, die Maschinen sind neu. www.laoairlines.com

Die Maschinen chinesischer Bauart der **Lao Skyway** fallen häufig aus. Im Prinzip werden Inlandsverbindungen von Vientiane nach Luang Prabang, Luang Namtha, Oudomxay, Bokeo, Phongsaly, Hua Phan und Xieng Khouang angeboten.
www.laoskyway.com

Mit dem Zug: Von Bangkok gibt es einen Zug nach Nong Khai, von wo aus man mit dem Bus über die Freundschaftsbrücke nach Vientiane fahren kann (11 Std. Fahrzeit, mehrere Züge morgens und über Nacht).

Mit dem Bus: Reisebusse verkehren auf allen gut ausgebauten Straßen zu den wichtigsten touristischen Zielen und zu den Grenzübergängen bzw. in die Nachbarländer.

Zentraler Busbahnhof (Khua Din Bus Station), am Morgenmarkt (Talat Sao). Busse in die Umgebung und nach Nord-Thailand. Bus Nr. 14 fährt zum Buddhapark und zur Freundschaftsbrücke. Die hier angebotenen Fernverbindungen sind recht langsam. Besser ist dafür der **nördliche Busbahnhof**, an der Straße Asiane, 2 km nordwestlich des Flughafens, von dem aus Busse nach Vang Vieng (4–5 Std.) und weiter nördlich fahren (Luang Prabang 10–11 Std.).

Der **Busbahnhof Süd**, 9 km außerhalb der Stadt an der Nationalstraße 13, bietet Verbindungen in den Süden, z. B. nach Savannakhet (8–11 Std.) und Pakse (VIP-Bus 8–10 Std. über Nacht), sowie nach Vietnam.

Anreise über Land → S. 237.

Mietwagen → **Reisen im Land**, S. 97.

Unterwegs in Vientiane

Vientiane lässt sich gut **zu Fuß** oder mit einem **Tuktuk** erkunden. Trotz der Zunahme des Autoverkehrs gibt es sehr wenige erkennbare Taxis; auch Taxistände gibt es mangels Parkmöglichkeiten kaum.

Unterkunft

Ansara (****), Quai Fa Ngum, Ban Wat Chan Tha, Hom 5, Muang Chanthabury, Tel. +856/21/213514, Fax 213523; 24 Zimmer und 4 Suiten. Elegantes Hotel in einem kleinen, aber sehr grünen Garten rund um einen Pool angeordnet; zentral, aber nicht weit vom Mekong gelegen. Karte → S. 107
www.ansarahotel.com

Green Park (****), 12 Khouvieng, Ban Nongchan, Tel. +856/21/264097, Fax 263064; 25 Zimmer. Geschmackvoll eingerichtetes Boutiquehotel in einem üppigen Garten. Sehr erfrischend der große Außenpool, dazu Spa und Fitnesszentrum. Karte → hintere Umschlagklappe

Settha Palace (****), 6 Pangkham, Tel. +856/21/217 581, Fax 217583. Das typische Kolonialhotel ist in neuem Glanz erstanden. Karte → S. 107
www.setthapalace.com

Beau Rivage Mekong (***), Ban Seetarn Neua, Tel. +856/21/243350, Fax 254102.

Für das Hotel mit 16 einfach eingerichteten Zimmern spricht vor allem seine Lage an der Uferpromenade des Mekong. Karte → hintere Umschlagklappe
www.hbrm-laos.com

Best Western (***), 2–12 Francois Ngin, Tel. +856/21/216906. Für diejenigen, die auf die Kombination von Pool und Fitnesszentrum nicht verzichten wollen, bietet das Hotel den üblichen Komfort in der Mixay-Gegend. Karte → S. 107

Chanthapanya (***), 138 Nokeokoummane, Tel. +856/21/244284. Das lokal geführte Hotel liegt mit Blick auf das Kulturzentrum. Die Zimmer sind angenehm groß, und vom Open-air-Fitnesszentrum hat man einen guten Blick in die umliegenden Gassen. Karte → S. 107
www.chanthapanyahotel.com

Mandala (***), 33/10 Ban Phiavat, Sisattanak, Tel. +856/21/214493; 28 Zimmer. Eine modernistische Villa mit Garten im Süden der Stadt, erbaut in den 1960-er Jahren, die einst einer französischen Familie gehörte, wurde 2012 um zwei weitere Bauwerke im Garten vergrößert und zu einem angenehmen Hotel mit gutem Restaurant ausgebaut. Karte → hintere Umschlagklappe.
www.mandalahotel.asia

Salana (***), 112, Chao Anou, Tel. +856/21/254254. Das geschmackvoll eingerichtete Hotel ist zentral gelegen und verfügt über eine sehr gemütliche Bibliothek, in der man sich von den Besichtigungen erholen kann. Mit etwas Strecken sieht man vom Balkon den Mekong. Karte → S. 107.
www.salanaboutique.com

Phasouk Residence (***-**), 42 Wat Xieng Gneun, Tel. +856/21/243515; 22 Zimmer. Das zentral gelegene laotische Hotel bietet Zimmer in drei Kategorien zu jeweils unterschiedlichen Preisen in einer ruhigen Seitenstraße an. Karte → S. 107
www.phasoukresidence.com

Khamvongsa (**), Khun Bulom, Ban Wat Chan, Tel. +856/21/223257, Fax 217712; 26 Zimmer. Großzügige Zimmer unterschiedlicher Kategorien erwarten den Besucher in unmittelbarer Nachbarschaft des Wat Inpeng. Karte → S. 107
www.hotelkhamvongsa.com

Lani's House by the Ponds (**), 281 Setthathirath, Ban Haysok (neben dem Wat Ongteu), Tel. +856/21/215639. Schöne Villa in grüner Umgebung, dekoriert mit vielen Kunstgegenständen. Die Zimmer sind farblich interessant gestaltet, recht groß und gut eingerichtet. Entspannte Atmosphäre. Karte → S. 107
www.lanishouse-bytheponds.com

New Lao Silk Hotel, 7 Francois Ngin, Tel. +856/21/213976. Das Hotel erfreut sich wegen seiner unmittelbaren Nachbarschaft zum Wat Mixay großer Beliebtheit, weshalb die einfach eingerichteten Zimmer mit Tempelblick auch ein bisschen teurer sind. Das Hotel serviert kein Frühstück, aber ein kleines Café ist angeschlossen. Karte → S. 107. www.laosilkhotel.com

Le Luxe Boutique (**), Quai Fa Ngum, Watchan Village, Box. 5, Chanthabury District, Tel. +856/21/255777, 255888, Fax 255889. Kleines, ganz ordentliches Hotel in einer ehemaligen französischen Villa. Nicht alle Zimmer haben Fenster nach draußen. Zentral gelegen. Karte → S. 107
www.leluxehotel.com

Auberge Sala Inpeng (*), 063/06 Inpeng St., Ban Wat Chan, Tel. +856/21/242021. Eine kleine grüne Oase in der Hauptstadt, sehr einfach eingerichtet, doch mit freundlichem Personal und günstig am Wat Inpeng gelegen. Karte → S. 107
www.salalao.com

Villa Manoly (*), Ban Phiavat, Chanthabouly, Tel. +856/21/218907. Manchmal weiß man nicht genau, ob man nicht doch in einem Museum gelandet ist: Überall hängen und stehen Alltagsgegenstände aus vergangenen Zeiten herum, in dieser Villa aus den 1950er Jahren, die bei ihrem Umbau zum Hotel um einen Anbau erweitert wurde. Die Zimmer sind ordentlich eingerichtet und sehr geräumig, man fühlt sich wie zuhause. Großer Pool im lauschigen Garten. Karte → hintere Umschlagklappe
http://villa-manoly.com

Im Buddhapark: der Buddha geht direkt ins Nirwana ein

Gastronomie

Oberer Preisbereich

Kualao, 134 Samsentai, Tel. +856/21/215777. In der großen gelben Villa an der Ecke wird schon seit Jahren auf allen Stockwerken klassisches laotisches Essen serviert. Da jeden Abend eine Kulturshow gezeigt wird, ist es auch bei Reisegruppen sehr beliebt. Karte → S. 107

Mittlerer Preisbereich

Amphone, 37 Wat Xieng Gneun, Tel. +856/20/77857647. In einer unspektakulären Villa wird auf der Holzterrasse mit teilweiser Überdachung laotische Küche vom Feinsten serviert. Die Gerichte sind auf der Speisekarte erklärt, da das Personal wenig Englisch spricht. Besonders zu empfehlen sind die traditionellen Gerichte, die zu Tempelfesten serviert wurden, wie Laark. Karte → hintere Umschlagklappe

Chinese Liaoning Dumpling Restaurant, 6-11 Quai Fa Ngum, Tel. +856/21/254811. Die Betreiber stammen aus dem Nordosten Chinas, setzen vor allem auf die gefüllten Teigtaschen, bieten aber auch eine ausgedehnte Karte anderer chinesischer Gerichte an. Karte → hintere Umschlagklappe

Khop Chai Deu, 54 Setthathirath, Tel. +856/21/263829. In dieser Kolonialvilla lässt sich gemütlich sitzen und aus dem reichhaltigen Angebot von laotischen, indischen und europäischem Essen auswählen. Karte → S. 107

The Spirit House, 93/09 Quai Fa Ngum, Ban Seetarn Neua, Tel. +856/21/243795. In einem luftigen Garten an der Uferstraße des Mekong oder drinnen genießt man in rustikalem Holzambiente eine ausgedehnte laotisch-thailändische Speisekarte und frische Drinks; freundliche Atmosphäre. Karte → hintere Umschlagklappe www.thespirithouselaos.com

Xang Khoo, 68 Pangkham, Namphu, Tel. +856/20/59598290, +856/21/219314. Das traditionsreiche französisch-laotische Restaurant am Platz Namphu serviert auf zwei Stockwerken bodenständige Küche wie leckere Mekong Crêpes. Karte → S. 107

Unterer Preisbereich

Cuisine d'Or, Manthatourath, ca. 50 m von der Hauptstraße Setthathirath auf der rechten Straßenseite, Tel. +856/20/22201930. Das kleine vegetarische Restaurant liegt in einem Garten und hat sich darauf spezialisiert, Klassiker der asiatischen Küche täuschend echt als Tofugerichte nachzumachen.

Douang Deuane Restaurant & Wine Bar, Francois Ngin, Tel. +856/20/28992434. Das kleine, gemütliche Restaurant befindet sich mitten im Zentrum des Viertels um Wat Mixay. Serviert werden den ganzen Tag über laotische und andere asiatische Gerichte zu erschwinglichen Preisen, und man kann drinnen oder draußen sitzen.

Einfache Imbisse in großer Zahl finden sich abends auf dem **Vangthong-Markt** am Nationalstadion und entlang der nach Fa Ngum benannten **Mekong-Uferstraße** am Nachtmarkt, → S. 107

Cafés

Common Grounds Café & Bakery, Chao Anou; tgl. 7–20 Uhr. Kleine Gerichte und süße Speisen bestimmen die Karte, kräftiger Kaffee aus dem Hochland. Mit Kinderspielecke. Karte → hintere Umschlagklappe.

Joma Bakery Café, Setthathirath, und Nongbone/Ecke 23 Singha (am That Luang); Mo–Sa 7–21 Uhr. Betont modern: Sandwiches und Bagels, Kuchen, Brownies und Joghurt finden hier guten Absatz. Die Jungen sitzen auf bequemen Sofas und surfen im Internet. Karte → S. 107 www.joma.biz

Le Banneton, Nokeokoummane, Tel. +856/21/217321; 6–20 Uhr. Die Stärke von Le Banneton ist sicherlich das Frühstück mit Croissants und selbstgemachter Orangenmarmelade. Aber auch tagsüber werden warme internationale und laotische Gerichte unkompliziert serviert. Karte → S. 107

Le Trio, Setthathirath, Tel. +856/20/22553552; tgl. 8–17 Uhr. Das Café produziert seinen eigenen Kaffee und bietet eine große Auswahl an Tees, dazu Waffeln und Gebäck. Karte → S. 107

Bars

Bor Pen Yang, Quai Fa Ngum, Ban Wat Chan; tgl. 10–24 Uhr. Sehr beliebte Bar, die auch Restaurant mit internationaler Karte ist, mit gutem Blick auf den Mekong. Bei lauter Musik ist hier nicht jeder Mann und jede Frau, was er oder sie scheint, was der Stimmung aber keinen Abbruch tut. Karte → S. 107

Dresden Laos, 139/13 Ban Mixay, Chantaboury, Tel. +856/21/244241. Von einem Japaner geführte Bar mit überwältigender Auswahl an Drinks und kurzer Speisekarte. Gegenüber der Kulturhalle. Karte → S. 107

Moonlight Lounge, 1 Namphu Fountain, Tel. +856/20/55444893; tgl. 16.30–24 Uhr. Elegante Bar mit bequemen Sofas und Sesseln. Beträchtliche Auswahl an Bourbon und belgischen Bieren. Karte → S. 107

Wind West Pub, Setthathirath; tgl. 18–1 Uhr. Musikkneipe, häufig mit lokalen Live-Bands ab 21 Uhr. Die Einrichtung erinnert an den windigen wilden Westen. Karte → hintere Umschlagklappe

Einkaufen

Mixay Boutic, 053-55 Nokeokoummane, Tel. +856/21/216592. Ein typischer Vientianer Laden, in dem eine bunte Mischung aus Kleidung, Dekorationsgegenständen und Silberschmuck verkauft wird. Karte → S. 107

Oot Ni Art and Gallery, 306 Samsentai, Tel. +856/21/215911. Eine wahre Fundgrube tut sich hier auf: Ein Privatsammler hat über Jahre Antiquitäten aus Laos gesammelt. An das Geschäft schließt sich ein Museum an (Eintritt 15000 Kip), aber auch hier kann man Silber, Holzstatuen, Schmuck, alte Seidenstoffe, Porzellan oder Büffelhornschnitzereien kaufen. Vorsicht, es wird auch Elfenbein angeboten. Karte → S. 107

T'Shop Lai Gallery, Inpeng St., Tel. +856/21/223178. Sehr schöne Möbel, Vasen und andere Dekogegenstände finden sich hier, die wichtigsten Produkte sind jedoch natürliche Seifen, Duschgele, Massageöle und Parfüms sowie Tees. www.artisanslao.com

Textilien

Camacrafts, Nokeokoummane, Tel. +856/21/241217. Camacrafts gehört der World Fair Trade Organisation an und verkauft meist textile Arbeiten von rund 250 Frauen aus den ärmeren Gebieten des Landes. Das Sortiment umfasst Bettüberwürfe, kleine Taschen und Geldbörsen, Batik und Stickereien mit Szenen aus dem Landleben. Karte → S. 107

Her Works, Nokeokoummane, Tel.+856/20/58883388. Jeder Artikel, der hier verkauft wird, trägt das Merkmal einer der verschiedenen Volksgruppen in Laos. Das macht sich besonders in den handgewebten Stoffen, die mit natürlichen Mitteln gefärbt werden, bemerkbar. Es gibt Taschen, Schuhe, Kleidung und Heimtextilien. Karte → S. 107

Lao Textiles, Ban Mixay, Tel. +856/21/212123; Mo–Fr 8–12 und 14–17, Sa 8–12 Uhr. Die Amerikanerin Carol Cassidy kam 1989 nach Laos und fand ein ›Weberparadies‹ vor. Auf der Grundlage von traditionellen Designs entwarf sie neue Muster, vor allem für Handbehänge, die von rund 40 lokalen Weberinnen hergestellt werden. Karte → S. 107. www.laotextiles.com

Laoderm Handicraft, 65, Setthathirath, Tel. +856/21/254769. Rund 50 verschiedene Modelle aus Seide, Baumwolle oder Leinen können anprobiert zu werden. Die angeschlossene Schneiderei passt innerhalb von drei bis vier Tagen ein Stück auf die individuellen Maße an. Karte → S. 107

Mulberries, Nokeokoummane, Ban Mixay, Tel. +856/21/241217. Seit 1976 tätige gemeinnützige Organisation, die die traditionellen Techniken der Seidenherstellung bewahren und Frauen auf dem Land ein Einkommen vermitteln will. Karte → S. 107. www.mulberries.org

Bücher

Book Café, 053/2 Heng Boun, Haysoke, Tel. +856/20/56893741. Buchladen mit vielen Titeln zur Region, aber auch einer großen Auswahl an Second-Hand-Büchern für die Reise. Karte → S. 107

Monument Book Store, Setthathirath (gegenüber Wat Si Muang), Tel. +856/21/252100. In diesem gut sortierten Buchladen gibt es neben Reiseführern und Karten auch ein ansprechendes Sortiment an Romanen sowie ausländischen Zeitungen und Zeitschriften. Karte → S. 107

Märkte

Morgenmarkt; tgl. 7–17 Uhr (manche Stände schließen früher). Der Morgenmarkt (Talat Sao) besteht jetzt aus zwei Teilen, einem modernen klimatisierten **Einkaufszentrum** mit Angeboten wie Elektronik, Sportkleidung und Schmuck sowie dem Markt für Massenprodukte wie billige T-Shirts, andere Kleidungsstücke, Souvenirs und Haushaltswaren, was eben so an Billigkram aus China hier verkauft werden soll. Der touristisch orientierte Nachtmarkt am Mekong bezieht eigentlich seine Produkte von hier, so dass es auf dem Morgenmarkt in weniger idyllischer Umgebung wohl das bessere Schnäppchen geben mag.

Nachtmarkt; tgl. 18–22 Uhr. Die Jogger und Spaziergänger mit ihren Hunden ziehen noch vorbei, wenn kurz vor Sonnenuntergang die Händler ihre wohlgeordneten Stände am Ufer des Mekongs aufbauen und ihre am Bedarf der Besucher der Hauptstadt orientierten Waren ausbreiten. Einfache Kleidung und Souvenirs machen einen großen Teil des Angebots aus, und das Feilschen um den Preis gehört natürlich mit zum Einkaufserlebnis. Da alles von der untergehenden Sonne beschienen wird, können sich Nichtkäufer auch schon einmal zu einem Sundowner niederlassen.

Vangthong-Markt, gegenüber dem Nationalstadion, Khun Bulom; tgl. 17–22 Uhr. Eine geradezu unübersehbare Reihe von Essensständen zieht sich hier die Straße entlang und präsentiert die ganze Vielfalt der laotischen Imbissküche. Fleisch- oder Fischspieße verschiedenster Art, eine Vielfalt an Gemüse- und Tofugerichten, Eier, Klebreis, Obst, alles in bunten Kombinationen. Man schlendert von Stand zu Stand, probiert für ein paar Kip mal dieses, mal jenes und lässt sich überraschen. Es gibt kaum Sitzplätze und Tische, dafür wimmelt es aber vor Leuten, so dass man statt eines romantischen Dinners hier eher das neue Leben in der Hauptstadt erfahren kann.

Auf dem Nachtmarkt

Es ist ein Traumblick: Im Vordergrund plätschert munter der Fluss Song dahin, nicht sehr tief und vielleicht 30 Meter breit, am anderen Ufer breiten sich grüne Weiden und Felder aus, und dahinter erhebt sich eine Kette von grauen Karstbergen, in der auch schon aus der Ferne einige bizarre Felsen erkennbar sind. Alles sanft beschienen von der Morgensonne in Vang Vieng.

Am Song-Fluss bei Vang Vieng

VANG VIENG

Die 1353 erstmals als Versorgungsstation erwähnte Kleinstadt Vang Vieng, die zur Provinz Vientiane gehört, hat etwa 25 000 Einwohner und liegt auf halbem Weg zwischen der Hauptstadt und Luang Prabang an der Nationalstraße 13. Fast die gesamte Strecke zwischen den beiden laotischen Kapitalen führt durch gebirgiges Terrain. Schmale Straßen ziehen sich über viele Kehren die Pässe hinauf, an den Abhängen entlang und tauchen wieder ab. Die Gegend ist nur dünn besiedelt, nur selten kommt man durch Dörfer und gelegentlich zu Aussichtspunkten, von denen man in die Täler der Umgebung schauen kann. Früher hieß der Ort wie der Fluss Muang Song, erst die französischen Kolonialherren benutzten den heutigen Namen. Der Ort zieht sich zwischen dem Fluss Song und der parallel dazu verlaufenden Nationalstraße 13 hin, entlang von zwei ebenfalls zum Fluss parallelen Straßen, die durch zahlreiche Querstraßen verbunden werden. In der Trockenzeit überqueren mehrere provisorische Holzbrücken den dann nur einen halben Meter tiefen Fluss; diese dürfen jedoch nicht von Autos befahren werden. Für die gibt es im Süden eine zweiteilige Mautbrücke; man sieht aber auch, dass LKWs einfach quer durch den Fluss fahren.

Die Gegend westlich des Nam Song ist noch ländlich geprägt. Es erhebt sich eine mächtige Bergkette aus Kalkstein, die im unteren Bereich noch bewachsen, darüber karg ist. In der Ebene dominieren Reisfelder, einzelne Bauernhöfe mit Schweinen und anderem Vieh sowie kleinere Dörfer. Die Straßen sind nicht asphaltiert, haben aber eine einigermaßen feste Oberfläche, so dass sie gut zu befahren sind. An den Abhängen der Berge befinden sich die Höhlen, Quellen, Flussläufe und Badebecken, die viele Besucher anlocken.

▸ Karte S. 127

Geschichte

Vang Vieng hat zwei hässliche Flecken auf seinem idyllischen Landschaftsbild. Zum einen ist dies die heute noch sichtbare, anderthalb Kilometer lange Start- und Landebahn des ehemaligen Flughafens, der in den 1960-er Jahren von den Amerikanern für die CIA-Fluglinie Air America angelegt wurde und als Lima Site 6 bekannt war. Neben den Regierungs- und Militäraufträgen führte Air America auch kommerzielle Flüge durch, vor allem verdiente der Geheimdienst durch den Schmuggel von Opium und anderen Drogen, die hier in den Bergen von den Hmong produziert wurden und bis nach Vietnam gebracht wurden, wo die eigenen Soldaten sie konsumierten. Außerdem gab es in der Stadt ein großes Krankenhaus mit 50 Betten.

Mit Drogen hat auch der jüngere Fleck zu tun, da es hier bis 2012 eine lebhafte Partyszene gab, bei der junge Leute sich mit Alkohol und anderen Mittel zudröhnten und dann in den Schläuchen alter Autoreifen den Fluss hinuntergondelten. ›Sex, drugs and rock 'n' roll‹ überall. Halbnackte junge Leute liefen durch die Dörfer, in denen die Mütter ihre Kinder wegschlossen, damit sie den Westlern nicht nacheiferten. Bier und Lao Lao den ganzen Tag, Lärmbelästigung und ein Benehmen, das von der konservativen laotischen Gesellschaft nicht akzeptiert werden konnte. Die unternahm jedoch nichts, weil die Mächtigen im Dorf, die Parteibonzen und die Polizei, die Eigentümer der Bars waren, in denen die Dollars die Seiten wechselten. Nachdem 2011 mindestens 27 Touristen ums Leben gekommen waren und die Behörden nichts unternahmen, intervenierten verschiedene Regierungen bei der laotischen, die daraufhin endlich die schlimmsten Bars am Flussufer schloss. Die extremsten

Luang Prabang
Nam Song
13
Ehemaliger Flughafen
Luang Prabang Bakery
Vanphaxay
Green Discovery
Amari
Wonderful Tours
Fußgänger-brücke
Discover Asia Tours
Gary's Irish Bar
Sakura Bar
Happy Mango
Silver Naga
VLT Natural Tours
Inthira
The Elephant Crossing
Vieng Tara Villa
Thavonsouk
Adam's Climbing School
Villa Nam Song
Maut-brücke
Riverside Boutique Resort
Lao Valhalla Bungalows, Höhlen, Blue Pools
Guest House Chez Mango
Touristen-busse
Vientiane
Vang Vieng
0
100
200 m

Nicht alle nutzen die Maut-Brücke über den Song

Auswüchse sind seitdem beseitigt, doch Alkohol und Drogen gibt es hier immer noch in Mengen; Konsumenten auch. Da die Backpacker nach Meinung der Mächtigen im Ort zu wenig Geld hierlassen, sollen sie an den Rand gedrängt und durch den asiatischen Massentourismus ersetzt werden. Gruppen aus China und Südkorea mit über 150 Personen tauchen schon regelmäßig auf. Für sie werden Abenteuer und Natur professionell organisiert. Am frühen Morgen hinein in die knatternden Longtailboote und den Fluss hinunter, um die anderen beim Frühstück zu stören. Mit lärmenden Buggys die Staubstraßen entlang zur Blue Lagoon Nr. XY, die sich als drei Meter tiefes und zehn Meter im Durchmesser großes stinkendes Wasserloch erweist, in das die ganz Mutigen von einem starken Ast aus springen und von den Zuschauern bejohlt werden. Eine halbe Stunde im Kajak paddeln, eine halbe Stunde im Schlauch sitzen. Was für ein Abenteuer. Ist das die Zukunft des Tourismus, vor allen Dingen des Tourismus aus Asien? Die Reichen stehen schon in den Startlöchern. Eine thailändische Kette hat ein gewaltiges Hotel in den ehemaligen Dorfplatz gerammt, andere werden folgen. Alles schön ordentlich sortiert nach den Prinzipien der Korruption.

▲ Karte S. 127

Höhlen

Alle folgenden Höhlen (*tam*) liegen an den Abhängen der Berge, westlich des Nam Song. An den Blue Lagoons 2 und 3 gibt es ebenfalls Höhlen, an Nr. 2 die **Tam Ang Luang**, an Nr. 3 die **Tam Patong**. Beide Zugänge sind kaum befestigt und sehr schwer zu bewältigen, die eigentlichen Einstiege sind kaum mehr als Gesteinsspalten. Ohne lokalen Führer sollte man sich dort nicht hineinbegeben. Die besser erreichbaren und größeren Höhlen kosten Eintritt.

■ Jang

Vom Parkplatz überquert man eine Fußgängerbrücke, dahinter hält man sich links, etwa 500 Meter, dann die steilen Treppen hinauf. Ein befestigter Weg führt in zwei Richtungen durch die Höhle, die sehr gut erschlossen ist. Manche Stellen sind durch weißes Kunstlicht hervorgehoben. Der Weg führt zu einem Aussichtspunkt, von dem aus man einen schönen Blick über die Landschaft und Vang Vieng in der Ferne hat.

Höhle Jang; tgl. 8–16.30 Uhr.

■ **Nam**
Eindrucksvolle, sehr feuchte Höhle mit einem niedrigen Zugang, durch den auch ein Fluss strömt. Länge etwa 500 Meter.
Höhle Nam; tgl. 8–17 Uhr.

■ **Phu Kham**
Schwerer Aufstieg über 100 Höhenmeter über Felsbrocken, zwischendurch einzelne Treppenstufen. Große Höhle, durch natürliches Licht geheimnisvoll beleuchtet. Von einem Altar mit einem liegenden Buddha in der Mitte der Höhle steigt spiralförmig der Rauch auf. Für manche Passagen im Einstieg braucht man eine Taschenlampe.
Höhle Phu Kham (Poukhem); tgl. 7.30–17 Uhr.

■ **Hoi**
Fast zwei Kilometer lange Höhle mit einem unterirdischen See. Den Eingang bewacht eine Buddhastatue. Eine starke Lampe und ein Guide sind nötig.
Höhle Hoi; tgl. 7.30–17 Uhr.

■ **Loup**
Große Höhle, ca. 300 Meter lang, mit vielen Stalaktiten, auch recht großen. Zu Fuß durch die Reisfelder erreichbar. Schwieriger Zugang über Geröll und wacklige Leitern.
Höhle Loup; tgl. 7.30–17 Uhr.

Blue Lagoons

Die ›Blauen Lagunen‹, von denen immer mehr aus dem Boden oder dem Fels springen, sind weder Lagunen noch mit blauem Wasser gefüllt. Sie sind hingegen mehr oder weniger große Becken mit etwas tieferem Wasser, in das man springen oder in dem man schwimmen kann. Meist steht praktisch ein Baum daneben, versehen mit einer Treppe und Haltestreben im Geäst, von dem aus man ins Wasser springt oder plumpst, je nachdem. Man kann sich auch an Seilen und von kurzen **Ziplines** ins Wasser schwingen. An manchen Becken gibt es Holzpodeste, auf denen man essen oder entspannen kann.

Amüsement à la Vang Vieng: ein Sprung in die Blaue Lagune

Liegender Buddha in der Höhle Phu Kham

Vang Vieng

Vorwahl: +856/23

In Vang Vieng ist man besonders knausrig, was Straßennamen und Hausnummern betrifft. Vor allem die Querstraßen haben keinen Namen oder die Bewohner selbst kennen ihn nicht. Da das Zentrum aber recht klein ist, wird man sich schnell zurechtfinden.

Zwischen Vang Vieng und Vientiane verkehren vier bis fünf Busse pro Tag; sie brauchen etwa vier Stunden für die kurvenreiche Strecke.

Amari (****), Song River, Ban Sawang, Tel. +856/23/511800, Fax 511999; 160 Zimmer. Das im März 2018 eröffnete 5-Sterne-Hotel überragt wie ein Rathaus den zentralen Platz von Vang Vieng und wirkt etwas deplatziert. Natürlich findet man in diesem Haus der thailändischen Kette alle Annehmlichkeiten; so sieht wahrscheinlich die Zukunft des Tourismus in Vang Vieng aus.
www.amari.com/vang-vieng

Riverside Boutique Resort (****), Ban Vieng Keo, Tel. +856/23/511726-8, Fax 511729; 34 Zimmer. Die meisten der geräumigen Zimmer mit ihren traditionellen textilen Dekoren verfügen über einen großen Balkon, von dem aus der Blick geradezu zwangsläufig in den Garten, zum Pool, auf den Fluss und hinüber über die großartige Bergkette gelenkt wird. Eine sehr angenehme Anlage.
www.riversidevangvieng.com

Inthira (***), Ban Vieng Keo, Tel./Fax +856/23/511088; 38 Zimmer. Ein starker Kontrast: Draußen die Berge und der Fluss, drinnen Sichtbeton, klare Linien und Formen, eine Architektur, wie sie sonst nirgendwo in Laos zu sehen ist. Direkt oberhalb des Flusses gibt es eine große Terrasse mit Pool, Restaurant und Bar. Stylisch.
www.inthirahotels.com/vangvieng

Silver Naga (***), Song River, Ban Savang, Tel. +856/23/511822, Fax 511844. Das Hotel mit 84 Zimmern ist schon etwas abgewohnt; die preiswerteren Zimmer sind zudem nicht ansprechend. Gut sind hingegen die Lage direkt am Fluss und die Nähe zum Stadtzentrum.
www.silvernaga.com

Thavonsouk (***-**), Song River, Ban Vieng Keo, Tel./Fax +856/23/511096; 52 Zimmer. Auf einem großen Grundstück am Fluss werden preiswertere Zimmer mit Gartenblick angeboten, die recht schlicht eingerichtet sind, während die neueren Häuser in der ersten Reihe mit Flussblick teurer sind. Einfaches Restaurant.
www.thavonsouk.com

The Elephant Crossing Hotel (**), Ban Vieng Keo, Tel./Fax +856/23/511232, 511634; 31 Zimmer. Das Hotel liegt direkt am Flussufer mit Blick auf die Berge. Es ist sehr luftig angelegt, mit einem Restaurant im Freien und einem grünen Garten. Bis in den Ort geht man fünf bis zehn Minuten zu Fuß.
www.theelephantcrossinghotel.com

Villa Nam Song (**), Ban Vieng Keo, Tel./Fax +856/23/511016; 16 Zimmer. Das Grundstück liegt mit seiner Schmalseite zum Fluss, auf den man vom Restaurant und vom Garten einen guten Blick hat, von den Zimmern dagegen nicht. Diese sind aber geschmackvoll und praktisch eingerichtet, das Personal ist sehr nett und hilfsbereit.
www.villanamsong.com

Vieng Tara Villa (**), 111 Vang Vieng, Tel. +856/20/55518155. Sehr schön eingerichtete und ausreichend große Bungalows stehen auf Stelzen mitten im Reisfeld. Über beleuchtete Holzwege erreicht man das Hauptgebäude mit Restaurant.
www.viengtara.com

Lao Valhalla Bungalows (*), 1 km außerhalb, an der Straße zu den Blauen Lagunen, Tel. +856/20/28042733. Sechs einfache, aber wohnliche Bungalows.
www.laovalhalla.com

Über die gesamte Stadt verstreut gibt es eine große Zahl kleiner, einfacher Restaurants, die meist eine Mischung aus asiatischen und westlichen Gerichten anbieten, von den Nudelgerichten der thailändischen Küche wie dem Pad Thai bis zum Rucksack-Klassiker Banana Pancake. Hieraus einzelne hervorzuheben, ist wenig sinnvoll. Die folgenden haben hingegen etwas Besonderes.

Happy Mango, Middle Road, Ban Savang. Kleine Speisekarte thailändischer Gerichte. Aber hierher kommt man vor allem, um den besten Nachtisch der an Nachtischen nicht gerade reichen asiatischen Küche zu genießen: Klebreis mit frischen Mangos. Die Portionen sind angemessen groß.

Luang Prabang Bakery, Ban Savang. Mitten im Zentrum liegt diese Mischung aus Restaurant und Café, in dem sich viele in einem Sessel niederlassen, um bei einem starken Kaffee und eventuell Kuchen zu sehen, wer vorbeiflaniert.

Vanphaxay, Ban Savang, Tel. +856/20/55107448. Vom Mittelpunkt des Ortes geht man hinunter zum Fluss und findet direkt am Ufer, zwischen zwei Tubing-Stationen, dieses große offene Restaurant mit Terrasse am Fluss. Auf der langen panasiatischen Speisekarte wird jeder fündig.

Es gibt im Zentrum einige Kneipen und Bars, die meist recht laut und voll sind von jungen Leuten, die kräftig dem Alkohol zusprechen. Beliebt sind zum Beispiel **Gary's Irish Bar** und gegenüber die **Sakura Bar**.

Vang Vieng ist das Ziel in Laos für Outdoor-Fans, die gerne eine inszenierte Natur erleben und ein wenig darin herumtoben wollen. Angesichts der großen Gruppen, die dort inzwischen auftauchen, bleibt die Natur manchmal auf der Strecke. So sieht das Angebot in Vang Vieng und Umgebung aus.

Tubing: Hiermit fing in Vang Vieng alles an. Man setzt sich gemütlich in den Schlauch eines alten LKW-Reifens und lässt sich ein Stündchen auf dem Nam Song flussabwärts treiben. Alles kein Problem, solange der Passagier nüchtern ist und der Fluss gemächlich vor sich hin strömt. Vor allem bei hohen Wasserständen in oder kurz nach der Regenzeit kann die Fließgeschwindigkeit jedoch hoch sein, und unter Wasser tun sich manchmal gefährliche Strudel und Felsen auf. Es gibt mehrere Tubing-Gebiete nördlich und südlich der Stadt, während der Fluss im Stadtbereich selbst in der Trockenzeit zu wenig Wasser führt. Man bucht im Ort einen Ausflug, wird auf der mit Bänken versehenen Pritsche eines Kleinlasters zum Startplatz gefahren oder entweder nach ein paar Stunden oder am späten Nachmittag wieder eingesammelt. Die Veranstalter scheinen sich abgesprochen zu haben, denn die Preise sind hoch, und es gibt keine Verhandlungen. Manche Veranstalter kombinieren das Tubing auch mit anderen Aktivitäten.

Kajak: Nicht ganz so bequem geht's im Kajak zu, denn da gilt es, selbst zu paddeln. Obwohl man im Stadtgebiet auch große Gruppen sieht, bei denen jeweils zwei Touristen von einem Einheimischen gepaddelt werden. Die zahlreichen Anbieter im Ort bieten Touren von einem halben Tag bis zu mehreren Tagen mit Übernachtungen in Dörfern oder Zelten an. Man sollte seine Kräfte richtig einschätzen und die Vielfalt der Angebote vergleichen.

Ziplining: Ein lauter werdendes Surren ist zu hören, meist übertönt von den spitzen Schreien junger Damen, die sicher angeleint an Stahlseilen durch den Dschungel rauschen. Tarzan nahm noch die Liane, doch heute geht es gut angeschnallt über ganze Parcours entlang der Klippen, zwischen den Bäumen hin und her und von Plattform zu Plattform. Das Ziplining ist teuer und wird an zahlreichen Stellen angeboten.

▶ Karte S. 127

Klettern: Die meisten der über 200 Kletterstrecken sind nur von Oktober bis Mai offen, da die Felsen in der Regenzeit zu nass sind. Es gibt allerdings auch einige Routen unter Überhängen, die ganzjährig begehbar sind. Alle Schwierigkeitsgrade sind vorhanden, man sollte auf eine sichere Ausrüstung und professionelle Begleitung achten. Angebote zwischen einem halben Tag und drei Tagen.

Sonstige Fortbewegung im Gelände: An vielen Stellen im Ort kann man normale **Fahrräder** und **Mountainbikes** leihen, für letztere werden zahlreiche organisierte Ausflüge angeboten.

Mit den **gelben Jeeps** erreicht man viele entlegene Dörfer und Aussichtspunkte. Informationen im Guesthouse ›Chez Mango‹. www.chezmango.com/#jeeptour

Etwas ätzend sind hingegen die mit einem getunten Rasenmähermotor bestückten zweisitzigen **Buggys**, mit denen vor allem asiatische Gruppenreisende in großer Zahl über die ungeteerten Straßen preschen und gigantische Staubwolken aufwirbeln. Von der Stille der Natur ist auch nichts mehr zu spüren.

Stiller geht es beim **Heißluftballonfahren** zu. Die Fahrten dauern bei ›Vang Vieng Tour‹ etwa 30 bis 40 Minuten und starten morgens um 5.30 und 6.15 Uhr sowie abends um 17.30 Uhr, da fängt es schon an, dunkel zu werden (www.vangvieng tour.com/balloon-over-vangvieng). Ein ähnliches Angebot bei Wonderful Tours: 40 Minuten in der Luft, 6 Uhr und 17 Uhr: www.wonderfultours.la/booking-hot-air-balloon.

Veranstalter: Es gibt eine unüberschaubare Menge an Veranstaltern in Vang Vieng, Hotels, Guesthouses, Restaurants und Läden buchen bei ihren Geschäftspartnern zu. Man sollte sich erst einmal klarwerden, was man machen will, dann klären, ob die Wetterbedingungen stimmen und schließlich verschiedene Angebote miteinander vergleichen. Bei den vielen Büros im Ortszentrum ist das nicht so schwierig. Hier aufgelistet sind einige, die mit einem soliden Angebot aufgefallen sind:

Adam's Climbing School, Ban Vieng Keo, Tel. +856/20/56564499. Adam hat ein paar Jahre in Freiburg gewohnt und spricht ganz gut Deutsch, er ist aber vor allem der Kletterspezialist von Vang Vieng und bietet Ausflüge von einem halbem Tag bis zu drei Tagen in einem Gebiet im Norden an, das ganzjährig zu nutzen ist. Die gesamte Ausrüstung entspricht europäischen Standards. Außerdem: Kajaking in kleinen Gruppen von 12 bis 15 Leuten zwischen 4 und 15 Kilometer und Angeln in einem See in schöner Umgebung, etwa eine Fahrstunde südöstlich. www.vangviengclimbing.com

Discover Asia Tours, Tel. +856/30/9392941. Mr. Phone ist seit mehr als zehn Jahren als Reiseleiter in Vang Vieng unterwegs und kennt hier jeden Stein. Er firmiert unter verschiedenen Firmennamen und bietet neben den üblichen Touren für kleinere Gruppen auch Wildwasserkajakfahren für Gruppen von maximal zehn Personen an. Man fährt dafür eine Stunde mit dem Auto in den Bezirk Kasi. Außerdem Trekken zu einer ›geheimen Höhle‹, der mit Wasser gefüllten Elephant Cave. www.laogreenforesttours.com www.kldvangviengtours.com

Green Discovery, 115 Kang Muong St., Tel. +856/23/511230. Der größte Anbieter von Outdooraktivitäten im Land darf hier nicht fehlen. Er organisiert vor allem Trekking, Mountainbike- und Klettertouren. www.greendiscoverylaos.com

Wonderful Tours, Tel +856/30/511566. Die gesamte Breite des Programms wird angeboten, inkl. Ballonfahren. www.wonderfultours.la/tours

VLT Natural Tours, an der Hauptstraße parallel zum Fluss, Nähe Krankenhaus, Tel. +856/20/55208283, 020/22000961. Der erfahrene Veranstalter bietet das gesamte Spektrum von ein- und mehrtägigen Ausflügen in Vang Vieng und Umgebung an, vor allem Trekking und Kajaking mit Übernachtung in Zelten sowie Höhlenerkundungen. www.vangviengtour.com

Luang Prabang ist eine erfrischende Kleinstadt auf einer Grundfläche von vielleicht einer Quadratmeile, die eine Bevölkerung von ... nur 7000 oder 8000 Bewohnern aufweist. Ihre Lage ist sehr angenehm. Die Berge, die sich vor und hinter der Stadt befinden, umschließen den Mekong und begrenzen hier eine Art rundes Tal oder Amphitheater, das neun Meilen im Durchmesser groß ist. Es war zweifellos früher ein See.

Henri Mouhot, 1861

Der Wat Pha Phay in Luang Prabang

LUANG PRABANG

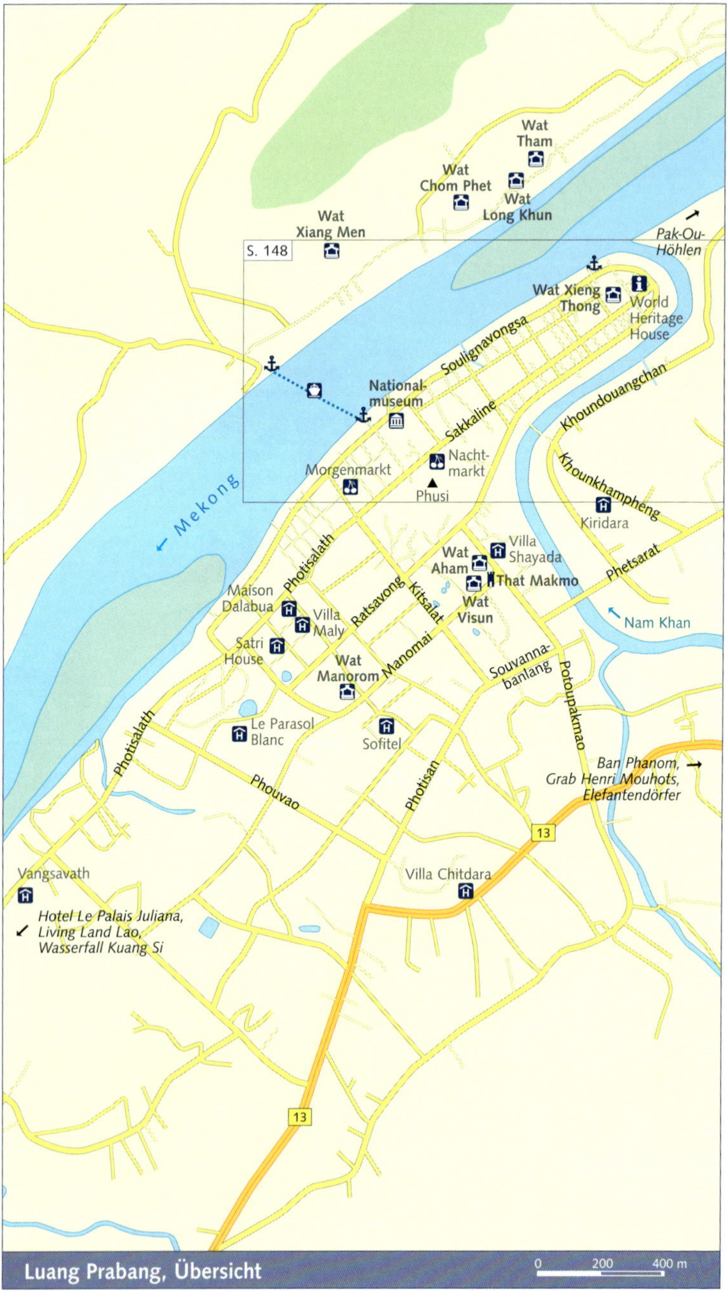

Luang Prabang, Übersicht

Luang Prabang, die königliche Stadt des Pra Bang, einer vergoldeten Buddhafigur, ist heute eine eher stille, gemächlich lebende Kleinstadt am gewaltigen Fluss Mekong, eingebettet in bewaldete Hügel und sanfte Täler. In jeder Hinsicht scheint sie weit entfernt von den hektischen Entwicklungen anderer Städte Südostasiens, wie etwa Saigons oder selbst der heutigen Hauptstadt von Laos, dem 225 Kilometer südlich gelegenen Vientiane.

Luang Prabang war immer eine vergleichsweise kleine Stadt, ohne spektakuläre Bauwerke, nicht an den allerwichtigsten Handelsrouten gelegen, aber doch zugänglich. Der Mekong ist hier flacher als anderswo, mit Hilfe von Elefantenkarawanen konnten Menschen und Waren zu seinen Ufern gebracht werden, auf einfachen Booten konnte man übersetzen. Auch im Kleinen ist die Lage der Stadt herausragend. Einen letzten Schwung vollzieht der Fluss Nam Khan nach rechts und dann nach links, bevor er sich in den Mekong ergießt. Durch diesen kleinen Umweg entstand eine langgezogene geschützte Halbinsel, die das Herz der Stadt bildete und bis heute bildet. Am Mekong entlang erstreckt sie sich bis zu dem drei Kilometer südlich in den Hauptstrom mündenden kleinen Nebenfluss Huei Hop. Ziemlich genau in der Mitte zwischen diesen beiden Flussmündungen erhebt sich der **Phusi**, der heilige Berg, etwa 100 Meter hoch, und von seinem Gipfel, der natürlich von einem Turm gekrönt wird, dem **That Chomsi**, lässt sich die gesamte Stadt überblicken, die bis heute natürlich an den Rändern gewachsen ist. Die Umgebung von Luang Prabang ist fruchtbar, so dass genügend Reis angebaut werden konnte, dazu gewann man Harze von Bäumen, die in der Medizin, in Parfüms und in Farben Verwendung fanden. Und so wurde eben doch ein wenig Handel getrieben, man erwarb von den Händlern Textilien und Teppiche, Keramik und Metallgegenstände.

Luang Prabang wurde Mitte des 14. Jahrhunderts mit dem Reich des Fa Ngum gegründet und zur Hauptstadt bestimmt. Auch wenn es selbst eine bescheidene Stadt blieb, so herrschten die Könige von hier aus über weite Gebiete, die heute zu Vietnam, Thailand und sogar Burma gehören. Im Gegenzug wurde die Stadt viermal weitgehend zerstört (1478, 1707, 1791 und 1887), sie stand unter dem Einfluss und der Herrschaft der französischen und der siamesischen Kolonialmacht, und so ist denn auch nicht alles so ehrwürdig und alt in der Stadt wie es auf dem ersten Blick erscheint. Doch die Anerkennung des gesamten Tempelbezirks als Welterbe der UNESCO im Jahr 1995 rettete dieses etwas nostalgische und rückwärts blickende Stadtgebiet vor den typischen Investitionen, die andere asiatische Städte vereinheitlichen und historische Gebäude zu Museumsinseln im brausenden Verkehr machen.
http://whc.unesco.org/en/list/479

Geschichte

Es war immer wieder diese faszinierende Lage auf der von den beiden Flüssen gebildeten Halbinsel mit dem steil aufragenden Berg daneben, die die Menschen angezogen hat. Darauf bezieht sich auch einer der Gründungsmythen der Stadt. Zwei Eremiten sollen einst diese natürliche Begebenheit bewundert und den Berg mit einem Haufen Reis verglichen haben, eine äußerst positive Bezeichnung, die den Wohlstand der Region betonen sollte. Ebenfalls sahen sie dort einen Flammenbaum (*thon thong*) von gewaltigen Ausmaßen, 234 Meter hoch, 34 Meter in Umfang und mit rot leuchtenden Blüten und Früchten versehen.

Blick auf Luang Prabang vom Berg Phusi

In allen Himmelsrichtungen brachten die Eremiten Grundsteine an, die eine zukünftige Stadt markieren sollten. Dabei stießen sie auf 15 Nagas, die nun in Dienst gestellt wurden, um den Ort zu bewachen. Diese Wasserschlangen sind bis heute auf dem Wappen der Stadt zu erkennen, zum Beispiel über dem Eingang zum ehemaligen Königspalast. Die Eremiten schufen zudem einen zweiten Namen für den Ort, der damals als Muang Sawa bekannt war: Xieng Dong Xieng Thong. Das Dong bezieht sich auf einen Fluss südlich der Stadt, das Thong auf den Flammenbaum. Und sie hinterließen eine Inschrift auf einem der Grundsteine, die besagte, dass hier in der Zukunft ein Palast für einen Monarchen errichtet werden würde.

Die Menschen hingen damals dem Animismus an, sie glaubten an Götter, die sich in Steinen, Bäumen oder kleinen Figuren manifestierten. Ihnen wurden später aus Holz, Bambus und großen Blättern kleine Schreine gebaut, mit nur ein, zwei Quadratmetern Grundfläche und meist auf einem Pfahl vom Boden abgehoben.

▲ Karte S. 136

Im 12. und 13. Jahrhundert stand diese nur dünn in kleinen Dörfern besiedelte Region unter dem Einfluss des Khmer-Reiches von Angkor und des siamesischen Reiches. Eine siamesische Steininschrift aus dem Jahr 1292 nennt das heutige Luang Prabang Muang Sawa und unterstellt es der Oberhoheit des Sukhothai-Reiches.

Die Geschichte des Ortes als Königsstadt begann 1353, als der Reichsgründer Fa Ngum sich entlang des Mekong nach Norden vorkämpfte. Er war am Hof von Angkor aufgewachsen und mit einer Tochter des Khmer-Königs verheiratet. Er vereinigte weitere, nördlicher gelegene Gebiete zum ersten Königreich der Lao und bestimmte Muang Sawa zur Hauptstadt.

Die Geschichte des Pra Bang

Zur Machterhaltung instrumentalisierte Fa Ngum – wie die meisten Herrscher – auch die Religion. Er führte den Theravada-Buddhismus als offizielle Religion ein, unter der König, Mönche und einfache Bürger sich vereinigen sollten. Da-

Blick auf Luang Prabang mit dem Berg Phusi, Zeichnung von Louis Delaporte

für bekam er aus Angkor den vergoldeten Buddha Pra Bang geschenkt, dessen Strahlkraft die Wald- und Wiesengeister, an die die Lao vorher geglaubt hatten, weit übertrumpfen sollte. Tatsächlich ist Luang Prabang mit seinen rund 50 Tempeln bis heute das religiöse und geistige Zentrum des Landes.

Während Fa Ngums Herrschaft vor allem unter dem Zeichen kriegerischer Eroberung stand, konnte sein Sohn und Nachfolger Samsentai (reg. 1373–1416) das Reich festigen. Er begründete im gesamten Land zahlreiche Tempel und Klöster für die schnell wachsende Zahl der Mönche, vor allem aber in der Hauptstadt. Seine Nachfolger wiederum herrschten jeweils nur für kurze Zeit und waren nicht in der Lage, das Reich zusammenzuhalten. 1478 wurde Luang Prabang von vietnamesischen Truppen überrannt und schweren Zerstörungen ausgesetzt. Für das sich nach Norden orientierende frühe Lao-Reich war Luang Prabang optimal gelegen, doch im 16. Jahrhundert verlagerte sich das Schwergewicht der Auseinandersetzungen und der Macht nach Süden. So verließ 1527 König Phothisarath (reg. 1520–1547) Luang Prabang und baute eine neue Hauptstadt weiter im Süden, das heutige Vientiane. Luang Prabang entwickelte sich wieder zu einer Kleinstadt unter dem Einfluss der Theravada-Mönche, die jetzt auch aus ferneren Gegenden wie Angkor oder Siam hierher kamen, um sich der Meditation und dem religiösen Lernen hinzugeben. Im Jahr 1563 wurde die Hauptstadt offiziell nach Vientiane verlegt, und aus Muang Sawa wurde endgültig Luang Prabang, die ›Königliche Stadt des Pra Bang‹.

Doch die Lao erwiesen sich in der Geschichte keineswegs als friedliches und harmonisches Volk, Rivalitäten herrschten zwischen Nord und Süd, verschiedene Gruppierungen kämpften immerzu gegeneinander. Nach Jahren des Krieges, in dem Luang Prabang erneut weitgehend zerstört wurde, trennten sich die beiden Hälften 1707, stellten nicht mehr ein Königreich dar, sondern standen sich feindlich gegenüber. Im Siegestaumel entführten die Truppen Vientianes den

Pra Bang in die südliche Hauptstadt. Es wurden keine Kriege um den Pra Bang geführt, aber diese wertvolle historische Buddhafigur diente meist als prestigereiches Symbol der Herrschaft und stand im Zentrum dessen, was wir heute das Medieninteresse nennen würden.

Mitte des 18. Jahrhunderts interessierten sich wieder einmal die Siamesen für das Territorium ihrer Nachbarn. Es kam zu militärischen Auseinandersetzungen, vor allem aber spielte die erfahrene siamesische Oberschicht Luang Prabang und Vientiane gegeneinander aus. 1778 trugen siamesische Soldaten den Pra Bang im Triumphzug von Vientiane nach Thonburi, das damals ihre Hauptstadt war. Dort verblieb die Figur vier Jahre lang, bis König Rama I., der Begründer einer neuen und bis heute herrschenden Dynastie in Siam/Thailand, sie als Zeichen des guten Willens an Vientiane zurückgab. Die Vorherrschaft Siams über Laos verschärfte der ehemalige General und neue König aber eher noch, und ironischerweise konnte sie erst von den französischen Kolonialherren beendet werden.

Buddha-Statuen im Wat Visun

▲ Karte S. 136

Doch die Reisetätigkeit des Pra Bang war damit noch nicht beendet. Bei einem erneuten siamesischen Angriff 1828 unter Rama III. kam der Buddha diesmal nach Bangkok, das inzwischen die Hauptstadt Siams war. 1867 wurde er von Rama IV. wieder einmal zurückgegeben, diesmal allerdings in seine wirkliche Heimat, nämlich nach Luang Prabang. Dort sollte für ihn ein neuer Tempel gebaut werden, der jedoch vor der Fertigstellung abbrannte, so dass der Buddha im Wat Visun aufbewahrt wurde.

Wissenschaftler und Kolonialherren

Mitte des 19. Jahrhunderts wurden die ersten Franzosen in Luang Prabang gesichtet. 1860 hatte der Biologe Henri Mouhot die Tempel von Angkor ›entdeckt‹ und für sein europäisches Publikum ausführlich beschrieben. Er war kurz nach Bangkok zurückgekehrt und dann nach Norden aufgebrochen. Seine aus Ochsenkarren und Elefanten bestehende Karawane überquerte das Khorat-Plateau und zog dann ins nördliche Laos, um Pflanzen, Tiere und Menschen zu beobachten. Im Juli 1861 traf er in Luang Prabang ein, beschrieb die Stadt und ihre Umgebung sehr positiv und wurde nach zehn Tagen Wartezeit vom König empfangen. In den folgenden Monaten unternahm er Ausflüge in die Umgebung, doch schon im November befiel ihn ein Fieber, an dem er nach drei Tagen starb. Er ist in der Nähe des Ufers des Nam Khan begraben (→ S. 48, S. 173).

Während Mouhot noch weitgehend aus wissenschaftlichem Interesse unterwegs war, besetzten die französischen Kolonialoffiziere und Missionare 1861 schon Saigon und 1863 Kambodscha. In das unwirtliche und weitgehend unbekannte Laos entsandten sie 1866 die erste Mekong-Expedition, die das Ziel hatte, Handelswege ins Landesinnere zu erkunden.

Zeichnung des Wat May von Louis Delaporte

Leiter der Expedition war Doudart de Lagrée. Sein Stellvertreter Francis Garnier fertigte umfangreiche Aufzeichnungen an und veröffentlichte sie, während der junge Zeichner Louis Delaporte Skizzen von Gebäuden, Landschaften, Tieren, Pflanzen und Menschen aufs Papier brachte. Garnier beschrieb ausführlich die Schwierigkeiten, den Mekong mit seinen Strudeln und Felsen per Boot zu bewältigen, ließ sich aber sehr positiv über Luang Prabang aus, das die Expedition im April 1867 erreichte, neun Monate und 1200 Kilometer nach dem Start in Saigon. Als erstes Zeichen der Stadt kam der Berg Phusi in Sicht, auf dessen Gipfel sich der Turm aus dem dichten Baumbewuchs erhob. Garnier beschrieb, dass die Straßen parallel und im rechten Winkel zueinander angelegt waren, die Grundstücke durch hohe Zäune abgetrennt. Direkt am Ufer des Mekong lebten Menschen in Hütten. Am rechten Ufer des Flusses standen lange Bambusgestelle, die zum Trocknen von Fisch verwendet wurden. Weiter entfernt waren Holzhäuser mit Gemüsegärten zu sehen, dazu einige Tempel. Vom Fluss Nam Khan aus sahen sie zahlreiche Tempeltürme sowie große Gärten, in denen Betelnüsse, Pfirsiche, Pflaumen und Oleander gezogen wurden.

Entweder muss sich in den 1860er Jahren in Luang Prabang einiges geändert haben oder Mouhot und Garnier sahen die Stadt mit sehr unterschiedlichen Augen. Denn Garnier schätzte die Bevölkerung auf 16 000 Haushalte, mehr als das Doppelte im Vergleich zu Mouhot, er sah hunderte von Schiffen, die im Stadtbereich auf den Flüssen unterwegs waren, dazu große Kähne, die schwerbeladen flussabwärts kamen und ihre Waren in Luang Prabang löschten. Nahe dem Zusammenfluss des Nam Khan und des Mekong wurde täglich ein Markt abgehalten, der einzige, den Garnier gesehen hatte, seit er Phnom Penh in Kambodscha verlassen hatte. Garnier führte die Betriebsamkeit in der Stadt einerseits darauf zurück, dass viele Ethnien dort wohnten, aus ›allen Nationen Indochinas und Indiens‹, andererseits darauf, dass der Einfluss Siams hier geringer sei, der den Reichtum des Südens abgewürgt habe, während im Norden Vietnamesen und Chinesen mehr Interesse am Handel besäßen. Nach der französischen Kolonialideologie, die eine moralische Pflicht zur Besserung der Kolonien beinhaltete, ging eine Beherrschung durch eine asiatische Nation immer einher mit Monopolen und Stagnation, während die Europäer Freihandel, Fortschritt und Reichtum mitbrachten. Dies trug der Delegationsleiter Lagrée bei einer Audienz auch dem König vor, der von diesen Ideen aber nicht zu überzeugen war, woraufhin sich die Beziehungen zwischen Laoten und Franzosen merklich abkühlten.

Die französische Expedition reiste weiter stromaufwärts nach Norden, denn sie wollte ja die Quelle des Mekong erkunden. Mit dem nächsten Besucher in Luang Prabang, Auguste Pavie, zeigte die Kolonialmacht wieder ein neues Gesicht. Pavie war 1869 als Feldwebel der französischen Armee nach Indochina gekommen und dann in der Kolonialverwaltung aufgestiegen. 1885 wurde er mit Zustimmung Siams zum ersten Vizekonsul in Laos ernannt; im Februar 1887 kam er in Luang Prabang an und war zunächst von der Stadt begeistert. Allerdings stellten sich schon bald die Spannungen zwischen der französischen Kolonialmacht, den siamesischen Verwaltern und der lokalen Elite ein: Die Siamesen verhinderten über Wochen ein Treffen zwischen Pavie und dem kranken, 76-jährigen König Oun Kham (reg. 1872–1894). Doch Pavie verbündete sich mit dem Abt des Wat May, der direkten Zugang zum König hatte und die siamesischen Beamten umgehen konnte. Weiter verbessern konnte Pavie seine Stellung, als im Juni 1887 chinesische Banden die Stadt angriffen

Am Nam Khan

▲ Karte S. 136

und plünderten. Pavies Sekretär Keo, ein Khmer, rettete das Leben des Königs und brachte ihn auf Pavies Boot, mit dem die Gruppe flussabwärts nach Süden fliehen konnte. Nachdem die Chinesen abgezogen waren, unterstützte Pavie den Bau eines Flüchtlingszentrums für jene, die ihre Häuser verloren hatten. Die Siamesen hingegen waren einfach geflohen, so dass sich der Adel Luang Prabangs zunehmend den Franzosen zuwandte.

Pavie beschrieb, dass sich die Stadt schnell von den Plünderungen der Chinesen erholte; neue Häuser wurden gebaut, es gab etwa 10 000 Bewohner, davon 500 Mönche. Und es gab 45 Tempel. Die Siamesen zogen sich 1893 zurück, während Pavie 1894 erster Generalgouverneur für Laos wurde. Sein Assistent beschrieb das neue Konsulatsgebäude, das sich östlich des Bergs Phusi befand, als ein ›royales Bauwerk aus Teak und Kiefer‹, dessen große, luftige Halle Sessel, Sofas und Tische zierten, während im Speisesaal die Wände mit von Hmong gewebten Tuchbahnen in Blau und Weiß bedeckt waren.

Gegenüber Spaniern, Portugiesen, Niederländern und Briten waren die Franzosen Spätankömmlinge im kolonialen Rennen um Südostasien. Zudem war Indochina, das sie nun aus Vietnam, Kambodscha und Laos zusammenzimmerten, nicht das eigentliche Ziel ihrer kolonialen Anstrengungen, sondern Südchina. Per Eisenbahn aus Hanoi und den Mekong hinauf wollten sie in diese Regionen vorstoßen. Luang Prabang selbst besaß für sie vor allem eine strategische Bedeutung, um die Siamesen und die Briten, die sich in Burma breitgemacht hatten, zu kontrollieren. Die Franzosen instrumentalisierten dafür den König von Luang Prabang, während die rivalisierenden Herrscher in Vientiane und Champasak zu Provinzverwaltern herabgestuft wurden. Die laotische Oberschicht kam also gut mit den Kolonialherren zurecht, die Anfang des 20. Jahrhunderts darangingen, der Königsfamilie einen neuen Palast zu erbauen, in herausragender Lage am Mekong und mitten in der Stadt.

Im 20. Jahrhundert

Bereits Ende der 1930er Jahre versanken Ost- und Südostasien im Zweiten Weltkrieg, den in dieser Region die Japaner dominierten. Die französische Vichy-Regierung, der auch die Kolonialverwaltung nahestand, schloss einen Pakt mit Japan, nachdem diesem die Oberhoheit zugesprochen wurde, die Franzosen jedoch die Verwaltung weiterführten, ohne dass die Japaner Indochina besetzen mussten.

Das Ende des Zweiten Weltkriegs mit der japanischen Kapitulation im August 1945 brachte Laos einen ungewissen Status zwischen der französischen Kolonialmacht, dem wachsenden Einfluss der USA und den Befreiungsbewegungen im Land. Luang Prabang blieb Sitz der Monarchie, auch wenn die politische Hauptstadt Vientiane war. Die Monarchie als Institution verlor zunehmend an Einfluss, doch diverse Mitglieder des Königshauses erreichten herausragende Positionen auf unterschiedlichen Seiten des Konflikts.

In der Stadt gab es kaum Kämpfe, und erst 1973 rückten 500 Kämpfer des Pathet Lao nach Luang Prabang ein. Nach der kommunistischen Machtübernahme 1975 dankte der König ab, große Teile der Familie wurden einige Monate später in ein Umerziehungslager gebracht. Inzwischen hat die Regierung zugegeben, was sie lange bestritt: dass der König und die meisten Mitglieder seiner Familie im Lager ums Leben kamen. Große Teile des Besitzes wurden beschlagnahmt, Jahre später wurden einige Villen als Hotels eröffnet, offensichtlich wieder im Eigentum von Mitgliedern der Königsfamilie, die in der Stadt durchaus bekannt und respektiert sind.

Hinweise zur Tempelbesichtigung

Nur die großen und bedeutenden, von vielen Besuchern angesteuerten Klöster haben feste Öffnungszeiten, die anderen sind in erster Linie Klöster, die ihren Alltag nach dem Leben der Mönche richten. Das Gelände ist aber jeweils problemlos zu betreten, so dass man die Bauwerke zumindest von außen betrachten kann.

In manchen Klöstern sind die Türen des Sim tagsüber verschlossen, wenn man mit einem Mönch ins Gespräch kommt, kann dieser manchmal den Schlüssel besorgen, so dass man auch das Innere betrachten kann. Meistens geöffnet ist der Sim, wenn er von den Mönchen genutzt wird, also am frühen Morgen und späten Nachmittag, wenn Gebete rezitiert werden.

Auf der Treppe des Sim müssen die Schuhe ausgezogen werden. Besucher sollten ordentlich gekleidet sein (keine kurzen Hosen und ärmellosen T-Shirts). Finden Zeremonien statt, so hält man sich als Besucher im Hintergrund und nimmt auf dem Boden Platz. Man sollte nicht mit Blitz fotografieren.

Eigentlich sind die Klöster frei zugänglich und dürfen keinen Eintritt kassieren. Manchmal werden jedoch Teile des Klosters zum ›Museum‹ deklariert, für das dann eine Summe von meist 10 000 Kip (etwas mehr als ein Euro) erhoben wird – ein kleiner Betrag für den zusätzlichen Aufwand, den die Besucher verursachen.

▸ Karte S. 136

■ Morgendliche Mönchsprozession

Jeden Morgen gegen sechs Uhr, wenn die Sonne gerade aufgeht, ziehen lange Schlangen von Mönchen durch die Nachbarschaft ihrer Klöster, um Spenden zu sammeln. Einer hinter dem anderen, die älteren vorne, die Novizen ganz hinten, schreiten sie barfuß in ihre orangenen Gewänder und mit gesenktem Kopf still vor sich hin. Dabei halten sie vor sich ein Gefäß mit Deckel, in dem sie gekochten Reis sammeln. Diese Prozedur wird **Tak Bat** (›Essensspende für Mönche‹) genannt.

Die Gläubigen sitzen, hocken oder knien am Straßenrand, denn sie müssen sich in einer tieferen Position als die Mönche befinden. Sie halten meist eine Bambusschale, aus der sie mit einem Löffel oder mit der Hand eine kleine Menge Reis in die Sammelschale jedes einzelnen Mönches geben.

Dies ist eine Übung der Demut für beide Seiten. Traditionell finanzieren sich die Klöster nur aus Spenden, die Reisspende versorgt den Mönch bei seinen beiden Mahlzeiten, dem Frühstück nach dem Tak Bat und dem Mittagessen vor zwölf Uhr, danach muss er fasten. Der in demütiger Haltung verharrende Spender erwirbt sich Verdienste, die dazu beitragen können, als besseres und höheres Wesen wiedergeboren zu werden.

Das ganze Zeremoniell läuft vollständig still ab, niemand redet, die Mönche bedanken sich nicht, auch nicht durch eine Geste. Da es inzwischen im alten Teil von Luang Prabang sehr viele Touristen gibt, die die Spendenprozession sehen wollen (es werden selbst Busse von außerhalb herangekarrt), ist ein würdevoller Ablauf dieser religiösen Zeremonie manchmal nicht mehr gegeben. Deshalb bitten die Klöster darum, dass Touristen auf der anderen Straßenseite bleiben, den Mönchen und Spendern nicht im Weg stehen, dezent gekleidet sind und möglichst nicht, auf jeden Fall nicht mit Blitz, fotografieren.

Bittgang der Mönche am Morgen

UNESCO-Welterbestätte Luang Prabang

Der Bau eines neuen, fünfstöckigen Hotels nicht weit von der Treppe hinauf zum Berg Phusi war vielleicht ein erstes Alarmzeichen für jene, die den Anblick des alten, dörflichen, von seinen Klöstern geprägten Luang Prabang erhalten wollten. So reichte die laotische Regierung 1993 einen Antrag an die UNESCO ein, große Teile Luang Prabangs auf die Welterbeliste zu setzen.

Schon zwei Jahre später, beim Plenum in Berlin im Dezember 1995, wurde die Aufnahme beschlossen. Eine mehrfach gestaffelte Schutzzone wurde angelegt, die weit über die Altstadt bis in die umliegenden Berge hinausreicht. 29 Dörfer, 610 genauer bezeichnete Gebäude und 183 landschaftliche Gebiete unterstehen nun einem besonderen Schutz. Begründung: Luang Prabang zeigt eine außergewöhnliche Mischung von traditioneller laotischer Architektur und europäischer Architektur des 19. und frühen 20. Jahrhunderts. Luang Prabang ist ein herausragendes Beispiel eines über lange Zeit gewachsenen Ensembles von religiösen, weltlichen und kolonialen Bauwerken. Dieses einzigartige Ensemble und seine Umgebung sind noch in bemerkenswerter Weise erhalten und illustrieren so in der heutigen Zeit die Verbindung zweier sehr unterschiedlicher kultureller Traditionen.

Das Gesamtgebiet wurde in verschiedene Zonen unterteilt, so etwa die ›Erhaltungszone‹ mit den Tempeln und weiteren Gebäuden der Altstadt, ›Klosterzonen‹ für religiöse Bauwerke auch außerhalb der Altstadt, ›Schutzzonen‹ um die Kerne herum bis hin zu ›Naturzonen‹ wie den Bergen am rechten Mekongufer, den Uferzonen des Flusses und einigen traditionellen Dörfern. In diesen verschiedenen Zonen gelten unterschiedlich strenge Vorschriften über den Erhalt, die Renovierung und den Neubau von Gebäuden. Es musste ein Kompromiss gefunden werden zwischen dem Schutz des gesamten Ensembles von Bauwerken und den Rechten der Eigentümer, ihre Bauwerke zu nutzen und instand zu halten. Weiterhin gab es sehr große Zuschüsse, um vor allem die Tempel, aber auch die öffentlichen Bereiche zu renovieren und zu schützen.

So wurde in drei Phasen der Wat Xieng Thong, der bedeutendste Tempel der Stadt, restauriert. Gleichzeitig wurde mit französischer Unterstützung so etwas Profanes wie die Bürgersteige wieder in Ordnung gebracht, befestigt und mit roten Ziegeln belegt. Insgesamt bekam die Stadt beträchtliche finanzielle Unterstützung internationaler Organisationen zur Befestigung des Flussufers, Verbesserung der Wasserversorgung, Errichtung von Klärwerken und zum Ausbau von Straßen.

Im 12 500 Hektar großen Schutzgebiet, das auch weite Flächen am rechten Mekong-Ufer umfasst, wurden Häuser und landwirtschaftliche Bauwerke kategorisiert und die Tempel begutachtet. Auch hier dürfen keine Neubauten entstehen, die den Charakter der Landschaft und der bäuerlichen Siedlungen verändern.

Da in Luang Prabang außerhalb der engen Schutzzone ein großer Bauboom eingesetzt hat, hat die Vertretung der UNESCO vor Ort alle Hände voll zu tun, die Neubauten mit den Vorschriften in Übereinstimmung zu bringen. Bei dem Kampf zwischen den Profitinteressen einzelner und dem kulturellen Welterbe geht es schon lange nicht mehr um ein einzelnes fünfstöckiges Hotel.

www.luangprabang-heritage.org

Sehenswertes

Wat Xieng Thong

Das Kloster befindet sich an herausragender Stelle an der Spitze der Halbinsel, die durch den Zusammenfluss des Nam Khan und des Mekong gebildet wird. Diese Lage weist schon darauf hin, dass es sich um den wahrscheinlich bedeutsamsten Tempel des Landes handelt, wie auch der Name, der ›Tempel der Goldenen Stadt‹ bedeutet und damit an den damaligen Namen der Stadt, Xieng Dong Xieng Thong, erinnert. Eine breite Treppe führt vom Ufer des Mekong hinauf in die zehn Meter höher gelegene Anlage, denn hier (und nicht am Eingangstor zur Stadt im Südwesten) landeten wichtige Besucher an und waren sogleich beeindruckt von dem majestätischen Entree. Das Wort ›Thong‹ bezieht sich aber nicht nur auf das Gold der Stadt, sondern auch auf den Bodhi-Baum, unter dem der Buddha die Erleuchtung erlangt hat. Ein Ableger dieses Baumes wächst gleich links vom Zugang über die Treppe. Neben dem bedeutenden Sim befinden sich noch mehr als 20 weitere Gebäude auf dem Gelände.

Im Zuge der Verlegung der Hauptstadt nach Vientiane (1560) gründete König Setthathirath (reg. 1548–1571) dieses Kloster, um die politisch abgewertete Stadt im Norden spirituell aufzuwerten, und tatsächlich blieb Luang Prabang ja auch religiöses und geistiges Zentrum des Landes. Von Anfang an und bis zu seiner Absetzung 1975 war dies der Tempel des Königshauses: Hier wurden Könige gekrönt, nach ihrem Tod aufgebahrt und hier begann der Weg zur Kremierung. Kehrte der König von einer Inspektionsreise über Land zurück, so verbrachte er zunächst drei Tage im Tempel, um sich sozusagen zu ›reinigen‹. Dies ist demnach der bedeutendste Flecken Geschichte und Religion in Laos. Und er befindet sich weitgehend im Originalzustand, denn selbst die chinesischen Ho-Banden zerstörten ihn nicht, weil einer ihrer Anführer als junger Mann hier als Mönch gelebt hatte; so wurde die Tempelanlage das Hauptquartier der Rebellen und blieb von der Brandschatzung verschont.

Wat Xieng Thong; 8–17 Uhr.

Sim

Der Sim als das wichtigste Bauwerk der Anlage kann als das klassische Vorbild der Tempelarchitektur Luang Prabangs gelten. Sie ist bestimmt von hohen Giebelseiten und niedrigen Mauern unter den Ausläufern des Daches. Vorne und hinten schieben sich zwei sanft geschwungene und steil aufgestellte Dächer übereinander, in der Mitte sind es sogar drei, von denen das untere weit Richtung Erde reicht. Gekrönt wird die Dachkonstruktion von einem vergoldeten, aufstrebenden Dekor, das ›Himmels-

Buddha-Statuen im Sim

Luang Prabang, Zentrum
← Mekong
Nam Khan →
Pier
Pier
Victoria Xiengthong Palace
L'Elephant Vert
Belle Rive Boutique
Le Calao
Garavek
Lotus Villa
Mekong Riverview
World Heritage House
Brücke in der Trockenzeit
Brücke in der Trockenzeit
Wat Xieng Thong
Wat Si Boun Houang
Wat Khili
Queen Design Lao
Wat Pak Khan
Tamarind
Bamboo Tree
Wat Sene
Tamnak Lao
Caruso Lao
Wat Xieng Mouan
L'Eléphant
Big Tree Café
Sala Prabang
Wat Pa Phay
Villa Saykham
Coconut Garden
Wat Chum Khong
Blue Lagoon
Yongkhoune
Nationalmuseum
Morgenmarkt
Wat May
Phusi
Traditional Arts and Ethnology Centre
Lao Lao Garden
Ma te sai
Dyen Sabai
Wat That Luang
Wat Ho Xieng
Chao Fa Naum
Wat Phra Mahathat
Soulignavongsa
Sakkaline
Kounxoau
Phayameungchan
Xatikhoumman
Sisavangvatthana
Manthatoulat
Ounheun
Sathoulan
Sisavangvong
Inthasome
Kitsalat
Kingkitsarath
Ratsavong
Phomathat
Khoundouangchan
Khounkhampheng
0
100
200 m

blumen‹ heißt und auf den Göttersitz, den Berg Meru, verweisen soll. 17 kleine Stupas sind dort zu sehen, denn der Gründer war der 17. König der Dynastie. Und das Dach, sagen die Leute, symbolisiere einen Vogel, der seine Schwingen ausbreitet, um aufzusteigen in den Himmel.

Fünf breite Stufen führen hinauf auf die Plattform, auf der der Sim sich erhebt. Sehr typisch ist auch die vergoldete **Blendwand**, aus der zwei kleine und ein großer und hoher Doppelbogen ausgeschnitten sind; ein zierlicher nach unten hängender Zapfen markiert den Luang-Prabang-Stil der Fassade, und vier quadratische Säulen stützen das Dach. Das **Tympanon** zeigt unten zwei große Dharma-Räder, oben ein weiteres auf rotem Grund. Die Außenwand des Sim hinter der Eingangshalle ist vollständig schwarz gestrichen, doch wird sie von zahllosen Gottheiten und mythologischen Tieren bevölkert, die mit Hilfe von Schablonen in Goldfarbe auf die gesamte Wand aufgetragen wurden.

Besonders kunstvoll und gleichzeitig ungewöhnlich ist die **äußere Rückwand** des Sim. Auf rot lackiertem, bis unter das Dach reichendem Holzgrund wurde hier 1957 ein Glasmosaik aufgebracht, das einen Lebensbaum mit bunten Paradiesvögeln, anderen Tieren und einzelnen Menschen zeigt. Flankiert ist diese Wand zunächst von kunstvoll geschnitzten und vergoldeten Säulen, dann von zwei schmalen, vergoldeten Türen, die meist verschlossen sind. Sie sind mit Reliefs bedeckt, die Szenen aus dem Ramayana darstellen. Besonders am späten Nachmittag, zum Sonnenuntergang, glänzt dieses Glasrelief in bunten Farben.

Schwarz und Rot sind die Grundfarben der Wände und Säulen im Innern des Sim. Hinzu tritt zur Verzierung die Goldfarbe (früher war es Blattgold) in geometrischen Mustern oder bildlichen Darstellungen, zum Beispiel von Gläubigen, die Lotosblumen in den Händen halten. Die Decke ist in Quadrate eingeteilt, aus denen sich goldene Dharma-Räder vor dem schwarzen Hintergrund hervorheben.

Ein großer, vergoldeter, sitzender **Buddha mit Erdanrufungs-Mudra** beherrscht den Sim. Er sitzt auf einem hohen Altar und ist von mehr als zehn kleineren Buddhas in unterschiedlichen Mudras umgeben. Einige Spenden sind abgelegt, Kerzen aufgestellt, doch angestrahlt wird der Buddha von elektrischen Kerzen, die das wohlgeordnete Innere des Sim abrunden. Die Figuren sind alle nicht sehr alt, sondern Spenden aus den vergangenen Jahren, doch in dem großen Buddha sollen wertvolle Kleinodien aufbewahrt werden.

Bemerkenswert (aber in sehr vielen Tempeln zu sehen) ist eine Rinne aus Holz in Form einer Naga (*hanglin*), die zum ›Waschen‹ der Buddhastatue dient. Da die Figur nicht angefasst werden darf, gießt man das Wasser in einen Behälter auf der einen Seite und lässt es durch die Rinne auf den Buddha laufen. Hat es den Buddha so gereinigt, wird es aufgefangen und über die Gläubigen verspritzt oder ihnen mit nach Hause gegeben.

Direkt neben dem vorderen Teil des Sim steht eine sehr kleine **Kapelle**, in der ein stehender Buddha im Abhaya-Mudra (Gefahrenabwehr) aufbewahrt wird. Das kleine Bauwerk hat ein auffälliges gewölbtes Dach und ein sehr großes Giebelfeld über der Eingangstür. Es besteht aus einer breiten, geschwungenen Begrenzung und einem genau angepassten Tympanon, die beide mit äußerst filigranen Schnitzereien floraler Motive sowie Glaseinlagen verziert sind.

Liegender Buddha in der ›Roten Kapelle‹

Ho Pha Non

Neben dem Sim und hinter der kleinen Kapelle befindet sich die Ho Pha Non, ein kleineres Bauwerk, das wegen seiner roten Außenfarbe von den Franzosen **Rote Kapelle** genannt wurde. In den 1950-er Jahren erst wurde auf die roten Wände das großflächige Glasmosaik aufgebracht, das die Geschichte eines Kaufmanns aus dem 18. Jahrhundert erzählen soll, der wegen seiner klugen Ratschläge und Urteile von vielen Menschen angerufen wurde. Die Szenen der Geschichte des Kaufmanns sind eingebettet in ländliche Darstellungen und religiöse Legenden.

Die › Rote Kapelle‹ beherbergt ein sehr seltenes Exemplar eines **bronzenen liegenden Buddhas**, das aus der Entstehungszeit des Wat stammen und 1569 von König Setthathirath in Auftrag gegeben worden sein soll. Die dargestellte Szene zeigt den Eingang des historischen Buddhas in den Zustand des Verwehens, also seinen Tod und den Übergang ins Nirwana. Die Darstellung ist schon stark stilisiert, typisch sind die gleich langen Finger und Zehen, der sehr lange linke Arm, der bis über das Knie reicht, und die äußerst schlanke Gestalt des Buddhas, dessen Gesicht noch dem eines jungen Manns gleicht, wobei der historische Buddha bei seinem Tod doch rund 80 Jahre alt war.

Die Franzosen fanden die Statue so ungewöhnlich, dass sie sie nach Frankreich transportierten und auf der Kolonialausstellung 1931 in Paris zeigten. Danach ging die Odyssee noch weiter und führte die Statue erst 1964 zurück nach Luang Prabang. Zu dieser Zeit wurde auch die gesamte Innenausstattung der Halle geändert und die zahlreichen kleinen Buddhabilder angebracht und aufgestellt.

Südhalle

Noch ein drittes Gebäude ist mit einem Glasmosaik verziert, die **Ho Tai** (Südhalle), die meist verschlossen ist. Sie schützt eine vergoldete Holzstatue des Buddha, die Pha Man (Heiliger Weiser) genannt wird. Nach Berichten soll sie bereits 1557

▲ Karte S. 151

im Mekong gefunden worden sein. Vielleicht aus diesem Grunde wird ihr die Fähigkeit zugesprochen, Regen bringen zu können, weshalb die Statue bei ausbleibendem Monsun durch die Stadt getragen wird.

Trommelturm und Hong Kep Mien

Zwei Gebäude auf dem Gelände sind wesentlich neueren Datums, zum einen der 1961 gebaute Trommelturm, der eine große Trommel beherbergt, zum anderem der Hong Kep Mien, die ›Garage‹ für den **Begräbniswagen**, die 1962 entstand. Dieser üppig verzierte und von sieben Nagas beschützte, zwölf Meter hohe Holzwagen wurde konstruiert, um die Leiche des 1959 verstorbenen Königs Sisavang Vong (reg. 1904–1959) vom Tempel zum Verbrennungsplatz zu transportieren. Von Astrologen sorgfältig berechnet, geschah dies am 7. August 1960, mehr als neun Monate nach seinem Tod. Zahlreiche stehende Buddhafiguren umgeben das Gefährt, die Wände sind mit Mosaiken geschmückt. Es ist leicht zu erkennen, dass der Wagen nicht durch die Eingangstür passt, das Bauwerk wurde also um den Begräbniswagen herum gebaut. Am späten Nachmittag fällt das Licht der untergehenden Sonne auf die **Westfassade** des Baus, deren goldverzierte Reliefs dann besonders glänzen. Sie zeigen Szenen aus dem Ramayana, dem indisch-hinduistischen Epos um die Entführung und Rettung der Prinzessin Sita. Mehrere kleine **Stupas** enthalten die Asche von Mitgliedern der Königsfamilie. Unter schützenden Dächern an der Außenwand werden lange, schlanke **Ruderboote** aufbewahrt, die bei den jährlichen Bootsrennen zum Einsatz kommen.

Luang Prabang, Wat Xieng Thong

Blick auf den Nam Khan

An der Spitze der ›Halbinsel‹ befindet sich ein kleiner Park, von dem aus man einen schönen Blick auf den Zusammenfluss von Nam Khan und Mekong hat. Während der Trockenzeit wird eine Bambusbrücke errichtet, über die man das Dorf **Ban Phonsat** leicht erreichen kann.

An der Spitze der Halbinsel befindet sich das **World Heritage House**, ein ehemaliges Zollgebäude und heute Sitz der lokalen **UNESCO-Vertretung**, die karges Informationsmaterial anbietet (Sakkaline Road).

Wat Pak Khan

Dieses Kloster wurde 1737 zur Herrschaftszeit des Königs Inthasom (reg. 1727–1776) gestiftet. Der Name bezieht sich auf seine Lage an der Mündung des Khan in den Mekong. Nachdem es lange verfallen war, wurde es im frühen 20. Jahrhundert rekonstruiert. Das Dach sieht aus wie ein auseinandergezogenes Fußwalmdach, wobei zwischen den beiden Dachflächen ein kleiner Abstand zu sehen ist. Der Tempel weist keine Vorhalle auf, sondern über fünf Stufen gelangt man sofort zu den drei Türen, die die Westseite beherrschen. Die Türblätter und Fensterläden sind mit üppig verzierten Reliefs versehen, die meist Szenen aus dem Ramayana zeigen, wobei der Hintergrund rot ist, während die erhabenen Holzteile in Goldfarbe gestrichen sind. Zu erkennen ist zum Beispiel Prinz Rama mit vier Armen, einer hohen, spitzen Krone und einer Art Heiligenschein um den Kopf in einer Tanzpose. Unten ist der General der Affenarmee, Hanuman, zu sehen.

Den Innenraum beherrscht ein großer vergoldeter **Buddha im Mudra der Erdanrufung**.

▲ Karte S. 148

Wat Khili

Das ›Kloster des Goldenen Berges‹ wurde im 18. Jahrhundert (1773?) von Chao Kham Sattha gestiftet, einem Prinzen aus Xieng Khouang, der in Luang Prabang Schutz von burmesischen Angreifern fand.

Der Stil des Wat Khili (Wat Souvannakhili) ist eine Mischung aus Luang Prabang und Xieng Khouang, insgesamt ist der Sim schmaler und höher, weist ein doppeltes Satteldach auf und steht auf einem flachen Podest, auf das nur zwei Stufen führen. Dem Eingang mit nur einer vorgelagerten Tür ist ein Vestibül mit einem hohen Dach, das von zwei großen, in einem dunklen Goldton gehaltenen Säulen gestützt wird. Die vier Säulen des Hauptgebäudes stehen direkt vor der westlichen Außenwand, auf der sich einige dekorative Mosaike von Bäumen befinden sowie zwei Fenster, deren Läden mit Reliefs dekoriert sind. Wer die beiden nebeneinander stehenden Figuren sind, ist nicht klar, die einzelne soll der historische Buddha sein.

Besonders auffällig auf dem Gelände des Wat ist ein zweistöckiges weißes Haus im französischen Kolonialstil, in dem einst die Mönche wohnten. Heute wird es teilweise für Ausstellungen genutzt, die der 1951 in Trier geborene Fotograf Hans Georg Berger organisiert (www.hansgeorgberger.de).

Wat Si Boun Houang

Frangipanibäume und Palmen werfen Schatten auf die flachen und einfachen Bauwerke. Diese Anlage kann man bedenkenlos einen Dorftempel nennen, obwohl sie von einem Prinzen der königlichen Familie gespendet wurde (wahrscheinlich 1789). Der Aufbau ist traditionell, obwohl der Unterbau des bescheidenen Sim ein wenig wuchtig wirkt, die Säulen sind mal rund, mal quadratisch, die dekorativen Dharma-Räder nicht wirklich rund. Dörfliche Gelassenheit mitten in Luang Prabang.

Wat Sene

Der ›Tempel der ungezählten Freuden‹ wurde 1718 von Kronprinz Chao Mang gegründet und vielfach restauriert, zuletzt in den 1930-er Jahren und 1957 zur Feier des 2500. Geburtstags des historischen Buddha.

Der Baustil des Wat Sene (Wat Sen Sukhalam) entspricht einer Mischung aus dem klassischen Luang-Prabang-Stil mit thailändischen und anderen Einflüssen. Drei, in der Mitte vier Dächer stapeln sich übereinander; sie sind rot mit goldenen Verzierungen. Das Podest ist mittelhoch, über eine Treppe gelangt man in die Vorhalle, deren fünf Abteilungen mit sehr hohen, achteckigen Säulen abgetrennt sind. Die verbleibenden Flächen sind, wie auch die Rückwand, mit fast geometrisch streng erscheinenden floralen Mustern bedeckt, die sich ähnlich auch auf den Fenstern finden. Der ganze Tempel macht einen sehr ›roten‹ Eindruck, da auch die Wände mit einem dunklen, fast rostfarbigen Rot gestrichen sind.

Den Innenraum dominiert ein großer, vergoldeter, sitzender **Buddha mit dem Mudra der Erdanrufung**, der erst 1972 in den Tempel kam. Wegen seines strengen Gesichts wird er im Volksmund ›Polizist‹ genannt. Fürs Volk sind auch die zahlreichen **Ruderboote**, die auf dem Gelände des Wat aufbewahrt werden. Fotos in den Garagen berichten von vergangenen Ruderwettbewerben auf dem Nam Khan.

Zur großen Anlage gehört weiterhin ein roter **Pavillon** mit dreifachem Dach, in dem sich ein großer stehender Buddha befindet, der hierher gebracht wurde, als seine vorherige Heimat, der Wat That Noi, abgerissen wurde. Die vielen Mönche wohnen in diversen Quartieren im hinteren Bereich der Anlage.

Wat Sene: Der Tempel ist oft verschlossen.

Wat Sene

Wat Pa Phay

Der französische Archäologe Henri Parmentier datierte das ›Kloster des Bambuswalds‹ auf das Jahr 1645, ein lokaler Historiker auf das Jahr 1815.

Der **Sim** im Stil von Vientiane steht auf einem etwas höheren Sockel als üblich, zu dem vor dem Haupteingang und seitlich Stufen hinausführen. Das Dach ist zweifach gestuft, und beide Dächer weisen dieselbe Länge auf. Vorne wird das Dach von acht gleich hohen, mit starken Kapitellen versehenen Säulen abgestützt. So gelangt man zunächst auf eine Terrasse, von der aus drei Türen ins Innere des Sim führen. Die Verzierungen, vor allem die **Schnitzereien**, sind an diesem Tempel besonders üppig, weil er unter dem Schutz der königlichen Handwerkergilde stand, die hier ihr ganzes Können ausspielen wollte. Die Reliefs auf der Haupttür sollen Rama mit einem Speer darstellen, es könnte aber auch ein Stock sein, der bei einem Tanz verwendet wird; das Tier unter ihm wird als Löwe bezeichnet – alles recht ungewöhnlich. Im Tympanon darüber breitet ein Pfau sein Gefieder besonders üppig aus. Auf der Außenwand gibt es zudem ein umlaufendes Fresko, das Szenen aus dem Alltagsleben der Laoten darstellt.

Wat Pa Phay: Der Tempel ist meist offen.

Wat Xieng Mouan

Das ›Kloster der glücklichen Stadt‹, das 1853 erbaut wurde, steht auf einem flachen Sockel und weist ein zweistufiges Dach auf. Es wird dem Luang-Prabang-Stil II zugerechnet, die inneren Säulen sind doppelt so hoch wie die äußeren, hinzu kommen noch seitliche Holzstützen für das weit heruntergezogene Dach. Der nicht besonders große Sim weist sechs Türen auf und seit einer Renovierung 1964 auch sechs Fenster, wo es vorher nur drei gab. Die Eingangstür und ein darüber vorgebautes Tympanon sind üppig mit Schnitzereien verziert. Ansonsten stellen sehr farbintensive Gemälde auf der Westwand Szenen aus dem Leben des Buddha dar.

Mit diesem Kloster verbindet sich eine Geschichte: Der König wollte einst einen Bronzegong besitzen, mit dem verschiedene Ereignisse angekündigt werden sollten. Also begab er sich in ein Dorf nörd-

Mönche im Wat Pa Phay

▸ Karte S. 148

lich von Luang Prabang, das für seine Bronzearbeiten bekannt war, doch das Ergebnis stellte ihn nicht zufrieden. So ging er in das nächste Dorf, das alles daran setzte, den Klang zu verbessern und schließlich die Lösung fand: eine Auswölbung in der Mitte des Gongs. Aus Dankbarkeit benannte der König das Dorf und den Tempel um in ›Guter Klang des königlichen Gongs‹. Bis heute gilt das Dorf als Handwerkerdorf, und so werden junge Mönche in diesem Tempel in traditionellen Kunsthandwerken wie Lackarbeiten, Schnitzereien, Herstellen von Glasmosaiken und anderem unterrichtet. Dieses Projekt der UNESCO wurde begonnen, damit die vielen Renovierungsarbeiten, die bei den rund 50 Tempeln der Stadt notwendig sind, möglichst von lokalen Kräften ausgeführt werden können.

Auf dem Gelände des Wat finden sich zahlreiche Beerdigungsstupas und Statuen auch im Freien.

Wat Xieng Mouan; morgens und abends geöffnet, Rezitationen um 17.30 Uhr.

Wat Chum Khong

Direkt neben dem Wat Xieng Mouan liegt ein weiterer Tempel aus dem 19. Jahrhundert, der im Stil sehr ähnlich ist. Ungewöhnlich ist, dass am Tempeleingang zwei chinesische **Wächterstatuen** aus Granit aufgestellt wurden. Ein französischer Kolonialbeamter hatte sie aus dem Norden mitgebracht und ließ sie zunächst vor seiner Residenz aufstellen, nach dem Ersten Weltkrieg fanden sie sich im Königspalast wieder, und seit den 1930-er Jahren wachen sie über den Wat.

Nationalmuseum

Direkt am Mekong liegt der **Ho Kham**, der Palast der untergegangenen laotischen Monarchie. Ursprünglich waren die Gebäude aus Holz, doch Anfang des 20. Jahrhunderts sollte die Moderne auch in Laos einkehren – unterstützt von den französischen Kolonialherren. Als König Sisavang Vong von 1904 bis 1909 den Neubau beaufsichtigte, stand er schon weitgehend unter dem Einfluss der Kolonialmacht, was sich auch optisch manifestierte, da französische Ingenieure nicht nur die Statik errechneten, sondern auch auf das Dekor Einfluss nahmen und so die Verbindung der beiden Kulturen demonstrierten.

Das in einem großen grünen Garten gelegene Palastgelände mit Eingang in der Sisavang Vong beherbergt eine ganze Reihe von funktionalen und repräsentativen Bauten. Durch eine breite **Palmenallee** wird der Blick zunächst auf den Palast gelenkt, aber vielleicht sollte man erst einmal nach links abbiegen, um dem ehemaligen Hausherrn in Form einer überlebensgroßen **Bronzestatue** zu begegnen. Auch seine Kleidung mischt die Kulturen, denn zum laotischen Wickelrock trägt er eine von Orden bestückte europäische Uniformjacke, am breiten Gürtel das Schwert. Die linke Hand ist erhoben, in der rechten hält er ein Palmblattmanuskript. Dass der König glücklich dreinschaut, kann man aber nicht wirklich behaupten. Hinter ihm ragt ein modern-schlichtes zweistöckiges Gebäude auf, die **ehemalige Konferenzhalle,** in der aber auch Musik- und Tanzaufführungen stattfinden, weshalb sie jetzt als ›Theater‹ bezeichnet wird. Rechts davon steht vor der Außenmauer ein **Pavillon, in dem die königliche Barke aufbewahrt wurde**. Sie konnte über das Palastgelände direkt zum (jetzt stets geschlossenen) Hintereingang getragen werden, von dem es hinunter zum Mekong geht. Vor dem Barkenpavillon breitet sich ein kreisförmig angelegter **Wasserlilienteich** aus.

Nationalmuseum, ehemaliger Königspalast; Mi–Mo 8–11, 13.30–16 Uhr. Die

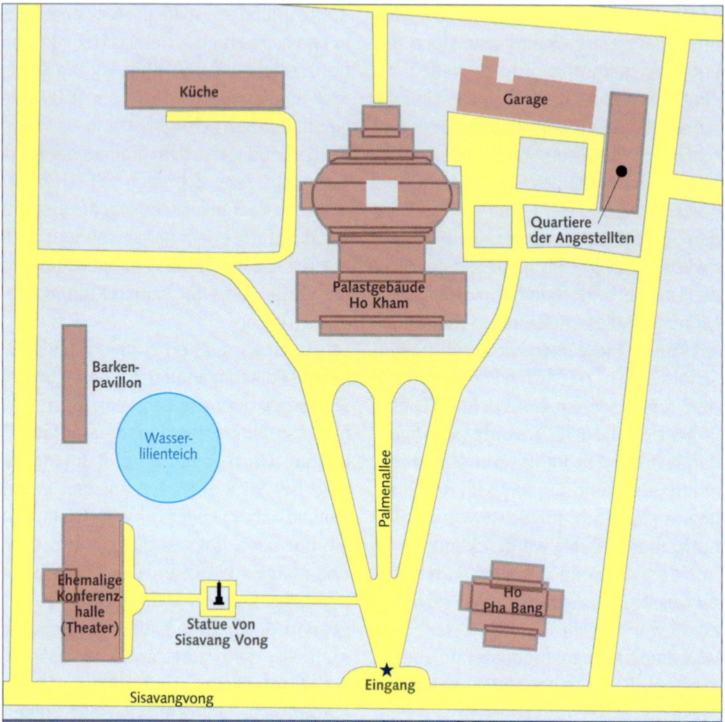

Luang Prabang, Nationalmuseum im Ho Kham

Öffnungszeiten betreffen nur den Ticketverkauf; wenn man vor 11 Uhr eine Eintrittskarte gekauft hat, kann man auch über die Mittagspause auf dem schattigen Gelände bleiben. In das Palastgebäude dürfen keine Taschen und Fotoapparate mitgenommen werden. Man kann alles Gepäck im Vorraum des Theaters einschließen.

Palastgebäude

Am Ende der Palmenallee steht das Palastgebäude auf einem hohen Sockel als mächtiger Querblock. Eine breite, weiß getünchte Treppe führt hinauf zu einem vorspringenden Vestibül, seitlich schließen sich auf beiden Seiten Arkadengänge an, von denen man die Räume direkt betreten konnte. Aus dem Vestibül sticht die laotische Fahne heraus, dahinter erkennt man im Giebelfeld als Wappen einen dreiköpfigen Elefanten mit einem Schirm über den Köpfen, umgeben von 15 Nagas, die das Symbol der laotischen Monarchie bewachen. In diesem vorderen Querriegel waren die offiziellen Empfangs- und Büroräume untergebracht. Direkt dahinter schließen sich vier Gebäude kreuzförmig um einen Innenhof gruppiert an, in denen sich die Wohn- und Schlafräume der Königsfamilie befanden.

Als Besucher tritt man nun in die **Eingangshalle**, in der Empfänge und religiöse Zeremonien abgehalten wurden; der erhöhte Sessel stand nicht etwa dem

König zu, sondern dem obersten Mönch, dem Sankharath. In Vitrinen sind zahlreiche Buddhastatuen aus dem ganzen Land ausgestellt.

Nach rechts geht es in den **Audienzraum** des Königs. Auf den Wänden sind 1930 entstandene Fresken eines französischen Malers mit Darstellungen aus dem Alltagsleben des Landes zu sehen. Zwei lackierte Holztafeln zeigen Reliefszenen aus dem indischen Heldenepos Ramayana. Die drei Bronzebüsten stellen die Könige Oun Kham (reg. 1873–1894), Sakkarine (reg. 1894–1903) und den Palasterbauer Sisavang Vong (reg. 1904–59) dar.

Folgt man dem vorgegebenen Rundweg, so erreicht man über Flure mit zahlreichen Gemälden die große **Thronhalle** hinter der Eingangshalle, die vom letzten König 1959/60 anlässlich seiner Krönung noch einmal ausgebaut wurde. Wie dies auch in einigen Tempeln zu sehen ist, sind die Wände rot gestrichen und mit Glasmosaiken bedeckt. Diese stellen Szenen aus der Geschichte Luang Prabangs dar, etwa die Überreichung des der Buddhastatue Pha Bang, Neujahrsfeste und Legenden. Hier befindet sich nun der Thron des Königs, und rundherum sind die Insignien des Königshauses sowie weitere Schätze aus verfallenen Tempeln, dazu Gefäße, Schwerter und Kleidung ausgestellt.

Verlässt man den Thronsaal, so gelangt in die privateren Gemächer der Königsfamilie, die um einen Innenhof gruppiert sind. Der Blick geht in die **Bibliothek**, in der sich nicht nur Kisten von Palmblattmanuskripten stapeln, sondern auch chinesische Bücher. Dann folgen die **Schlafzimmer** der Königs und der Königin sowie ein **Musikzimmer** und das **Esszimmer**. Inwieweit die Einrichtung noch authentisch ist, lässt sich sehr schwer sagen, da die Königsfamilie 1975 bald nach der Machtübernahme der Kommunisten in ein Umerziehungslager im Osten gebracht wurde, das sie nicht lebend verlassen hat.

Auffällig sind die vielen **Bronzetrommeln**, die dekorativ im ganzen Palast verteilt sind. Es handelt sich um Kopien sogenannter Dong-Son-Trommeln (benannt

Der Königspalast

nach dem ersten Fundort eines solchen Gebildes in einem Dorf im Norden Vietnams), es ist aber unklar, wozu diese dienten, zum Trommeln wahrscheinlich nicht; vermutlich handelte es sich ursprünglich um Grabbeigaben, die hier einfach zu dekorativen Zwecken aufgestellt wurden.

Der Besucher hat so den Innenhof umrundet, schaut noch einmal in die Thronhalle und findet sich zurück in der Frontpartie des Gebäudes, diesmal ganz links im **Empfangsraum der Königin**. Die großen Ölgemälde des sowjetischen Staatskünstlers Ilja Glazunow (1930–2017) portraitieren König Sisavang Vatthana (reg. 1959–1975), Königin Khamphoui und Kronprinz Vong Savang. Der Rundgang schließt ab mit dem früheren **Sekretariat**, in dem heute einige Staatsgeschenke ausgestellt werden.

Rund um den Palast befinden sich mehrere Nebengebäude, zum Beispiel die **Küche**, die **Quartiere der Angestellten** und eine **Garage**, in der heute mehrere amerikanische Straßenkreuzer präsentiert werden, die dem König gehört haben.

Ho Pha Bang

Ein wichtiges Gebäude sollte man keinesfalls auslassen, den neben dem Eingang aufragenden Ho Pha Bang, in dem die berühmte **Buddhastatue** gleichen Namens jetzt aufbewahrt wird. Angeblich soll diese 83 Zentimeter hohe und 54 Kilogramm schwere Figur aus Sri Lanka stammen, der Heimat des Theravada-Buddhismus. Die Bevölkerung der Insel soll Gold, Silber, Kupfer und Messing gespendet und in einen großen Kessel geworfen haben, den der Gott Indra, der König, mehrere Priester und einige Asketen gerührt haben sollen. Die fertig gegossene Figur soll große Kraft ausgesendet haben, so dass sich alle vor ihr niederwarfen.

Der Ho Pha Bang

▶ Karte S. 156

Als der Khmer-König die Theravada-Religion übernahm, soll er den singalesischen König um die Figur gebeten haben, damit der neue Glaube seine Kraft auch im Khmer-Reich würde entfalten können. Später schenkte der Khmer-König die Figur seinem Schwiegersohn, eben jenem Fa Ngum, der das erste Königreich der Lao 1353 gründete. Soweit die Legende.

Historiker gehen inzwischen davon aus, dass der Buddha im 14. Jahrhundert im Khmer-Reich gegossen wurde. Er besteht nicht aus Gold, wie häufig behauptet wird, sondern aus einer Legierung aus Gold, Silber und Bronze. Die Gattin des Reichsgründers Fa Ngum, Kaeng Kangya, soll sie 1358 aus Angkor, der damaligen Hauptstadt des Khmer-Reiches, nach Luang Prabang gebracht haben. Sie war eine Khmer-Prinzessin, die mit dem in Angkor aufgewachsenen und ausgebildeten Fa Ngum verheiratet wurde, um die Bande zwischen den beiden Reichen besonders eng zu knüpfen. Zweimal, 1779 und 1827, transportierten die Siamesen die wertvolle Figur eines stehenden Buddhas nach Siam, doch beide Male konnte sie zurückgeholt werden. Ob die ausgestellte Statue das Original oder eine Kopie ist, lässt sich nicht klären. Es handelt sich um einen

Wat May

stehenden Buddha mit dem Mudra der Gefahrenabwehr. Der Ho Pha Bang darf nicht betreten werden.

Wat May

Diese wohlgeordnete Klosteranlage gehört zu den historisch bedeutsamsten, größten und eindrucksvollsten in der ehemaligen Hauptstadt. Doch ihre Geschichte begann mit Hindernissen: Der Feldherr Anourouth kehrte 1795 aus Siam zurück, wo er sich in Gefangenschaft befunden hatte, um unter der Oberhoheit der kriegerischen Nachbarn den Thron von Luang Prabang zu besteigen (reg. 1795–1817). Schon bald danach plante er, ein neues, ›großes Kloster‹ (Wat May) errichten zu lassen, konnte diese Pläne aber nicht umsetzen, da er nicht damit gerechnet hatte, dass sich neben den Siamesen auch die europäische Kolonialmacht Frankreich ins Geschehen einmischen würde. Anourouths Sohn Mathaturad (reg. 1817–1836) begann mit dem Bau der Anlage, konnte sie jedoch nicht fertigstellen. Erst 1891 wurde sie geweiht, erlangte aber sofort große Bedeutung, denn der Sitz des Oberhaupts der laotischen Mönchsgemeinschaft, des Sankharath, wurde hierher verlegt und blieb hier bis 1975. Auf dem Gelände befand sich eine Schule für die Prinzen, die ab dem Alter von zwölf Jahren hier in den Grundlagen des Buddhismus unterrichtet wurden. Ab 1887 wurde hier auch die wertvolle Buddhastatue Pra Bang aufbewahrt, nachdem andere Klöster von den chinesischen Ho-Banden zerstört worden waren. Erst 1947 wurde die Statue aus Sicherheitsgründen in den Palast Ho Kham gebracht, wo sie heute in einem eigens für sie errichteten Gebäude zu sehen ist (→ S. 158).

Besonders auffällig an diesem großen **Sim** ist das fünffach gestaffelte großflächige rote Dach, das von einem nur kleinen Dok so faa gekrönt wird, das aus drei kleinen Pagoden besteht. Der untere Teil des Daches ist weit heruntergezogen

Ausschnitt des Reliefs an der Eingangstür

und schützt eine umlaufende Galerie, die die beiden vorgebauten Terrassen verbindet, die erst in der Spätphase des Bauvorhabens angefügt wurden. Die Westveranda ist üppig geschmückt. Die Decke ist dunkelrot gestrichen und mit vergoldeten Dharma-Rädern und Blumenmustern bedeckt. Auch die Balken weisen vergoldete Muster auf, teilweise Reliefs mit Szenen aus dem Ramayana, teilweise Tiere oder auf den Kalender bezogene Motive. Zwölf Säulen mit hohen Kapitellen und mittels Schablonen aufgebrachten vergoldeten Blumenmustern auf schwarzem Untergrund stützen das einfache Dach der wie immer querliegenden Vorhalle.

Besondere Aufmerksamkeit verdient aber das riesige vergoldete **Relief um die Eingangstür** zum Sim, das fast die gesamte Außenwand des Gebäudes bedeckt und erst in den 1960-er Jahren angebracht wurde. Dargestellt wird vor allem das Vessantara Jataka, in dem der Buddha nach der Erleuchtung an den Fürstenhof seines Vaters zurückkehrt und sich dieser vor seinem Sohn verneigt, obwohl es vom Alter her umgekehrt sein müsste. Der Vater erkennt also den besonderen Weg seines Sohnes an, während viele Würdenträger des Hofes die Verneigung vor dem ›jungen Prinzen‹ verweigern. Der Buddha erzählt darauf die Geschichte des Prinzen Vessantara, der alles, einschließlich seiner Kinder, hingibt, um dem neuen Weg zu folgen, und der deshalb als Beispiel vollkommener Großzügigkeit gilt. Im Relief dargestellt sind sehr viele Adlige in üppig geschmückten Bauwerken. Der Buddha selbst ist in königliche Gewänder gekleidet, wodurch eine intensive Beziehung zwischen der Monarchie und der Religion suggeriert wird. Dazwischen finden sich Szenen aus dem bäuerlichen Alltagsleben. Paradiesische Zustände schon auf Erden.

Das Innere des Sim beherrscht eine große **Statue eines Buddha in Meditationshaltung**, die aus dem Jahr 1796 stammen und wertvolle Gegenstände verstecken soll. Sie ist von zahlreichen anderen, teilweise sehr harmonisch gestalteten

▶ Karte S. 148

Statuen mit unterschiedlichen Mudras umgeben. Nicht unbedingt derart charakterisieren kann man einen grünen **Glasbuddha**, der aus Thailand gestiftet wurde und der an den Pha Keo erinnert, den zweiten wichtigen Buddha der Laoten, der sich seit langem im Wat Phra Keo in Bangkok befindet. Der echte Pha Keo besteht übrigens aus wertvoller grüner Jade und nicht aus Glas.

Auf dem Altar wird zudem an den ehemaligen buddhistischen Patriarchen erinnert, der bei der Machtübernahme der Kommunisten 1975 im Alter von 83 Jahren nach Thailand floh. Einen weiteren Kommentar zum Zustand des Landes sehen die Buddhisten in einer Tafel an der Wand, auf die in schwierigen Jahren Buddhaplaketten gesteckt werden. Dies geschieht seit 50 Jahren, doch es gibt bereits 59 Plaketten ...

Wat Ho Xieng

Im Jahr 1705 wurde dieses Kloster gegründet, das im Jahr 1900 einem Sturm zum Opfer fiel und erst 1973 wieder aufgebaut wurde. Der Aufbau ist ungewöhnlich, da nur das eigentliche Gebäude des Sim auf einem Podest steht, während die seitlichen Galerien auf Bodenniveau bleiben. Das Dach über der Veranda wird von vier gleich hohen, achteckigen Säulen gehalten, über der Galerie von kurzen quadratischen Säulen. Alle Säulen haben Rot als Hintergrundfarbe, während die schematischen Dekorationen in goldener Farbe gehalten sind. Aus dem mit fast geometrischen Verzierungen geschmückten **Tympanon** ragt die einsame Gestalt eines goldenen Rama mit einer spitzen Krone. Die Treppe zur Veranda flankieren – ebenfalls ungewöhnlich – versilberte dreiköpfige Nagas. Auf den Türblättern der **Eingangstür** ist erneut Rama zu sehen, diesmal in einer Tanzpose auf mythischen Tieren. Auch die Buddhafigur fällt aus dem Rahmen, denn statt eine der typischen Handhaltungen zu zeigen, hält der Buddha hier einen Korb vor der Brust.

Wat Phra Mahathat

Der Sim wurde ursprünglich im späten 16. Jahrhundert gebaut, mehrfach zerstört, Anfang des 20. Jahrhunderts neu errichtet und danach noch mehrfach renoviert. Er steht insgesamt auf einem hohen Podest und wirkt mit seinem doppelten, weit heruntergezogenen Dach recht kompakt. Der Kernbau ist vollständig von einer Galerie umgeben, so dass die das Dach stützenden Konsolen mit den runden Säulen verbunden sind; sie sehen aus wie schön gebogene, vergoldete Nagas. Die Fassaden zeigen vergoldete Schnitzereien, große Dharma-Räder und florale Motive, auf der Eingangstür Rama mit Jagdgerät sowie eine kniende Sita, der sich der Dämon Ravana in Gestalt eines Asketen nähert. Der Tempel besaß immer eine besondere Bedeutung. Bei den Neujahrsfeierlichkeiten versammeln sich am dritten Tag hier die Mönche aus den wichtigsten Klöstern, um den Tanz der beiden Stadtgeister Pu No und Na No (→ S. 168) zu beobachten.

Der große, inzwischen fast schwarze **Stupa** mit dem massigen Unterbau stammt aus dem 16. Jahrhundert und wurde zu Ehren der Mutter von König Setthathirath (reg. 1548–1571) errichtet. In solchen Stupas wurde die Asche Verstorbener aufbewahrt, aber auch wertvolles Gut. Inzwischen umgeben kleine, goldfarben gestrichene Stupas den großen. Seitlich steht ein von einem bunten Mosaik bedeckter Stupa, in dem sich die Asche von Prinz Phetsarath (1890–1959) befindet. Zwei weitere Stupas beinhalten die Asche der Prinzen Souvanna Phouma (1901–1984) und Souphanouvong (1912–1995). Alle drei Prinzen spielten in der Nachkriegsgeschichte des Landes bedeutsame Rollen – auf unterschiedlichen Seiten (→ S. 53).

Wat That Luang

Den Wat im Süden der Stadt umgibt ein Gründungsmythos, der keinerlei Bestätigung in der Geschichte findet; trotzdem ist es interessant, welche Verbindungen sich daraus ergeben. Man sagt, dass Missionare, die nach dem vom indischen Kaiser Ashoka einberufenen Konzil (3. Jahrhundert vor Christus) ausschwärmten, das Kloster gegründet haben sollen, manche behaupten sogar, Ashoka selbst wäre hier gewesen. Die Missionare sollen zudem Reliquien des Buddha mitgebracht und in einem Waldstück vergraben haben, in dem das Kloster später errichtet wurde.

Tatsächlich erbaut wurde der Wat 1818, in der Regierungszeit von König Mathaturad (reg. 1817–1836). Das Kloster nahm eine weite Fläche ein, denn hier sollten die großen Zeremonien mit vielen Gläubigen stattfinden. Dies galt vor allem für Neujahrsfeiern und die Kremierung von Angehörigen der Königsfamilie. Die Verstorbenen wurden in einem Holzwagen in einer Prozession vom Wat Xieng Thong am anderen Ende der Stadt hierher gebracht und dann in aller Öffentlichkeit dem Feuer übergeben.

Hinter dem Eingang zum Tempelgelände erhebt sich ein dunkel-goldfarben gestrichener **Stupa**, der die Asche des Königs Sisavang Vong (reg. 1904–1959) birgt. Für ihn wurde der große Holzwagen gebaut, der im Wat Xieng Thong zu sehen ist. Mit der Vertreibung der königlichen Familie 1975 endete natürlich auch diese Tradition.

Angesichts seiner bedeutenden Aufgabe erscheint der Sim zwar als großes, aber recht bescheiden dekoriertes Bauwerk. Die Wände sind weiß getüncht, auch die schlanken, sehr langen Dachkonsolen weisen keine weiteren Verzierungen auf. Das Fußwalmdach ist steil, groß und grau, nur der Firstschmuck ragt mit 15 Schirmen in Gold und Rot heraus. Das Tympanon weist zwar Schnitzwerk auf, doch handelt es sich nur um Blumenmotive in Grau. An jeder Schmalseite des Sim füh-

Der recht schlichte Wat That Luang

Karte S. 136

ren drei Treppen zu den Türen, auf jeder Seite gibt es zwei weitere Türen und vier Fenster. An den Türen und Fenstern ist die Kunstfertigkeit der Schnitzer jedoch zu bewundern. Vergoldet und versilbert, vor schwarzem Hintergrund, sind dort sehr filigrane Figuren, Tiere und Landschaften zu sehen, die wieder einmal aus dem Ramayana stammen.

Auch im Innern ist der Sim recht schlicht. Die Wände sind weiß und zeigen nur oben einige Fresken. Die kantigen schwarzen Säulen mit ihrer goldenen Schablonenmalerei wirken übertrieben massig. Auf einem hohen Altar thront ein nicht besonders großer Buddha im Mudra der Erdanrufung.

Hinter dem Sim ragt noch ein weiterer großer, grauer Stupa auf, der namensgebende **That Luang** aus dem 16. Jahrhundert. Die Vertreter der Ashoka-These behaupten, dass sich darin die Asche des indischen Herrschers befindet. Damit stehen sie aber ziemlich alleine.

Wat Manorom

Der Tempel soll vom zweiten laotischen König Samsentai im Jahr 1372 gestiftet worden sein. Nach der Legende wurde der Tempel an der Stelle angelegt, an der die Leute einen großen, schweren Bronzebuddha nicht mehr tragen konnten, denn ›manorom‹ bedeutet ›zu schwach, um den Bronzebuddha zu tragen‹. An dieser Stelle wurde eine neue Dorfgemeinschaft gegründet.

Der Buddha, um den es hier tatsächlich geht (und der vielleicht identisch ist mit dem der Legende), war sechs Meter hoch und wog zwölf Tonnen, und er wurde 1887 bei der Plünderung der Stadt stark beschädigt. Man fand ihn armlos, doch 1919 wurde er wieder aufgerichtet, während auch Beton bei einer Reparatur helfen musste; frisch mit Lack und Blattgold behandelt, sieht man davon nichts mehr. Und jedenfalls hat der Buddha jetzt wieder Arme.

Das erste Gebäude soll tatsächlich 1478, also hundert Jahre nach Samsentai, errichtet worden sein. Vom Stil her folgte man nicht mehr den Ideen der Khmer, von denen viele mit Fa Ngum ins Land gekommen waren, sondern dem siamesischen Sukhothai-Stil. Dies zeigte sich vor allem an dem beschriebenen Bronzebuddha, der stilbildend für die spätere Figurenkunst der Lao war und bis heute ist. Auch der viel kleinere Pra Bang soll von 1502 bis 1513 hier gezeigt worden sein. Der Sim der Klosteranlage wurde nach Beschädigungen vielfach umgebaut, so 1818, 1887 und zuletzt 1972, als die **Haupthalle** neu errichtet wurde. Diese wirkt bis heute höchst elegant. Das hohe Dach scheint – obwohl dreifach gestapelt – wie in einem Pinselschwung nach unten zu gleiten. Der hohe Sockel ist dunkelrot gestrichen und mit vergoldeten Elementen verziert, gewölbt erscheinende, weiße Treppen – flankiert von goldenen mythischen Tieren – führen hinauf. Eine **Galerie** umgibt das Bauwerk vollständig. Acht Säulenreihen in drei Höhen, auch sie in Rot und Gold, stützen das Dach. Die Außenwand des Sim, rund um die große Eingangstür, ist vollständig mit Bildern aus dem Leben des Buddha bedeckt. Auf den Türblättern sind Schnitzereien von Szenen aus dem Leben des Buddha als junger Prinz zu sehen.

Im Innern wacht ein großer sitzender **Buddha mit dem Mudra der Erdanrufung** über das Geschehen. Er ist umgeben von vielen kleinen Buddhafiguren und einer Unzahl von anderen Spenden wie Schirmen, Kerzen, Gefäßen und hölzernen Lotosblumen. Doch nicht nur deshalb wirkt das Innere so bunt, sondern auch, weil seine Wände ebenfalls mit Bildern aus dem Leben des Buddha vollständig

Altar im Sim des Wat Visun

bedeckt ist. Die Decke ist rot gestrichen, doch auch sie verzieren Heerscharen von weiß-silbern glitzernden mythischen Tieren und anderen Wesen.

Wat Visun

Dort, wo der traditionsreiche Wat Visun steht, sollen die beiden Eremiten aus dem Gründungsmythos Luang Prabangs (→ S. 137) einen ihrer Grundsteine gelegt haben. Der Tempel steht zudem in Verbindung mit den berühmten Geistern Pu No und Na No (→ S. 168), die sich in den Reisfeldern in der Umgebung des Tempels bewegten.

Tatsächlich war es der spätere König Phothisarath (reg. 1520–1550), der 1513 zu Ehren seines Vaters, König Visun (reg. 1500–1520), diesen traditionsreichen großen Tempel ganz aus Holz erbauen ließ. Zwölf gewaltige Baumstämme, jeder 30 Meter hoch, trugen das Dach. Sie stammten aus dem hohen Norden des Lands, wie auch angeblich 4000 weitere Stämme, die zum Bau erforderlich waren, und wurden über den Mekong nach Luang Prabang transportiert, ein weiterer Beleg dafür, wie wichtig die Lage der Stadt am Fluss war. Zweimal in seiner Geschichte beherbergte Wat Visun den berühmten Pra Bang, von seiner Gründung 1513 bis 1707 und nach seiner langen Reise nach Vientiane und Siam, von 1867 bis 1887. Er war mehrfach Angriffen ausgesetzt, so brannte er 1887 bei den Attacken der chinesischen Ho-Banditen nieder und wurde 1898 in seiner heutigen, wesentlich bescheideneren Form wiederaufgebaut.

Der recht große **Sim** mit seinen schlichten, weiß gestrichenen Wänden ist von einem umlaufenden Pultdach bedeckt, über dem noch ein Walmdach schwebt. In den Fenstern befinden sich **gedrehte Säulen** im Khmer-Stil, die man in Laos sehr selten, in Angkor jedoch sehr häufig sieht. Mit üppig vergoldeten Schnitzereien verziert sind die Türblätter und die Fensterläden, wobei die Türen original sein sollen, da sie beim Nahen der Chinesen entfernt und versteckt wurden,

▲ Karte S. 136

während die Fenster später kopiert und wieder eingebaut wurden. Die Schnitzereien stellen zahllose hinduistische Gottheiten dar, was Anlass zu Gedanken über das Verschmelzen von Hinduismus und Buddhismus geben kann.

Im Innern fällt zunächst die eindrucksvolle **Dachkonstruktion** auf: Die verschiedenen Balken liegen aufeinander und fangen so das Gewicht des Daches ab. Die meisten sind mit Schnitzereien oder durch Schablonen-Muster geschmückt. Die Säulen sind schwarz und nur durch jeweils ein Musterband unten und oben markiert. Der **Buddha in Meditationshaltung** ist der größte der Stadt; er fällt durch sehr lange Ohrläppchen und spitze Haarlöckchen auf. Der Oberkörper wirkt etwas eckig, selbst die Brustwarzen stechen spitz hervor.

Der Tempel wurde 1942 in ein **Museum** umgewandelt; seitdem sind rund um den Sim zahlreiche Holz- und Steinfiguren, Stelen und Grenzsteine ausgestellt. Auch im Innern stehen rund um den Altar zahlreiche Holzbuddhas aus verschiedensten Zeiten, teilweise mit sehr gelassenen und heiteren, teilweise entgeistigten Gesichtsausdrücken. Kleinere Figuren wurden in den letzten Jahren aus Sicherheitsgründen entfernt und im ehemaligen Königspalast (→ S. 155) ausgestellt. Außerdem vorhanden sind große Holzkisten, in denen traditionell die Palmblattmanuskripte des Tempels aufbewahrt werden. Ein ganz besonderes Ausstellungsstück ist ein von einem Relief mit Glaseinlagen bedeckte **Paneel** aus dem frühen 20. Jahrhundert, das eine Szene aus dem Ramayana darstellt: Der weiße Affe Hanuman kämpft gegen den schwarzen Affen Nilaphar, über ihnen versucht der Affenkönig Sugriva diese Auseinandersetzung zu unterbinden, während unten die Affen wild gegen die bösen Raksasa-Monster kämpfen.

That Makmo

Direkt neben dem Wat Visun ragt der auffällige That Makmo (›Wassermelonenturm‹) auf. Eigentlich heißt er That Phathum (›Lotusstupa‹), doch der volkstümliche, der Form geschuldete Name hat sich längst durchgesetzt. Der 1514 erbaute, 35 Meter hohe Stupa im singhalesischen Stil steht auf einer einen Meter hohen quadratischen Terrasse und verjüngt sich in zwei Schritten. Oben aufgesetzt ist eine runde Kuppel mit einem Flammensymbol auf der Spitze. Dieser wirklich große Stupa nahm zahllose wertvolle Statuen auf, von denen die meisten allerdings von den chinesischen Banden geraubt wurden. Der Turm wurde, wie der benachbarte Sim, 1898 wieder aufgebaut, fiel jedoch 1914 nach anhaltendem Regen erneut in sich zusammen. Bei dieser Gelegenheit entdeckte man 179 weitere Buddhastatuen sowie andere religiose Gegenstände in seinem Innern, von denen einige im Königspalast (→ S. 155) ausgestellt werden. Das heutige Gebäude, das ein wenig schmutzig-grau aussieht, stammt aus dem Jahr 1932.

Der That Makmo

Wat Aham

Direkt neben dem That Makmo liegt der zurückhaltende Wat Aham, der erst 1818 (an der Stelle eines Tempels aus dem 16. Jahrhundert) für den Vorsteher der Mönchsgemeinde, den Sankharath, errichtet wurde, der aus dem Hochland fliehen musste. Der Sim folgt dem Xieng-Khouang-Stil, erkennbar an den gleich hohen Säulen und dem schlichten, dreifach gestaffelten Satteldach. An jeder Schmalseite ist eine kleine Terrasse ohne separates Dach vorgelagert. Den Eingang bewachen zwei grinsende weiße Stucklöwen aus China sowie zwei siamesisch anmutende Figuren, die Ravanna und Hanuman aus dem Ramayana darstellen. Die Innenwände sind zum größten Teil mit ausführlichen Szenen aus dem Leben des Buddha ausgemalt. Es handelt sich um Fresken aus den 1930-er Jahren. Bei diesem Sim sollte man nicht versäumen, auch das Tympanon der Ostfassade einmal genauer in Augenschein zu nehmen: Es zeigt eine schön geschnitzte Szene, in der der Buddha seinen Schülern predigt. Hinter dem Eingang wachsen zwei imposante **Bodhibäume**, die angeblich gepflanzt wurden, um den Abriss eines Schreins für die städtischen Schutzgeister Pu No (Vater) und Na No (Mutter), die nach Meinung der Obrigkeit nicht mehr verehrt werden sollten, zu überdecken. Daraufhin kam es zu allerlei Katastrophen, die erst aufhörten, als man den Geistern die Bäume selbst als Heimstatt zuwies. Vor allem bei den Neujahrsfeiern tragen viele Leute die großen roten Masken und langen Strohgewänder der beiden Geister. Am Rande der Tempelanlage kann man an einem kleinen **Souvenirstand** Steinfiguren der Geister kaufen.

Berg Phusi mit Tempeln

Fast hundert Meter ragt dieser Solitär in der Mitte der Stadt auf, und natürlich wird er – auch wenn er keine so gleichmäßige Pyramidenform aufweist wie der Berg Kailash in Tibet – mit dem Berg Meru, dem legendären Sitz der Götter, assoziiert. Mehrere Tempel und religiöse Stätten zieren seine Abhänge.

Der kürzeste Weg hinauf führt über die gegenüber dem Eingang zum Palast Ho

That Chomsi auf dem Berg Phusi

▲ Karte S. 136

Zum Sonnenuntergang ist man auf dem Phusi sicher nicht alleine

Kham (Nationalmuseum) beginnende, recht steile Treppe mit 328 Stufen, aber auch auf den anderen Seiten gibt es Aufgänge. Vom Gipfel, auf dem sich der 24 Meter hohe **That Chomsi** erhebt, hat man eine herrliche Aussicht über die Stadt, den Mekong und die umliegende Berglandschaft. Besonders am späten Nachmittag ist der Aufstieg sehr beliebt, weil man schöne Bilder des Sonnenuntergangs hinter den Bergen schießen kann. Die Spitze des Berges ist seit vielen Jahrhunderten ein religiöser Ort, schon vor der Ankunft der Lao befanden sich animistische Schreine dort, dann wurde der Ort mit einer mächtigen Naga in Verbindung gebracht, angeblich sollen auch buddhistische Reliquien in den Turm eingebaut sein. Seine jetzige Form und Größe soll der **That** 1796 erhalten haben, danach aber wegen seiner exponierten Lage noch vielfach renoviert worden sein. Abseits der Treppe und etwas erhöht befindet sich der **Wat Pha Huak**. Der Sim dieses ›Klosters des Bambuswaldes‹ geht auf das Jahr 1853 zurück, wurde im Vientiane-Stil erbaut, zeigt aber auch siamesische Einflüsse. Zunächst fällt der Blick auf das Giebelfeld über dem Eingang, das den hinduistischen Gott Indra auf dem dreiköpfigen Elefanten Airavata zeigt. Im Innern sind großflächige und detailreiche Wandmalereien von Geschehnissen am Königshof zu sehen, darunter auch die Geschichte eines prunksüchtigen Königs, der den Buddha empfangen und ihm seinen Reichtum demonstrieren wollte. Doch der Buddha trat ganz ungewohnt in prächtigsten Gewändern auf und beschämte damit den König, der anschließend seiner Prunksucht entsagte.

Ein längerer, aber weniger steiler Weg führt von der Straße Kitsarath, die am Fluss Nam Khan entlanggeht, in die Höhe. Man gelangt zunächst zum **Wat Si Phuttabat** (›Kloster des Fußabdrucks des Buddha‹). Der Buddha war natürlich nie in Laos und hat auch keine Fußabdrücke hinterlassen, doch sind diese Darstellungen frühe Formen der Repräsentation des Buddha und im Volksbuddhismus weiterhin sehr beliebt. Der Fußabdruck hier befindet sich ganz am Ende eines Felsvorsprungs in einer düsteren Höhle und ist etwa anderthalb Meter groß. In der Umgebung gibt es noch weitere Tempelgebäude und Grotten, die alle keinen besonders gepflegten Eindruck machen.

Historische Feste in Luang Prabang

Als geistiges und spirituelles Zentrum des Landes war Luang Prabang mit seinen großen Klöstern auch der Mittelpunkt von Zeremonien und Festen. Dabei überlagerte eine Religion die andere, viele Feste hatten einen ähnlichen Hintergrund und Charakter. Ganz egal, welchem Glauben die Menschen gerade anhingen, immer ging es darum, das Jahr in überschaubare Abschnitte einzuteilen, für eine gute Ernte zu sorgen und damit den Regen zu kontrollieren, Lebensanfang und Lebensende zu markieren.

Vor Ankunft der Lao waren die Bewohner der fruchtbaren Täler animistisch geprägt; sie verehrten Naturgötter des Waldes, der Berge, der Flüsse, aus Stein oder Holz. Die Lao brachten ihre Mythen mit, ersetzten die animistischen Götter durch ihre Schutzgeister wie Pu No und Na No und viele andere und zwangen diese den ursprünglichen Bewohnern auf, die sie jetzt Kha (Sklaven) nannten. Mit der Einführung des Theravada-Buddhismus mussten diese Geister verschwinden, doch die philosophischen Vorstellungen des Buddhismus kamen im Volk nie an. Zeremonien fanden jetzt in den neu gebauten Klöstern statt, doch es ging immer noch um gute Ernten und Regen und die Beherrschung oder Wohlstimmung von Geistern. Bis heute glauben die meisten Laoten an zahlreiche Geister und der eine oder andere auch noch an die Naturgötter.

Zur Eindämmung dieses ganzen Geisterglaubens veranstalteten die Klöster zahlreiche und teils sehr aufwendige Feste, oft finanziert und mitorganisiert vom Königshaus, denn der König musste seine Herrschaft ja durch gute Ernten und Frieden im Lande legitimieren. Jeden Monat fanden kleinere Feste statt, die sich (bis heute) nach dem Mondkalender richteten.

Das ganze Jahr über werden die Ruderboote in den lokalen Tempeln aufbewahrt

Das Fest des zwölften Mondes

Im Oktober endet in Luang Prabang die Regenzeit. Und so begann am Tag des Vollmonds im Oktober eine Art Erntedankfest, das sich auf die Erde, den Regen, den Reis und die Landwirtschaft insgesamt bezog. Die Felder waren abgeerntet, es wurde angesichts der einsetzenden Trockenheit nichts Neues gepflanzt, so dass die Menschen mehr Zeit und Muße hatten, ein Fest zu feiern und sich von den Anstrengungen der Monate vorher zu erholen.

Am 13. Tag des neuen Mondes trugen die Ruderer des Königspalastes die königlichen Boote aus dem Schuppen auf dem Palastgelände (→ S. 155) über den steilen Abhang hinunter zum Ufer des Mekong und ruderten sie zur Spitze der Halbinsel zwischen Mekong und Nam Khan, einem bedeutenden Ort, denn nach dem Gründungsmythos der Stadt (→ S. 137) befand sich hier einer der Markierungssteine und wohnte hier eine der 15 diesen Ort beschützenden Nagas. In einer Zeremonie mit Blumen und Kerzen beschworen sie die Nagas, den Zusammenfluss auch im folgenden Jahr zu schützen. Dann ruderten sie die Boote flussabwärts nach Süden, wo sie an der Mündung des Huei Hop die Zeremonie wiederholten. Außerdem baten sie darum, dass der Buddha seinen Fußabdruck hier hinterlassen solle.

Durch ihre Ruderfahrten auf dem Fluss, bei denen sie ihre Ruder waagerecht hielten, sich also vom Fluss treiben ließen, lockten sie die Nagas von den austrocknenden Feldern in die tiefen Flüsse, wo diese im Wasser lebenden Schlangen die Trockenzeit überleben konnten. Beim Fest des neunten Mondes wurde eine ähnliche Zeremonie abgehalten, mit der die Nagas veranlasst werden sollten, aus den Flüssen auf die Felder zurückzukehren.

Diese Zeremonien waren die Grundlage für die Bootsrennen, die bis heute zu diesen Terminen ausgetragen werden. Die religiöse Bedeutung wurde zurückgedrängt, das Element des sportlichen Wettkampfs und der Volksbelustigung rückte in den Vordergrund.

Das Fest des Turmes

Es ist nicht überliefert, wann das am 15. Tag des neuen Mondes im zwölften Monat stattfindende Fest des Turmes so stark an Bedeutung gewann. Es steht in engem Zusammenhang mit dem König und der politischen Loyalität der Herrschereliten des Landes. Die Vorsteher der großen Familien kamen alle an diesem Tag nach Luang Prabang und waren verpflichtet, dem König erneut die Treue zu schwören, so wie auch die Untertanen dem König und anderen Anführern die Gefolgschaft gelobten.

Die Hauptzeremonie fand auf dem ausgedehnten Feld vor dem Wat That Luang statt, von dem Legenden ja behaupten, dass er von dem indischen Kaiser Ashoka persönlich gegründet worden sei, der tatsächlich aber niemals in Laos war. Doch Ashoka gilt als der perfekte buddhistische Herrscher, weil er dem Buddhismus neuen Halt gab und durch das historisch einmalige Gebot der Missionierung für eine schnelle Verbreitung des von vielen Herrschern nicht geschätzten Glaubens sorgte. Der König saß bei der Zeremonie auf einer hohen Plattform und meditierte eine ganze Woche lang, um so die Essenz der buddhistischen Gesetze und des Lebens Ashokas aufzunehmen. Zu Beginn der Zeremonien begleitete eine umfangreiche Prozession den König vom Palast zum Wat That Luang: buddhistische Mönche in ihren orangenen Roben, maskierte Tänzer, die die Geister Pu No und Na No darstellten, reich geschmückte Elefanten, Offiziere der Armee, Prinzen und andere Höflinge, Wachen und Angestellte des Hofes bis hin zu den Köchen und Schneidern.

Die Stadtbevölkerung reihte sich am Weg auf oder feierte schon am weiten Platz. Am beliebtesten im Volk waren die Geistertänzer mit ihren Monstermasken und wirren Strohhaaren. Ebenfalls große Begeisterung riefen die Knallereien und das Abschießen selbstgebauter Bambusraketen hervor. Das alles bestätigte den Status quo des Landes: Die Nagas blieben die Beschützer, der König behielt seine Macht, sein Gefolge war ihm treu verbunden, die Menschen fuhren gute Ernten ein und hatten genug zum Leben. Der König besuchte dann die wichtigsten Tempel und erwies den Mönchen seinen Respekt, die mit ihren konservativen Lehren ebenfalls an der Stabilität der hierarchischen Gesellschaft interessiert waren.

Das Fest des fünften Monats

Eigentlich begann das laotische neue Jahr nach Ablauf des zwölften Mondmonats, also im November oder Dezember, doch zusätzlich wurde im fünften Monat (April) der Neubeginn des landwirtschaftlichen neuen Jahrs gefeiert (Pi Mai). Die Tage wurden etwas länger, es fiel mehr Regen, Pflanzen wuchsen schneller und üppiger, die wichtigste Zeit des Jahres begann. Dieses Neujahrsfest markiert heute das offizielle Neujahr des Landes.

Dafür müssen zunächst einmal Haus und Hof von allem Alten gereinigt werden. Wände und Böden werden geschrubbt, Möbel gereinigt, neue Dekorationen aufgehängt. Mit dem Schöpfen von Wasser aus dem Mekong gingen offenbar wilde Spiele zwischen jungen Frauen und jungen Männern einher, die Frauen überschütteten die Männer mit Wasser, aber oft waren es auch Schlamm und allerhand stinkende Brühen. Nach Berichten aus dem späten 19. Jahrhundert nahmen diese Spiele derart überhand, dass sogar die Prozessionen der Mönche betroffen waren und die Prinzen des Palastes, die mit den Mönchen zum Betteln gehen mussten, nur in knappsten Kleidern gingen, damit ihre wertvollen Roben nicht beschmutzt wurden.

Das sonst so ruhige und gelassene Luang Prabang erwachte im April also für drei ganze Wochen zu neuem Leben. Fast jeden Tag fanden irgendwelche Prozessionen statt, Besucher eines Tempels zogen mit Gongs, Glocken und Trommeln durch die Stadt, die mit buntem Papier geschmückt war. In vielen Zügen gingen bunt geschmückte Elefanten aus der umfangreichen Herde des Königs mit, geritten von den gelb und rot gekleideten Elefantenführern und begleitet von bunt gekleideten Lakaien, die Banner und farbige Tücher trugen.

In der Nähe des Palastes fand ein großer Markt statt, auf dem nichts Totes verkauft werden durfte, nur lebende Tiere wie Schildkröten, Vögel, Fische, Mäuse, Eidechsen, Frösche, Eichhörnchen und vieles mehr. Doch die Leute brieten die erworbenen Tiere nicht in der nächsten Pfanne, sondern ließen sie frei, um so eine gute Tat im Sinne des Buddhismus zu begehen, der auch das Töten von Tieren ablehnt.

Der eigentliche Hintergrund für die Feiern im fünften Monat lag jedoch in der Reinigung und im Neubeginn in religiöser Hinsicht. Symbolisch wurden die Sta-

Die Geister Pu No und Na No

tuen in den Tempeln gewaschen und in Prozessionen durch die Stadt getragen. Mittelpunkt war dabei die namensgebende Buddhafigur Pra Bang, die die meiste Zeit im Wat Visun aufbewahrt wurde. Zunächst musste das Land gereinigt werden, wofür die Geister Pu No und Na No eingespannt wurden. Ihre Kleidung wurde in einem Schuppen zwischen den benachbarten Wat Visun und Wat Aham aufbewahrt. Nach der Weihung der Masken wurden diese von Tänzern aufgesetzt, die mit ihrem Tanz zum Schlag der Trommel alle bösen Geister vertrieben. Auch hier ist die Verbindung zwischen Buddhismus und Geisterglauben wieder ganz offensichtlich.

Nachdem der Pra Bang 1887 vom Wat Visun in den Wat May neben dem Königspalast umgezogen war, fanden die meisten Zeremonien dort statt, auch als der Pra Bang schließlich im Palast selbst aufbewahrt wurde. Die Buddhafigur wurde dann in der Mitte des Hofes des Wat May in einem kleinen hölzernen Pavillon aufgestellt. Seitlich über ihr ragte ein Bambusrohr mit einem Nagakopf in Richtung der Statue. In das Ende des Rohrs goss man Wasser, das durch das Rohr und das Maul der Naga auf den Buddha floss, der so – ohne Berührung – gereinigt wurde. Diese Reinigung fand im Namen des ganzen Volkes statt, vom König über die Mönche bis hin zum einfachen Bauern, und sollte so die hierarchische und religiöse Struktur der laotischen Gesellschaft festigen.

Obwohl es viele der alten Feste und Zeremonien dem Namen nach bis heute gibt, begann Ende des 19. Jahrhunderts eine Erosion des tieferen Sinns und des Zusammenhaltes der traditionellen Gesellschaft. Sie fiel zusammen mit der Ankunft der französischen Kolonialmacht, liegt jedoch vor allem in der entstandenen Kluft zwischen der Tradition und der Entwicklung der Gesellschaft begründet. Der Einfluss Vietnams, die zahlreichen Kriege des 20. Jahrhunderts, die Kommunistische Partei, die nach der Machtübernahme 1975 alle traditionellen Feste erst einmal als ›bourgeois‹ ablehnte, und das zunehmende Streben nach Geld, das in den letzten Jahren um sich griff, sind hier die wichtigsten Ursachen.

Ausflüge in die Umgebung Luang Prabangs

Zu den Klöstern am rechten Mekong-Ufer

Ein gemütlicher Ausflug von ein, zwei Stunden Länge, zu Fuß oder per Fahrrad, führt zu vier Klöstern in dörflicher Umgebung auf der rechten Uferseite des Mekong. Vom Wat Xieng Thong, der Fährstelle hinter dem ehemaligen Königspalast oder anderen Stellen am Mekong kann man sich übersetzen und wieder abholen lassen, pro Strecke kostet die Fahrt etwa 5000 Kip.

Wat Xiang Men

Am weitesten im Süden liegt der Wat Xiang Men, das ›Kloster der Himmlischen Stadt‹, das in der zweiten Hälfte des 16. Jahrhunderts gegründet wurde. Der Sim ist nicht besonders groß, weist aber ein dreifach gestuftes, weit heruntergezogenes Dach auf, das im Eingangsbereich von sechs unterschiedlich hohen Säulen gestützt wird. Markant ist die üppig gestaltete Umfassung der Eingangstür, deren Schnitzereien vergoldete Nagas und die Gans Hamsa zeigen. Die inneren Säulen sind rund, schwarz grundiert und mit goldfarbenen Mustern belegt. Eine kleine Sammlung von neueren Buddhas umgibt den Hauptbuddha, der im Mudra der Erdanrufung dort sitzt.

Das Grab Mouhots

▲ Karte S. 116

Wat Long Khun

Das Grundstück des Wat Long Khun weist beträchtliche Ausmaße auf, denn dieses Kloster diente als Rückzugsort aus der Stadt, sowohl für alte Mitglieder der königlichen Familie als auch für Mönche, die ihre letzten Jahre in Ruhe und Meditation verbringen wollten. Standen wichtige Zeremonien bevor, zog sich auch der amtierende König gerne hierhin zurück, um sich auf diese Aufgaben vorzubereiten. Der Sim ist ein einfaches Gebäude mit einem einfachen Dach. Die Eingangshalle wurde erst 1937 vorgebaut und hat den optischen Eindruck nicht unbedingt verbessert. Auffallend sind hier die Fresken, im Innern des Sim werden recht traditionell Geschichten aus den Jataka dargestellt, während neben der Eingangstür zwei mannshohe ungewöhnliche Chinesen abgebildet sind. Ihre Kleidung sieht nach einer Rüstung aus, über den Rücken scheinen sie Langschwerter zu tragen. Sie haben merkwürdig geformte formelle Hüte auf ihren Köpfen und in den Gesichtern breite, aber aus vielen Einzelhaaren geformte Bärte. Es könnte sich gut um Militärbeamte handeln, aber zuverlässige Informationen über die Herren gibt es nicht.

Wat Chom Phet

Hundert Stufen führen hinauf auf den Hügel, auf dem der Wat Chom Phet liegt. Der einfache, nur auf einer Bodenplatte stehende Sim fällt durch die Farbe Rot auf. Rot sind nicht nur die Tür- und Fenstereinrahmungen, rot sind auch die Decken der Veranda und des eigentlichen

Sim. Mit Hilfe von Schablonen wurden Tiere, Pflanzen und Rankwerk in einer Goldfarbe aufgemalt.

Wat Tham

Nur hundert Meter vom Wat Long Khun entfernt befindet sich der Wat Tham, der einige schlichte Bauwerke aufweist, vor allem aber über eine Höhle verfügt, in der sich ein Stupa erhebt und in der früher zahllose Buddhastatuen und andere religiöse Gegenstände aufbewahrt wurden, von denen nur noch wenige vorhanden sind. Die Höhle ist gewöhnlich verschlossen, doch oft finden sich ein paar Kinder, die den Schlüssel besorgen und die Besucher begleiten.

Weberdorf Ban Phanom

Einige Kilometer östlich der Stadt, nicht weit entfernt vom Flughafen, halten Mitglieder eines Tai-Volkes das Weberhandwerk für Baumwoll- und Seidenstoffe am Leben. Aber nur gerade so, denn auch Laos wird von Billigware aus China überschwemmt. Und so verkaufen die Weber des Dorfes Phanom in verschiedenen Läden ihre Stoffe vor allem an Touristen.

Grab Henri Mouhots

Zwischen Ban Phanom und dem Fluss Kan fand der französische Reisende Henri Mouhot sein Grab. Von schweren Tropenkrankheiten gezeichnet, starb er am 10. November 1861 (→ S. 48). An der Hauptstraße weist ein Schild auf das Grab hin. Man folgt einem schmalen Weg zu einem Parkplatz, von dem aus man etwa 300 Meter dem Pfad am Fluss entlang geht. Am Parkplatz gibt es ein einfaches Restaurant.

Wasserfall Kuang Si

Etwa 29 Kilometer südlich von Luang Prabang, zu erreichen auf einer etwas holprigen Straße, die durch mehrere Dörfer führt – darunter auch eines der Hmong – stürzt in einer waldigen Gegend der Wasserfall Kuang Si (Tad Kuang Si) rund 50 Meter in die Tiefe. Das Wasser sammelt sich unten in türkisen Becken, die auf verschiedenen Ebenen liegen. Dies ist ein kühler Ort, der zum Baden und Picknicken einlädt, wenn es in der Stadt zu heiß ist. Deshalb ist er auch bei den Einheimischen sehr beliebt. In einigen Holzhütten kann man sich zum Baden umziehen. Es gibt einen nicht befestigten Kletterpfad zur oberen Kante des Wasserfalls.

Pak-Ou-Höhlen

Anfang des 16. Jahrhunderts sollen die Höhlen von Pak Ou entdeckt worden sein. Sie befinden sich auf verschiedenen Höhen in einer fast 100 Meter senkrecht abfallenden Felswand unmittelbar am Ufer des Mekong. Schnell dienten sie als Pilgerziel, das selbst König Setthathirath (reg. 1520–1548) jedes Jahr zum Neujahrsfest aufsuchte. Die Pilger begannen, **Buddhafiguren** mitzubringen und als Opfer in einer der Höhlen zurückzulassen. So sammelten sich im Laufe der Jahrhunderte tausende Statuen an, von denen viele bereits wieder verwittert sind. Früher bestanden die gespendeten Statuen aus Holz, doch heute findet man auch Beton- oder gar Plastikfiguren. Leider wurden auch Statuen gestohlen, doch lautet die Schätzung immer noch, dass etwa 4000 Figuren allein in der unteren Höhle stehen. Sie strahlt eine geheimnisvolle Atmosphäre aus, vor allem am frühen Morgen, wenn einzelne Sonnenstrahlen die Buddhas treffen.

Die Boote legen an Stegen unterhalb der Höhle an, und über steile Treppen gelangt man zunächst zur **unteren Höhle** (Tam Thing). Eine weitere Treppe führt hinauf zur **oberen Höhle** (Tam Phum),

Buddhafiguren in den Pak-Ou-Höhlen

die sich in etwa 60 Metern Höhe befindet. In diese Höhle kann man weit hineingehen, um die Buddhas zu betrachten, die größtenteils erst vor kurzer Zeit ausgestellt wurden. In der Höhle ist es sehr dunkel, ohne Taschenlampe kommt man nicht weiter.

Die Höhlen liegen etwa 25 Kilometer nördlich von Luang Prabang direkt am rechten Ufer des Mekong. So ist auch der bequemste Weg eine Bootstour durch die üppige grüne Landschaft an beiden Mekong-Ufern. Alternativ kann man mit dem Auto am linken Ufer entlang bis in den Ort Pak Ou fahren und sich dort auf die andere Flussseite übersetzen lassen. Allerdings sind die letzten acht bis zehn Kilometer des Fahrwegs sehr holprig.

Bei organisierten Touren wird man auf dem Rückweg gerne durch **Handwerkerdörfer** nördlich von Luang Prabang geführt; ein anderes Dorf ist auf das Brennen von Lao Lao spezialisiert.

i Luang Prabang

Vorwahl: +856/71.

Informationsbüro der Provinz, Sisavang Vong, Ban Pakham, Tel. +856/71/212487. Hier gibt es Broschüren und Karten. www.tourismluangprabang.org

Vom nordöstlich der Stadt gelegenen **Flughafen** (LPQ) gibt es internationale Verbindungen mit Bangkok und Chiang Mai in Thailand, Siem Reap und Phnom Penh in Kambodscha, Hanoi und anderen Städten in Vietnam sowie Orten in China und Südkorea. Mehrfach täglich heben Maschinen in die Hauptstadt Vientiane ab, außerdem gibt es Flüge von und nach Pakse und Xieng Khouang (›Ebene der Tonkrüge‹).

Sowohl im Norden als auch im Süden der Stadt gibt es einen **Busbahnhof** mit Verbindungen in die jeweilige Himmelsrichtung, nach Vientiane und Vang Vieng geht es also in bis zu zehn Bussen am Tag im Süden los. Die Fahrzeiten sind unterschiedlich, am schnellsten sind die Nachtbusse mit 9 Std. bis in die Hauptstadt. Nach Phonesavan (›Ebene der Tonkrüge‹) fährt morgens ein Bus in 10 Std.

▸Karte S. 116/136/148

Gegenüber dem Busbahnhof Süd hat sich ein Halt für **Minibusse** etabliert, die dieselben Strecken etwas schneller bewältigen, aber auch mehr schaukeln.

Gehobener Standard

Kiridara (****), 22/13 North Road, Ban Naviengkham, Tel. +856/71/261888; 24 Zimmer. Am südöstlichen Stadtrand, an der Nationalstraße 13, zieht sich dieses Vier-Sterne-Hotel mit Außenpool und Fahrradverleih den Hang empor. Von mehreren Terrassen hat man einen guten Blick über die Stadt. Karte → S. 136
www.nexthotels.com/hotel/kiridara-luang-prabang

Mekong Riverview (****), Mekong Riverside Road, Ban Xieng Thong, Tel. +856/71/254900, Fax 254890. Seine einmalige Lage an der Mündung des Nam Khan in den Mekong, neben dem Wat Xieng Thong, lässt sich das Haus schon bezahlen. Manche Zimmer, wie auch die sanft den Hügel sich hinaufziehende Anlage insgesamt wirken etwas eng und dunkel. Sehr schön ist das Viewpoint Café auf der anderen Straßenseite. Karte → S. 148
www.mekongriverview.com

Satri House (****), 57 Phothisarath, Ban That Luang, Tel. +856/71/253491, Fax 253418; 31 Zimmer und Suiten. Die ursprüngliche Villa entstand vor etwa hundert Jahren und wurde bis in die 70-er Jahre von Prinz Souphanouvong bewohnt. 2002 erfolgte der Umbau zu einem Hotel, und 2008 wurden sechs kleine Bauten im Kolonialstil in den großzügigen Garten gesetzt. Das Hotel hat eine Gartenbar, einen Außenpool und ein Spa. Es ist ein Vorbild an Stil und gutem Geschmack. Karte → S. 136. www.satrihouse.com

Sofitel (****), Manomai, Ban Mano, Luang Prabang, Tel. +856/71/260777, Fax 260776. Elegantes Luxushotel in grüner Umgebung in der Neustadt im Süden. Karte → S. 136.
www.sofitel-luangprabang.com

Victoria Xiengthong Palace (****), Kounxoau, Ban Phonehueng, Tel. +856/71/213200, Fax 213203. Es ist nicht ganz klar, inwieweit die letzte Residenz des laotischen Königshauses hier erhalten blieb, jedenfalls nächtigt man in schön dekorierten Zimmern in Villen neben dem Wat Xieng Thong inmitten eines grünen Gartens. Vom Restaurant aus hat man einen schönen Blick auf den Mekong. Karte → S. 148
www.victoriahotels.asia/en/hotels-resorts/xiengthong.html

Le Palais Juliana (***), Chao Phetsalath, Ban Sangkalok, Tel. +856/71/260417, Fax 254542; 50 Zimmer und 6 Villen. Nach dem alteingesessenen Haus in Phnom Penh wurde nun ein zweites Hotel im Süden von Luang Prabang unweit des Mekong eröffnet. Viel Holz, ein modernes Design und ein großer Pool erfreuen den Besucher.
www.lepalaisjuliana.com

Le Parasol Blanc (***), 11 Phu Vao, Ban That Luang, Tel. +856/71/252124. Im Süden der Stadt liegt dieses familiengeführte Hotel auf einem großen grünen Grundstück mit einem Lotosteich in der Mitte. Er soll entstanden sein, weil die Familie mit dem Königshaus verbunden war und zum Bau der vielen Tempel in der damaligen Hauptstadt Ziegel brennen ließ. Karte → S. 136
www.parasol-blanc.com

Sala Prabang (***), 81/1 Ounkham, Ban Xieng Mouane, Tel. +856/71/252460; 49 Zimmer. Ein Hotel mit Geschichte: Die individuell gestalteten Zimmer verteilen sich auf sieben Gebäude in einem Garten am Mekong; einst befand sich hier die Residenz des königlichen Premierministers. Karte → S. 148
www.salalaoboutique.com/salaprabang

Mittlerer Standard

Belle Rive Boutique (**), 99 Ban Phone Hueang, Tel. +856/71/260733. Sehr günstig direkt am Mekong gelegen mit eleganten großen Zimmern und einem Restaurant auf der Mekong-Seite. Guter Service im Hotel und bei Ausflügen. Karte → S. 148. www.thebellerive.com

Lotus Villa (**), 15 Ban Phone Heuang, Unit 3, Kounxoa, Tel. +856/71/255050; 15 Zimmer und zwei Suiten. Ein stiller, grüner Ort mitten im alten Zentrum und nur eine Straße vom Mekong entfernt. Die Zimmer sind recht unterschiedlich und in vier Kategorien aufgeteilt. Karte → S. 148 www.lotusvillalaos.com

Maison Dalabua (**), Oupalath Khamboua, Ban That Luang, Tel. +856/71/255588; 40 Zimmer. Das Hotel ist etwas außerhalb des Zentrums und ruhig gelegen. Die Zimmer sind schön eingerichtet, auch der Garten mit Teich gefällt. Karte → S. 136. www.maisondalabua.com

Villa Chitdara (**), Khounsua, Ban Wat Nong, Tel. +856/71/254949. Sehr schöne Pension mit großen Zimmern und einem angenehmen Garten, zentral gelegen, ordentliches Frühstück. Karte → S. 148 www.villachitdara.com

Villa Maly (**), 75 Oupalath Khamboua, Ban That Luang, Tel. +856/71/253903. Die 1938 erbaute Villa wurde von Mitgliedern der Königsfamilie bewohnt und dient heute mit ihrer grünen Umgebung und dem neuen Pool draußen als Hotel. Karte → S. 136. www.villa-maly.com

Einfacher Standard

Vangsavath (*), Phetsarath, Ban Nong Kham, Tel. +856/71/212889; 35 Zimmer. Standardhotel in der Nähe des Flusses mit teils recht engen Zimmern. Karte → S. 136. www.vsv-hotel.com

Villa Saykham (*), Sisavang Wattana, Ban Xieng Mouane, Tel. +856/71/254223. 14 einfache Zimmer in einer umgebauten Villa mit engem Garten. Karte → S. 148

Villa Shayada (*), Phommatha, Tel. +856/71/254872. Freundliches, aber einfaches Haus, das von einem Japaner geführt wird und südlich des Zentrums liegt. Karte → S. 136 www.stayinlaos.com/villa-sayada.html

Obere Preisklasse

Azerai, Setthathirath, Ban Hua Xieng, Tel.+856/71/262333. Am südwestlichen Ende des Nachtmarkts gelegen, bietet das Restaurant im Innenhof, auf der Veranda im ersten Stock oder auf dem Gehweg leicht modernisierte laotische Küche. Die Vorspeisen eigenen sich gut als Tapas.

Blue Lagoon, Ban Choumkhong, Tel + 856/20/59252525; 18–23 Uhr. Etwas versteckt in einem Pavillon mit Garten in unmittelbarer Nähe des Nationalmuseums genießt man laotisch-schweizerische Fusion-Küche, inklusive Käse. www.blue-lagoon-restaurant.com

Le Calao, Souvanhakhampone, Ban Phonheung, Tel. +856/71/212100; 11.30–14.30 und 18–22 Uhr. Das auf laotische Küche spezialisierte Restaurant serviert entweder auf einer Terrasse direkt am Mekong oder am Haus als ›ethnic‹ bezeichnete, also an den Bergvölkern orientierte Küche.

L'Eléphant, Ban Vat Nong, Tel. +856/71/252482. In der restaurierten Villa an der Ecke verbindet sich kulinarisch der Charme der französischen mit der laotischen Küche, begleitet von einer Auswahl französischer Weine. Gehobenes Ambiente.

L'Eléphant Vert, Ban Vat Nong, Kounxoua, Tel. +856/71/252482. Wer es vom Essen wie von der Deko her mal richtig grün haben will, ist hier richtig. Große Auswahl an veganen und vegetarischen Speisen, nicht speziell laotisch, aber mit starkem asiatischem Einschlag; elegante Umgebung. www.elephant-restau.com

Mittlere Preisklasse

Bamboo Tree, Kingkitsarath, Ban Wat Sene, Tel. +856/71/253747. Das freundlich gestaltete Restaurant liegt direkt am Nam-Khan-Fluss und serviert den ganzen Tag asiatische und laotische Gerichte sowie frisch zubereitete Fruchtsäfte.

Big Tree Café and Gallery, 67 Ban Wat Nong, Tel. +856/20/77776748; 9–21 Uhr. Das ruhige Gartenrestaurant am Mekong hat unter Frangipanibäumen einfache Holztische aufgestellt und serviert Gerichte aus Laos, Japan und Korea.

► Karte S. 136/148

Coconut Garden, Sisavang Vong (unweit des Palastmuseums), Tel. +856/71/260436. In einem kleinen Hof werden die Klassiker der westlichen und asiatischen Küche den ganzen Tag frisch zubereitet.

Tamarind, Ban Wat Sene, am Nam-Khan-Fluss, Tel. +856/71/213128; 11–16, 17.30–21.30 Uhr. Moderne laotische Küche mit Anspruch und so angerichtet, dass auch das Auge mitisst – das ist der Anspruch des jungen Teams um Caroline und Joy. Für den Abenteurer bieten sie nach Vorbestellung eine Platte mit außergewöhnlichen Speisen aus der Wildnis an: Insekten, Aal, Pflanzen aus dem Dschungel und vieles mehr. Man sitzt luftig im Lokal oder direkt am Fluss und genießt die gute Stimmung. Reservierung abends empfohlen.

Tamnak Lao, Sakarine, Ban Wat Sene, Tel. +856/71/252525; 9–22 Uhr. Auf zwei Etagen in einer alten Villa wird hier geschmacklich und optisch gelungene lokale Küche geboten. Spezialitäten sind in Bananenblättern gekochte Gerichte und selbstgemachte Würste sowie exotische Eintöpfe.

Untere Preisklasse

Dyen Sabai, Ban Phan Luang (auf der Nordseite des Nam Khan), Tel. +856/20/55104817. Entspannte, rustikale Pavillon-Atmosphäre, gutes Essen mit lokalen Spezialitäten. In der Trockenzeit über die Holzbrücke leicht zu erreichen.

Riverside Barbecue, Khem Khong (südlich des Palastmuseums am Mekong-Ufer). Hier gibt es am Tisch frisch gegrillte Speisen: In den Tisch wird ein Gefäß mit glühender Holzkohle eingelassen, darüber eine Metallplatte mit einem vertieften Ring außen, in den Brühe gegossen wird. Frisches, dünn geschnittenes Fleisch wird auf der Platte gegrillt, während außen Gemüse, Nudeln, Eier und anderes kochen.

Yongkhoune, Sisavang Vong (unweit des Palastmuseums), Tel. +856/20/23962222. Das solide Restaurant hat abends, wenn die Besucher des Nachtmarktes vorbeiströmen, den unschlagbaren Vorteil, dass man in Ruhe auf der Veranda sitzen und laotisch und asiatisch essen kann. Gute Frühlingsrollen.

Henan Chan, Sisavang Vong, Tel.+856/30/5493632. Das kleine Café liegt in einem Garten und bietet Tee in der Tradition von Laos an.

Le Bistro & Café Ban Vat Sene, Sakarine, Tel. +856/71/252482. Kaffee, Tee, Kuchen, Zeitungen, draußen die Welt vorbeiziehen lassen. Oder später einen Cocktail?

Saffron Coffee, Manthatoulat (am Mekong-Ufer). Die sozial engagierte Firma bietet auch Kaffeeverkostungen und Ausflüge zum Kaffee an. www.saffroncoffee.com

Chez Matt, Sisavang Vatthana; tgl. 19–24 Uhr. Elegante Umgebung, fast ganz in Rot. Gutes Angebot an Cocktails und Weinen, gute Musik.

Icon Klub, Ban Xieng Mouane; Di–So 17–23.30 Uhr. Künstler-Klub, der vor allem von Ausländern frequentiert wird. Gute Drinks, Musik, alle reden gern.

Lao Lao Garden, Kingkitsarat; tgl. 17–24 Uhr. Entspannte Gartenbar mit Kerzenbeleuchtung, seichter Musik und Cocktails. Es gibt auch eine ausführliche Speisekarte.

Märkte

Talat Tha Heua (Morgenmarkt): Interessanter Markt vom frühen Morgen bis gegen Mittag. Mitten im Wohngebiet werden an der langen Straße südlich des Palastes bis zur Kitsarath Lebensmittel, davon auch einige exotische, verkauft.

Talat Hmong (Hmong-Markt): Der nicht besonders große Markt an der Ecke Kitsarath/Fa Ngum bietet Imbisse und Kunsthandwerk.

Nachtmarkt: Jeden Abend wird die Sisavang Vong von der Kreuzung mit der Kitsarath bis zum ehemaligen Königspalast für jeglichen Verkehr gesperrt. In kurzer

Zeit entstehen hunderte von Ständen, die alles Mögliche an Textilien, Souvenirs und Kunsthandwerk anbieten, was des Touristen Herz begehrt. Viel von diesen meist billigen Waren stammt aus China oder Vietnam, qualitätsvolle Stücke aus Laos muss man wirklich sehr genau suchen.

Geschäfte

Caruso Lao, 60 Sakarine, Ban Wat Sene, Tel. +856/71/254574. Die Kanadierin Sandra Yuck arbeitet mit lokalen Designern und bietet modern verarbeitete laotische Seidenprodukte: zum Anziehen, zum Dekorieren und Verschenken.

Khinthong Lao Silk, Sathouyaithao, Tel.+856/20/55546184; tgl. 10–21 Uhr. Khinthong, die Eigentümerin, hat nicht nur eine Sammlung der von der ethnischen Minderheit der Thai Daeng hergestellten Textilien. Sie arbeitet auch mit einer Gruppe von Webern und Färbern aus ihrer alten Heimat in Xam Thai zusammen, die seit Jahrhunderten für ihre verschlungenen und komplexen Muster bekannt sind.

Ma te sai, Ban Aphai, gegenüber der Aussi Sports Bar, Tel. +856/71/260654. Der Name des Geschäftes bedeutet ›Woher es kommt‹. Es bietet eine Vielzahl von in Laos hergestellten Produkten wie Kaffee, Silberschmiedearbeiten, mit Indigo gefärbte Textilien und Holzarbeiten an. Als sozial engagiertes Unternehmen werden so Dorfstrukturen und Menschen mit Behinderungen unterstützt.
www.matesai.com

Passa Paa, Sakarine, Ban Vat Sene, Tel. +856/20/59239565; tgl. 8–20 Uhr. Nachdem Heather Smith in mehreren Textilprojekten in Laos gearbeitet hatte, kam sie auf die Idee, Stoffe anzubieten, die traditionelle Muster und Herstellungsweisen mit modernisiertem Design verbanden. Sie arbeitet vielfach mit Hmong-Familien aus der Umgebung von Luang Prabang zusammen.
www.passa-paa.com

Queen Design Lao, 1/17 Ban Khili, Tel. +856/20/59645521. Hier gibt es den wunderbaren Schmuck von Article 22, der aus Kriegsschrott gemacht wird, aber sehr präzise gearbeitet und schön designt ist. Auf vielen Ringen steht ›dropped and made in Laos‹. Das Geschäft bietet zudem Seiden- und Baumwollkleidung sowie Dekorationsgegenstände nach westlichem Design an.
www.article22.com

Gleich nebenan stellt ein **Korbflechter** Korbwaren sämtlicher Größe und Formen her. Daneben wiederum verkauft ein kleiner Laden **Produkte aus selbstgeschöpftem Papier** und Postkarten.

Xiang Khong Village 86, ca. 5 km nördlich der Stadt, von der Bambusbrücke an der Mündung des Nam Khan auf der gegenüberliegenden Seite, Tel. +856/71/252803. Seit Anfang der 90-er Jahre unterstützt Frau Bangone die Tradition der lokalen Textilweberei und betreibt hier auch ein Museum. Selber eine bekannte Weberin, stellt sie mit anderen Weberfamilien Textilien und Kleidung aus selbstgefärbter Seide und Baumwolle her. Man kann den gesamten Prozess von der Seidenraupenaufzucht bis zum fertigen Produkt nachverfolgen.

Traditional Arts and Ethnology Centre (TAEC), Ban Kham Yong (nahe Markt), Tel./Fax +856/71/253364; Di–So 9–18 Uhr. Das Zentrum widmet sich den ethnischen Minoritäten der Umgebung, hilft dabei, Traditionen im Kunsthandwerk und der Gestaltung der Kleidung zu bewahren und das Bewusstsein über die Traditionen in die Dörfer zurückzutragen. Im Zentrum finden Workshops und Ausstellungen statt; es gibt einen Museumsladen und eine Boutique.
www.taeclaos.org

Living Land Lao, Ban Phong Van, 5 km südlich von Luang Prabang an der Straße zum Wasserfall Kuang Si. Tel. +856/20/5519 9208, +856/20/7777 8335. Auf dieser nach ökologischen Gesichtspunkten betriebenen Farm außerhalb der Stadt kann

▸ Karte S. 136/148

man sich einen halben Tag lang mit der Landwirtschaft in Laos beschäftigen und selbst einfache Tätigkeiten ausprobieren. www.livinglandlao.org

Pha Tad Ke Botanical Gardens, Rezeption: Ban Wat That in der Stadt, von dort jede volle Stunde 15 Min. per Boot, Tel. +856/71/261000 oder +856/30/2866000; Do–Di 8–18 Uhr. Der Botanische Garten am Südrand der Stadt bietet zahlreiche Aktivitäten zur Erkundung der Natur an. www.pha-tad-ke.com

Elephant Village, Sisavang Vong, Ban Choum Khong, Tel. +856/71/252417. Etwa 15 km südwestlich von Luang Prabang (halbe Stunde Fahrzeit) bietet das Elefantendorf Ausritte von einem bis acht Kilometern auf den Dickhäutern an. Geritten wird ohne Sattel in Begleitung eines Mahout; man kann die Tiere zudem füttern und ›baden‹. Man sollte die Touren vorher in der Stadt buchen und morgens früh ankommen. www.elephantvillage-laos.com

Mandalao, Sisavang Vong, Ban Choum Khong, Tel. +856/30/5664014. In diesem Elefantenlager, rund 15 Kilometer südwestlich der Stadt, werden die Elefanten nicht geritten. Besucher erhalten eine Einführung in das Leben der geretteten Arbeitstiere, können sie füttern und im Fluss mit Wasser bespritzen und gehen dann mit ihnen auf ihrem üblichen Spazierweg durch Felder und Dörfer (→ S. 180). www.mandalaotours.com

Ock Pop Tok, Sakarine, Tel. +856/71/212597. Wer lernen möchte, wie Textilien in Laos gefärbt und gewebt wurden, kann in einem Handwerkszentrum südlich der Stadt Kurse von einem halben Tag bis zu drei Tagen belegen. Informationen in den Läden in der Stadt. www.ockpoptok.com

Garavek, Kounxoau, Tel. +856/20/96777300. Jeden Abend erzählt ein laotischer Geschichtenerzähler – begleitet von einem Musikanten auf der Khene (einer großen Flöte aus mehreren Bambusrohren) – auf Englisch die Geschichte von Luang Prabang: Wer hat die Stadt gegründet? Warum heißt der Berg Phusi? Welche Rolle spielt das Ramayana? Eine unterhaltsame Stunde von 18.30 bis 19.30 Uhr. www.garavek.com

Bamboo Tree Cooking Class, Sakarine, Tel. +856/20/22425499; Mo–Sa 9–14 Uhr. Nach dem Besuch des Phusi-Marktes werden im luftigen Restaurant etwa fünf Gerichte gekocht und anschließend gegessen.

Tamarind Cooking Class, Informationen im gleichnamigen Restaurant (→ S. 177), Tel. +856/71/213128. Das Programm beginnt mit einem Besuch auf dem Markt, dann geht es zu dem luftigen Pavillons außerhalb der Stadt, in denen der Unterricht stattfindet. Zum Schluss steht Essen auf dem Programm. Ganztagesprogramm: Mo–Sa 9–15 Uhr, Abendklasse ohne Marktbesuch: Mo–Sa 16.30–20.30 Uhr. www.tamarindlaos.com

Tamnak Lao Cooking School, Sakarine, Tel. +856/71/212239; Mo–Sa 10–15.30, abends 17–19 Uhr. Die Tageskurse beginnen mit einem Marktbesuch, demonstrieren auf jeden Fall, wie man Klebreis zubereitet, dazu kommen noch etwa fünf weitere Gerichte. Es gibt ein kleines Rezeptbuch, und die Gruppen sind nicht größer als zwölf Personen. Abends kein Marktbesuch und weniger Gerichte.

Nava Mekong, Ban Wat Nong, Tel. +956/20/59285555. Speisen auf dem Fluss: Dienstags, donnerstags und samstags vormittags legt das Boot um 10 Uhr ab, fährt flussaufwärts zu den Buddhahöhlen von Pak Ou (→ S. 173), die man besuchen kann. Auf dem Rückweg gibt es dann ein leichtes Mittagessen für alle. Rückkehr zum Pier Wat Nong gegen 14 Uhr. Der ›Sunset Cruise‹ beginnt täglich um 17 Uhr und endet gegen 20 Uhr. An Bord gibt es ein festes Abendessen, dazu traditionelle Tänze, während draußen die Sonne über dem Fluss untergeht. www.navamekong.com

EXTRA

Wo sind die Elefanten geblieben?

Das Reich der Lao hieß einst Lane Xang, das Reich der Millionen Elefanten, doch wenn man heute durch Laos fährt und nicht speziell nach Elefanten sucht, wird man keinen einzigen zu Gesicht bekommen. Laos könnte heute nur noch ›das Reich der tausend Elefanten‹ heißen, denn so viele soll es in dem Land noch geben; davon 450 bis 500 in verschiedenen wild lebenden Herden von weniger als 15 Tieren, was für eine Elefantenherde eine kleine Zahl ist. Denn die weiblichen Tiere und die Jungen leben gerne zusammen, während sich die alten Bullen absondern und alleine durch die Gegend wandern. Nur eine einzige Herde wird auf 40 bis 50 Tiere geschätzt; sie lebt in einem Nationalpark an der Grenze zu Thailand.

Spaziergang mit Elefanten

Im Jahr 1980 soll es noch 3500 Elefanten in Laos gegeben haben. Weshalb sank die Zahl so schnell in den vergangenen Jahren? Bei einem Nachbarland Chinas ist die erste Vermutung natürlich die Wilderei, um an die Stoßzähne zu kommen. Doch das stimmt nicht, erklärt Roice Davis, ein Amerikaner, der mit einigen anderen Leuten das Elefantenprojekt Mandalao außerhalb von Luang Prabang auf die Beine gestellt hat. 60 Prozent der in Laos lebenden Elefanten sind weiblich, und von den männlichen asiatischen Elefanten haben nur 30 Prozent Stoßzähne. Was also in Afrika ein Riesenproblem ist, spielt hier in Asien eine untergeordnete Rolle. Hauptproblem ist vielmehr der Verlust des Lebensraums für Elefanten. Immer größere Gebiete werden einer intensiven Landwirtschaft zugeführt, es werden Cash Crops angebaut für Biotreibstoff, Futtermais für Weidetiere, Riesenplantagen im Norden sind an chinesische Unternehmen verpachtet, die die Erträge in ihre Heimat schaffen. Zwar gibt es eine ganze Reihe von Nationalparks und andere geschützte Gebiete in Laos, doch die einzelnen Parks sind zu klein für Elefantenherden und haben keine Verbindung miteinander. Dazu fressen Elefanten einfach eine riesige Menge aller möglicher Pflanzen, täglich bis zu sechs Prozent ihres Körpergewichts, also bis zu 250 Kilo Grünzeug. Damit stehen sie in Konflikt zu den Menschen, oft armen Bauern, denen sie die mühsam erwirtschaftete Ernte wegfressen, worauf die Bauern manchmal mit einem Abschuss antworten. Das ist natürlich verboten, und natürlich sind Versicherungen gegen Ernteausfälle und mehr Kontrollen von Rangern die bessere Methode, diesen Konflikt zumindest abzumindern.

Ein neues, aber sehr akutes Problem sind die Verkäufe von Elefanten. In Laos besitzt ein Elefant je nach Alter einen Wert von 30 000 bis 60 000 Dollar, in China werden 450 000 Dollar für ein solches Tier aufgerufen, in Dubai ähnliche Summen. In jüngster Zeit gab es bereits mehr als 20 dokumentierte Fälle von Schmuggel von Elefanten im Flugzeug in den Nahen Osten und über die grüne Grenze nach China. Sie kommen dort in Freizeitparks oder treten in Zirkussen auf.

Roice Davis und seine Kollegen wollen das alles anders machen. Sie haben zunächst die 472 Elefanten im Auge, die in Gefangenschaft gehalten werden. Typischerweise arbeiten die Tiere im Holzeinschlag, wo sie die schweren Stämme aus den Wäldern ziehen, und im Tourismus. Doch der Holzeinschlag geht zurück, vieles davon ist illegal, und die Regierung scheint jetzt engagierter gegen den Schmuggel von Harthölzern vorzugehen. Vielleicht sind die meisten Wälder auch einfach schon verschwunden. Jedenfalls verlieren die Elefanten ihre Arbeit, und ihre Eigentümer haben das Problem, dass sie für den Unterhalt nicht mehr aufkommen können. Fast jeden Monat erreichen Davis Anrufe, dass Arbeitselefanten zu verkaufen seien.

Im Tourismus gibt es immer mehr Camps, in denen Besucher auf Elefanten reiten können, sie füttern oder baden. Auch Mandalao ist ein Elefantenprojekt, und ein neues dazu, doch hier darf niemand die Rüsseltiere reiten. Davis berichtet, dass der Wille des Elefanten gebrochen werden müsse, bevor er jemanden auf seinen Rücken, Hals oder Kopf lässt; dies geschehe oft mit brutaler Gewaltanwendung. In den Camps gebe es zu viele Ritte, zu große Gruppen, die Besucher erführen praktisch nichts über das Leben und die Eigenschaften von Elefanten, alles sei nur auf den Gag des Reitens ausgerichtet.

Mandalao hingegen habe von der Regierung eine fünfjährige Konzession für ein 200 Hektar großes Gebiet erhalten und eine 50-jährige Konzession für ein zwei Hektar großes Gelände, auf dem sich das eigentliche Camp befindet. Das größere Gebiet wird von Bauern bewohnt und bewirtschaftet, die ihre gesamte Ernte an das Elefantenprojekt verkaufen und damit das ganze Jahr über ein gesichertes Einkommen haben. Es stört sie nicht, wenn die Elefanten beim Spaziergang mal den Rüssel über den Zaun ausstrecken und Pflanzen ausreißen, sie würden sie später ja sowieso bekommen. Prasop Tipprasert, der erfahrene Elefantenspezialist aus Thailand, der für die Haltung der Grautiere zuständig ist, bespricht mit den Bauern genau, was sie anbauen sollen. So wird die Futterzusammenstellung verbessert, neben Bambus gibt es Napiergras (Pennisetum purpureum), Tamarinden und Salze, um die Nahrungsverwertung zu verbessern. Die meisten der neun Elefanten, die aus den Holzfällercamps hierher kamen, waren unterernährt, durch sorgfältige Fütterung gewannen sie innerhalb einiger Monate 30 Prozent an Körpermasse.

Jeder Elefant hat seinen Mahout, der mit ihm den größten Teil des Tages verbringt. Man experimentiert mit einer 24-Stunden-Überwachung im Camp, damit die Tiere nicht nachts angekettet werden müssen. Da alle neun erwachsenen Tiere weiblich sind, geht das ganz gut, der einzige Bulle hier ist erst zwei Jahre alt und hält sich stets in Rüsselentfernung zu seiner Mutter auf.

Wenn Besucher ins Camp kommen, erhalten sie zunächst eine Einführung in das Alltagsleben der Elefanten, ziehen dann die Anglerstiefel an, die bereitstehen, damit sie in den Fluss unterhalb der Holzgebäude waten können. Dort nähern sich Menschen und Elefanten vorsichtig an, spritzen mit Wasser herum und kühlen sich ein wenig ab. Dann geht es auf den Spaziergang, und alle gehen zu Fuß. Die Besucher erfahren mehr über das Projekt und das Leben der Bauern, an deren Hütten sie vorbeikommen. Die Elefanten kennen schon ihren Weg zu einem Bach und einer schattigen Stelle, an der sie gerne ausruhen.

Roice Davis sagt, die Besucher besäßen schon ein grundlegendes Problembewusstsein, wenn sie zu Mandalao kommen. Sie würden das Reiten nicht vermissen, wenn sie mehr über die Elefanten in Erfahrung bringen können und einfach ein paar Stunden mit ihnen im Fluss und in der Gegend herumwandern.

Für Davis, der früher einmal Koch war, ist das Camp bei Luang Prabang nur ein Aktionsfeld. Mit NGOs arbeitet Mandalao im Nationalpark Nam Pui, einer Gegend mit hoher Biodiversität, daran, die genetische Basis der Elefantenpopulation zu verbessern. Wenn die Herden zu klein werden, kann Inzucht zu Krankheiten und großen Problemen führen. So soll die Elefantenbevölkerung dort von 75 auf über 100 Exemplare gesteigert werden, angesichts der verschwundenen Million ein bescheidenes Ziel, doch auch ein Elefantenweg beginnt mit dem ersten Schritt.

www.mandalaotours.com
www.elefantasia.org
www.elephantconservationcenter.com
www.nakaelephantfoundation.org
www.prowildlife.de

Im verdienten Ruhestand: Elefanten im Projekt Mandalao

Als hätten Riesen mit Murmeln gespielt: Völlig zufällig und ungeordnet liegen auf der Hochebene tausende Steingefäße in der Gegend herum. Seit etwa 2000 Jahren. Und bis heute geben sie Rätsel auf. Woher kommen sie? Wer hat sie hergestellt? Wie wurden sie geschaffen? Und vor allem: Wozu dienten sie? Befriedigende Antworten gibt es nicht, doch das erhöht die Faszination dieser Felder von Steingefäßen eher noch.

DIE EBENE DER STEINGEFÄSSE

Feld 1 auf der Ebene der Steingefäße

Die Hochebene nahe der Grenze zu Vietnam wird meist ›Ebene der Tonkrüge‹ genannt, doch bestehen die zahllosen Gefäße, die hier gefunden wurden, nicht aus Ton, sondern vorwiegend aus Sandstein, einige auch aus Granit, andere haben Einschlüsse aus Kieselsteinen. Krüge sind sie auch nicht, denn sie haben keine Henkel. So erscheint ›Steingefäße‹ als ein zwar prosaischer, aber durchaus angemessener Name.

Die auf 1200 bis 1300 Meter Höhe gelegene Ebene im zentralen Nordlaos entspricht weitgehend der Provinz Xieng Khouang. Die sie umgebenden Bergketten reichen über 2000 Meter, zwei Gipfel sogar über 2500 Meter. Die Region ist mit etwa 15 Personen pro Quadratkilometer sehr dünn besiedelt, nur etwa 245 000 Menschen bevölkern die Provinz. Die Dörfer sind einsam gelegen, es werden kaum Transportmöglichkeiten geboten. Die Bevölkerung lebt von der Landwirtschaft, so werden Mais und Tabak angebaut, neuerdings gibt es auch Viehwirtschaft und einen großen Schlachtbetrieb außerhalb der Hauptstadt Phonesavan. Die sehr abgelegene Region versuchte immer, ihren eigenen Weg zu gehen und pendelte zwischen den Machthabern im Mekong-Tal und den Vietnamesen im Osten. Im 20. Jahrhundert fanden alle Kriege auch hier statt, und nach 1945 kämpfte jeder gegen jeden. Vor allem agierte hier die ›geheime Armee‹ des Hmong-Generals Vang Pao (→ S. 27), die ihr Einkommen, wie in der Region bis heute üblich, durch die Herstellung von Opium erwirtschaftete. Nach den Flächenbombardements der Amerikaner sind die einstigen Wälder verschwunden, zurück blieben karge, offene Landschaften. Das Klima ist hier anders als im Tal des Mekong. Es ist wesentlich kälter, in den Wintermonaten Dezember und Januar kann es nachts frieren, tagsüber sind es dann rund zehn Grad. In der Trockenzeit regnet es mehr als sonst im Land, in der Regenzeit weniger, aber immer noch genug, um die schlecht ausgebauten Straßen unpassierbar zu machen.

Auch die Funktion der Deckel oder Platten ist unbekannt

▸ Karte S. 116

Die Steingefäße

Es gibt tausende dieser Steingefäße, und allein in der Bergprovinz Xieng Khouang existieren mehr als 60 Fundstätten, an denen ein paar wenige oder bis zu 400 Gefäße ohne jegliche Ordnung in der Landschaft stehen oder liegen. Die Wissenschaftler sind sich einig, dass die Gefäße aus der Eisenzeit stammen, also rund 2000 bis 2500 Jahre alt sind. Die meisten bestehen aus Sandstein, andere aus Granit oder einem Steingemisch. Sie sind von einem halben bis zu drei Meter groß, die Wände etwa zehn Zentimeter dick, und sie wiegen bis zu sechs Tonnen. Es wurden einige Steinbrüche gefunden, aus denen die Steine stammen könnten, die jedoch bis zu hundert Kilometer von den Fundstätten entfernt sind. Die Steine wurden – vermutlich noch im Steinbruch – mit Eisenwerkzeugen bearbeitet und müssen dann, in entsprechend großer Zahl, zu den Fundstätten transportiert worden sein. Wie dies in dem stark bewaldeten, hügligen Gelände bewerkstelligt wurde, ist unklar.

Die meisten Gefäße haben am oberen Rand einen Ring, der eigentlich darauf schließen ließe, dass die Gefäße Deckel hatten oder haben sollten. Allerdings wurden nur sehr wenige Deckel gefunden. Nicht jedes runde Objekt, das in den Fundstätten liegt, ist ein Deckel, manche sind wohl Markierungsplatten, denn ihre Rückseite ist glatt und hält somit nicht auf dem Gefäß.

Nun stellt sich die Frage, wozu diese Steingefäße dienten. In den 1930-er Jahren forschte die französische Geologin und Hobby-Archäologin Madeleine Colani in den Fundstätten, um ihre Theorie zu bestätigen, dass die Gefäße Teil von prähistorischen Begräbnisritualen waren. In einigen Gefäßen fand sie schwarze organische Erde, farbige Glasperlen, verbrannte Zähne und Knochen (aber nur wenige im Vergleich zu den vielen Gefäßen), teilweise von verschiedenen Personen. In der Nähe der Gefäße wurden zudem weitere menschliche Knochen, Tonfragmente, Eisen- und Bronzeobjekte, Keramikgewichte und Holzkohle gefunden. Während die Knochen in den Gefäßen Brandspuren aufwiesen, war dies bei den außerhalb gefundenen Knochen nicht der Fall. Daraus schloss Colani, dass die Toten in den Gefäßen kremiert wurden. Dazu diente angeblich ein Krematorium, eine Höhle mit einem Zugang unten und zwei künstlich erzeugten Abzügen oben, die sich am Rande der Fundstätte 1 befindet.

Viele Jahre gab es keine weitere Forschung. Zudem war die Provinz Xieng Khouang eines der am stärksten von den Amerikanern bombardierte Gebiete von Laos. In ihrem ›geheimen‹, völkerrechtswidrigen Krieg gegen das neutrale Laos versuchten die Amerikaner, die Nachschubwege der Nordvietnamesen zu zerstören. Dabei sollen nach UN-Angaben 262 Millionen gegen Menschen gerichtete Streubomben in dieser Region abgeworfen worden sein, von denen rund 80 Millionen nicht explodierten. Die wichtigsten und für Besucher freigegebenen Felder sind inzwischen mit neuseeländischer Hilfe geräumt, doch in abgelegenen Gegenden kommen bis heute noch fast täglich Menschen und Tiere durch solche Bomben ums Leben. Weiterhin sieht man an den Fundstätten der Steingefäße große Bombentrichter, einige Gefäße wurden auch von Bomben getroffen und zerstört.

Erst 1994, nachdem die Bombenräumung angelaufen war, konnte die Erforschung des Gebiets weitergehen. Ein japanisch-laotisches Team untersuchte und kartographierte die Stätte 1. Es rückte die Entstehungszeit auf mehr als 2000 Jahre zurück, konnte aber nicht bestätigen, dass die Kremierungen in den Gefäßen stattfanden, sondern sah die Gefäße als eine Art Grabstein an. In der Umgebung der Gefäße soll es zahlreiche zweite Beerdigungen gegeben haben. Diese sind in vielen Gesellschaften Südostasiens üblich, dabei werden die Toten zunächst bestattet, nach einiger Zeit (etwa einem Jahr) wieder ausgegraben und dann kremiert. Vielleicht fand diese Kremierung der verbliebenen Knochen in den Gefäßen statt, doch sicher ist auch dies nicht.

Viele Fragen in Zusammenhang mit den Steingefäßen bleiben unklar. Angesichts der großen Anzahl der Gefäße stellt sich die Frage, wie stark besiedelt diese Region vor 2500 bis 3000 Jahren wirklich war. Woher besaß sie den Reichtum, sich eine derartige Arbeitsleistung für Herstellung und Transport der Steingefäße erlauben zu können? Über welchen Zeitraum wurden die Gefäße hergestellt und

genutzt? Colani erklärte, die Gegend am Nordende der Annamitischen Kordillere hätte an wichtigen Handelsstraßen gelegen, auf der Hochebene wären Eisenerze gefunden worden und es hätte einen lebhaften Salzhandel gegeben.
Die schönste Erklärung bietet aber wieder einmal eine lokale Legende, nach der ein riesenhafter König namens Khun Cheung hier gelebt haben soll, der sich ständig gegen Feinde von außen verteidigen musste. Nach einem großen Sieg ließ er die Gefäße aus Stein hauen, um sie mit Reiswein und Reisbier zu füllen. Das hört sich doch recht logisch an.

Besuch der Felder

Sieben Stätten sind inzwischen von Bomben geräumt und stehen Besuchern offen. Am bekanntesten und leichtesten zugänglich sind die **Felder 1, 2 und 3** unweit der Hauptstadt Phonesavan; an Feld 1 gibt es ein **Besucherzentrum** (Mo–Fr 8–16 Uhr), das manchmal aus unbekannten Gründen geschlossen ist. Man kann das Feld aber auch so betreten, bei den anderen Stätten gibt es (noch) keine Kontrollen.
Die **Stätte 16** befindet sich außerhalb der alten Provinzhauptstadt, die wie die Provinz **Xieng Khouang** heißt, **Feld 23** in Muang Kham und das sehr selten besuchte **Feld 25** im Bezirk Phou Kout. Das **Feld 52** in einem Hmong-Gebiet verzeichnet 392 Gefäße und ist nur durch einen längeren Fußmarsch zu erreichen.
Warnung: Man sollte auf keinen Fall ausgetretene Wege oder eingezäunte Felder verlassen, da noch viele nicht explodierte ›Bombies‹ im Boden liegen. Am besten ist man mit einem Guide unterwegs, der sich hier auskennt.

▸ Karte S. 116

■ Feld 1

Etwa 300 Gefäße liegen weit verstreut in hügligem Gelände und zwischen tiefen Bombenkratern in der Nähe des Flughafens. Man hat einen guten Blick auf den Berg **Don Keng**, an dem sich der Steinbruch für die Gefäße befunden haben soll. Die Gefäße haben sehr unterschiedliche Größe und stehen und liegen meist in kleinen Gruppen herum. Hier befindet sich auch eines der größten Gefäße mit mehr als 2,50 Meter Höhe und fast sechs Tonnen Gewicht.
Mitten im Gelände befindet sich eine **Karsthöhle** mit einem großen Eingang und zwei Löchern in der Decke, die künstlich hergestellt worden sind. Die französische Forscherin Madeleine Colani hielt diese Höhle für den Ort der Kremation, Belege dafür gibt es nicht.

■ Feld 2

Dieses 25 Kilometer von Phonesavan entfernte Feld ist sehr typisch, denn es liegt auf zwei kleinen, mit Bäumen bewachsenen Hügeln; alle Felder außer Feld 1 sind leicht erhöht. Hier befinden sich 94 Gefäße, die meist etwas größer, vor allem länger ausgefallen sind als diejenigen auf Feld 1. Ein sehr schöner schattiger Ort, von einem der Hügel genießt man einen wunderbaren Blick über die wellige Landschaft.

■ Feld 3

Vom Parkplatz aus steigt man etwa einen Kilometer leicht bergan, durch Reisfelder und landwirtschaftlich genutzte Wiesen, auf denen Büffel und Kühe grasen. Hier liegen 150 kleinere Gefäße eng beieinander. Ebenfalls ein ruhiger, schöner Ort (fünf Kilometer von Feld 2, 30 von Phonesavan).

■ Spoon villages

In der Umgebung gibt es mehrere Dörfer, in denen Bewohner Reste von Kriegsschrott, die hier gefunden wurden, einschmelzen und zu sinnvollen

Steingefäße auf Feld 1

Gegenständen gießen, vor allem kleine Dekotiere, Friedenszeichen und Löffel entstehen dabei. Deshalb werden diese Dörfer ›Spoon villages‹ genannt. Natürlich verkauft man auch gerne etwas an die Besucher.

Alte Hauptstadt Muong Khoun

Die ehemalige Hauptstadt zeichnet sich durch wenig Atmosphäre aus. Breite, leere Straßen durchziehen sie, es fehlt ein Zentrum und irgendetwas, das das Auge anziehen könnte. Auf dem Gelände des Verwaltungsgerichts blieb die **Ruine eines französischen Krankenhauses** erhalten, ein Ziegelbau im europäischen Stil mit wenigen, kleinen Zimmern, in denen teilweise noch sehr schöne alte Kacheln auf dem Boden zu entdecken sind. Nicht weit entfernt steht eine weitere Ruine, der **Wat Phiawat** aus dem 19. Jahrhundert, der im Krieg von drei amerikanischen Bomben getroffen wurde. Die große Buddhafigur steht im Freien, und Anfang 2018 begann man mit Renovierungsarbeiten, wobei nicht zu eruieren war, wieviel des alten Tempels wiederaufgebaut werden soll. Etwas außerhalb ragen noch zwei ältere, aus Ziegeln gemauerte Stupas auf, **That Fou** und **That Phoun**. Beide sind von Gestrüpp überwachsen und sollen ebenfalls renoviert werden.

Tam Piu

Einige Kilometer außerhalb der alten Hauptstadt befindet sich in einer Kalksteinwand eine große Höhle, die zu trauriger Berühmtheit kam, als sich 1969 die Bewohner der umliegenden Ortschaften vor amerikanischen Angriffen in ihr versteckten, wie es die Menschen seit Jahrhunderten in dieser Region praktizierten, wenn Gefahr drohte. Doch die Amerikaner nahmen keine Rücksicht, sondern schossen eine Rakete genau in die Öffnung der Höhle. Mehr als 400 Menschen, vor allem Alte und Kinder, starben. Heute ist die Höhle eine **Gedenkstätte**.

Altar des zerstörten Tempels Phiawat in Muong Khoun

▲ Karte S. 116

Blick auf Phonesavan

Phonesavan

Der Ort zeigt sich recht abweisend. Die breiten Straßen sind an den Rändern zugeparkt mit riesigen Pick-ups, die auch zusammen mit Bussen und LKWs lange Staus bilden. Ein staubig-kalter Wind fegt durch die Straßen, die lediglich von eintönigen Geschäften mit Ramschwaren aus China und Vietnam gesäumt sind. Nichts Schönes oder Harmonisches zieht das Auge an. Man kommt wirklich nur hierher, um die Steingefäße zu sehen, und es gibt keinen Grund, in dieser Stadt länger zu verweilen.

Ebene der Steingefäße

Vorwahl: +856/61.

Tourism Office, Straße zum alten Flughafen, Tel. +856/61/312217, Mo–Fr 8–11.30, 13.30–16 Uhr. Auch Fahrrad- und Motorradverleih.

Es verkehren **Busse** von verschiedenen Busbahnhöfen von/bis Vientiane, Vang Vieng und Luang Prabang, Fahrzeit 6–9 Std.

Es gibt im Prinzip eine tägliche **Flugverbindung** zwischen Xieng Khouang (XKH) und Vientiane, die allerdings gelegentlich ausfällt, vor allem bei schlechtem Wetter. Flugzeit 30 Min.

Vasana (***), Phonesavan, Tel. +856/61/213170, Fax 213174. Das standardmäßig ausgestattete Hotel mit 42 Zimmern, mit Blick über den Ort oder ins Grüne, liegt oberhalb der Hauptstraße. Das Personal ist hilfsbereit und spricht einigermaßen Englisch, mit dem Hotel-Shuttle kann man sich vom Flughafen oder aus der Stadt abholen lassen. www.vansanahotel-group.com

Es gibt zahlreiche **Guesthouses** entlang der Hauptstraße und in den Stichstraßen, die alle ähnlich einfach ausgestattet sind. Die Preise liegen bei 20 bis 30 Dollar, und man sieht am besten danach, wo etwas frei ist und welches Zimmer gefällt.

Bamboozl, Main Street, Unit 5, Number 73, Phonesavan, Tel. +856/20/28555355. Ein grün-gelbes Schild weist auf das völlig mit Bambus ausgekleidete Restaurant hin, das Lao-Thai-Küche bietet. Von den westlichen Gerichten sollte man sich fernhalten.

Cranky, Main Street, Unit 5, Number 49, Phonesavan, Tel. +856/30/5388003. Die Eigentümerin ist wesentlich netter als sie auf dem Schild erscheint. Sie bietet guten Kaffee und Tee, dazu vier, fünf einfache Sorten frischen Kuchen und eine kleine Speisekarte.

Lao Falang, 57 Old Airport Road, Phonesavan, Tel. +856/20/23305614. Wenn man einmal aus der asiatischen Speisefolge ausbrechen möchte, dann genau hier. Marcello Us'ai war irgendwann den stressigen Job als Ingenieur leid und blieb ausgerechnet im hintersten Laos hängen. 2012 eröffnete er ein Restaurant wie so viele andere, merkte jedoch schnell, dass er eine Nische suchen musste: ein italienisches Restaurant, das an jedem Ort der Welt bestehen könnte. Pasta- und Pizzateige werden vor Ort gemacht, es gibt einen richtigen Pizzaofen, der Wein wird direkt aus Italien importiert. Fleisch hoher Qualität stammt aus Australien, wird fachmännisch gegrillt und mit Olivenöl zubereitet. Das erfreut auch die lokale Kundschaft, die der Pizza als solcher skeptisch gegenübersteht.

Der Süden, vor allem die Tiefebene, durch die der Mekong fließt, weist einen ganz anderen Charakter auf als der gebirgige Norden. Hier ist es in der Trockenzeit meist warm und sonnig, weite Felder wechseln sich ab mit kleineren und größeren Ortschaften, Märkten und einzelnen Fabriken. Der Mekong bildet zunächst die Grenze zu Thailand, im Süden, wo er über zehn Kilometer breit sein kann, fließt er ganz über laotisches Gebiet und wartet mit Wasserfällen und tausenden Inseln auf.

Der Wasserfall Tad Somphamit

DER SÜDEN

Von Vientiane nach Süden

Der schmale Zipfel des südlichen Laos wird im Osten von der Annamitischen Bergkette begrenzt, die schon seit Menschengedenken nicht nur eine politische, sondern auch eine kulturelle Grenze war. Im Westen ist die Grenze jetzt der mächtige Strom des Mekong. Dies ist jedoch erst seit Beginn des 20. Jahrhunderts so, als nach den vielen erfolgreichen militärischen Überfällen der Siamesen die Grenzen zwischen Siam und Laos neu gezogen wurden. Doch auch westlich des Mekong sprechen noch heute viele Menschen Laotisch, auch Zeugnisse der laotischen Kultur sind dort zu entdecken. Verlässt man die Hauptstadt von der Innenstadt aus, so kann man die Stufen der wirtschaftlichen Entwicklung des Landes gut erkennen. Recht eintöniger Hausbau, die ersten Einkaufszentren, enorm große Ausstellungshallen asiatischer und amerikanischer Automarken, Bauunternehmen mit Baggern und Kippern, eisenverarbeitende Betriebe und zwischendurch Reste der früher hier praktizierten Landwirtschaft. Und natürlich viel Verkehr. Fast eine ganze Stunde braucht man, um die Hauptstadt endgültig hinter sich zu lassen.

Wat Phabat

Gleißend weiß ragt der etwa 35 Meter hohe Stupa zwischen dem Bäumen hervor. Auf einem quadratischen Grundriss steht er frei neben dem Haupttempelgebäude, die Ornamente leuchten golden. Die Halle hingegen wirkt eher geduckt, das Dach reicht tief hinunter. Sie wurde errichtet, um einen Fußabdruck des Buddha zu schützen, der etwa zweieinhalb Meter lang und einen guten Meter breit ist; rund zwei Meter hat sich der Fuß in den Boden gedrückt. Fußabdrücke des Buddhas sind beliebte Pilgerziele, an denen die volkstümlichen Legenden über den Buddha gerne ein wenig zu ernst genommen werden. Anders als hier behauptet, war der Buddha natürlich nie in Laos, sondern hat seine heimatliche Region im Norden Indiens nicht verlassen. Seitlich etwas abseits steht noch ein älteres Gebäude mit einer an den Seiten offenen Halle, in der sich auf dem Altar ein großer liegender Buddha befindet, dessen Verehrung die zahlreichen aufgedrückten Blattgoldplättchen unter Beweis stellen.

▶ Karte S. 195

Anfahrt: Etwa bei Kilometer 87, direkt neben der Straße (Nationalstraße 13), frei zugänglich.

Wat Phonsane

Der Wat Phonsane befindet sich auf einem Hügel über dem Steilufer des Mekong, auf den er einen schönen Ausblick bietet. Hier soll der Buddha bei seiner Reise nach Laos gerastet haben, weshalb man an dieser Stelle den kleinen Tempel errichtete. Auch dieser Ort ist ein beliebtes Pilgerziel. Über 80 Stufen erreicht man den kleinen Sim mit der umlaufenden Galerie, der seine Türen zum Mekong öffnet. Ein großer, unruhig wirkender Buddha verharrt mit dem Mudra der Erdanrufung, die Spitze seiner Krone geht durch die Holzdecke. Auch sonst gab es beim Bau wohl Schwierigkeiten, da Streben, die normalerweise in solchen Bauwerken nicht zu sehen sind, die Galerie stabil halten müssen.

Geht man den längeren Weg Richtung Mekong hinunter, so kommt man einem Nebengebäude vorbei, auf dessen Außenwand die Qualen der buddhistischen Hölle besonders drastisch dargestellt sind. Am Ende des Wegs wartet noch eine Überraschung: Die Naga (Schlange) hat hier einen Elefantenkopf mit Rüssel!

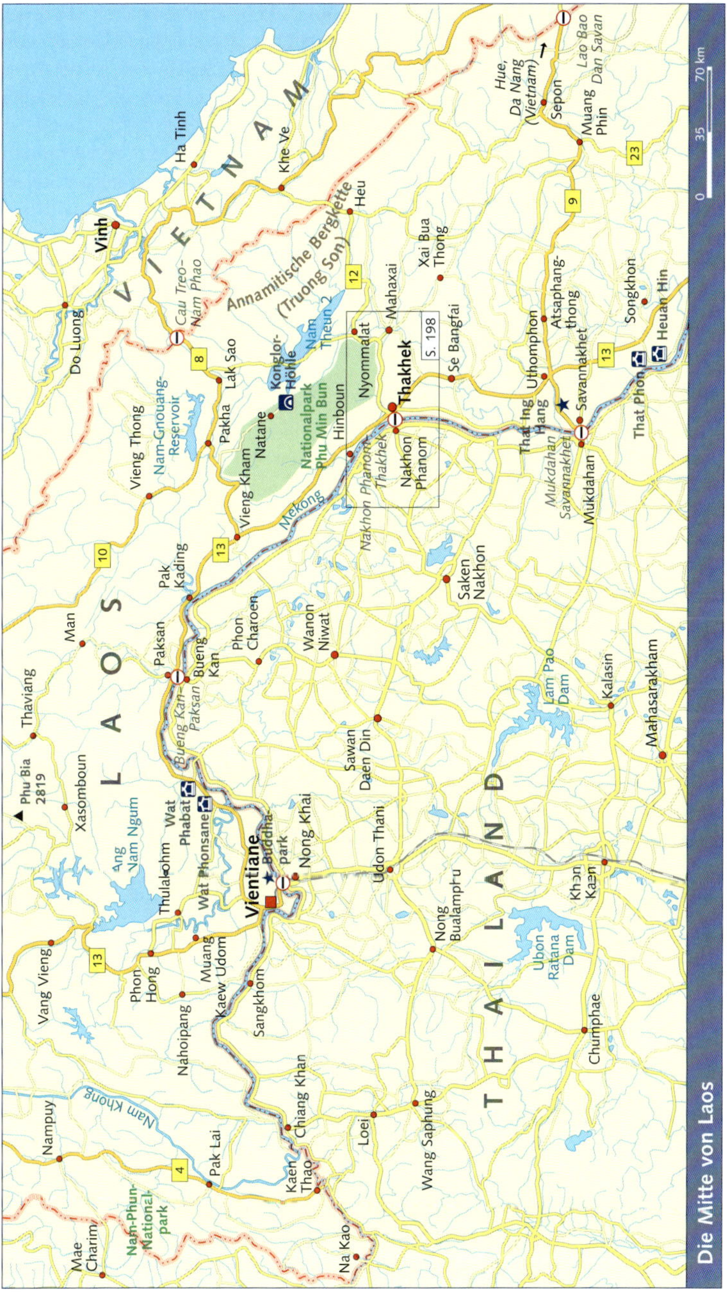
Die Mitte von Laos
L A O S
V I E T N A M
T H A I L A N D
Vientiane
Thakhek
Vinh
Ha Tinh
Khe Ve
Heu
Annamitische Bergkette (Truong Son)
Cau Treo–Nam Phao
Do Luong
Lak Sao
Pakha
Vieng Thong
Nam-Gnouang-Reservoir
Konglor-Höhle
Nam Theun 2
Nationalpark Phu Min Bun
Natane
Hinboun
Nyommalat
Mahaxai
Xai Bua Thong
Se Bangfai
S. 198
Vieng Kham
Mekong
Nakhon Phanom–Thakhek
Nakhon Phanom
Pak Kading
Man
Thaviang
Phu Bia 2819
Xasomboun
Paksan
Bueng Kan
Bueng Kan–Paksan
Phon Charoen
Wanon Niwat
Sawan Daen Din
Saken Nakhon
Wat Phabat
Wat Phonsane
Ang Nam Ngum
Thulakhom
Buddha-park
Nong Khai
Udon Thani
Nong Bualamphu
Vang Vieng
Phon Hong
Muang Kaew Udom
Nahoipang
Sangkhom
Chiang Khan
Loei
Wang Saphung
Nampuy
Nam Khong
Pak Lai
Kaen Thao
Na Kao
Mae Charim
Nam-Phun-Nationalpark
Chumphae
Ubon Ratana Dam
Khon Kaen
Lam Pao Dam
Kalasin
Mahasarakham
Uthomphon
Atsaphangthong
That Ing Hang
Savannakhet
Mukdahan–Savannakhet
Mukdahan
That Phon
Songkhon
Heuan Hin
Muang Phin
Sepon
Hue, Da Nang (Vietnam)
Lao Bao
Dan Savan
4
8
9
10
12
13
23
0 35 70 km

Anfahrt: Schräg gegenüber dem Wat Phabat geht eine unbefestigte Straße ab, die nach etwa zwei Kilometern am Fuße des Wat und am Ufer des Mekong anlangt. Frei zugänglich.

Höhle in Konglor

Inmitten eines Kalksteingebirges öffnet sich ein Tal breit genug, dass Nassreisfelder angelegt werden können, die die wenigen Dörfer hier versorgen. Viele der älteren Häuser stehen traditionell auf Stelzen, doch seit es hier Tourismus gibt, werden neue Häuser direkt auf dem Boden erbaut – und lieber aus Beton als aus Holz. Den Tourismus lockt die Höhle von Konglor (Tam Konglor) an, in einem kleineren Nationalpark gelegen und 7,5 Kilometer lang. Ein zügig dahinströmender Fluss durchzieht die Höhle, auf dem man in einem Longtailboot fahren kann, um die skurrilen Tropfsteinformationen zu betrachten.

Zunächst überquert man auf einer hölzernen Brücke den Fluss, dann öffnet sich schon das dunkle Maul der Höhle. Nachdem die Passagiere in dem flachen Boot Platz genommen haben, wirft der Bootsführer den kleinen Motor an, und los geht's. Die meiste Zeit ist der Fluss vielleicht 20 Meter breit, die Höhle über zehn Meter hoch. Die Lichtstrahlen der Kopflampen tanzen auf den Wänden herum und suchen nach neuen Stalaktiten und Stalakmiten. Diese sind hier nicht beleuchtet, doch nach kurzer Fahrt wird eine riesige Höhle erreicht, in der der Bootsmann anlegt. Die Passagiere steigen aus und folgen zu Fuß einem deutlich markierten Pfad zu den wundersamsten Formationen, die nun auch mit farbigem Licht in Szene gesetzt werden. Am andern Ende des Pfades wartet schon das Boot, mit dem die Reise weitergeht. Manchmal scheint es, als hätte man zwei, drei Meter Wasser unter dem Kiel, manchmal schrappt dieser aber auch über einzelne Steine oder Kieselinseln. Einige Stellen haben die Bootsführer markiert, damit sie Untiefen ausweichen können. Manchmal aber stockt die Fahrt. Alle Passagiere müssen aussteigen und helfen, das Boot über flache Stellen zu schieben. Dann geht es weiter, bis plötz-

Fahrt durch die Konglor-Höhle

▲ Karte S. 195

lich wieder Licht in die Höhle fällt und der Ausgang erreicht ist. Sofort wird es warm, und etwa eine Stunde nach Abfahrt ist die Anlegestation des Dorfes **Natane** erreicht. Nach einer Viertelstunde Pause geht es zurück.

Höhle in Konglor

Höhlenfahrt: Während der Regenzeit (August bis Mitte November) ist der Wasserstand in der Höhle zu hoch, so dass die Boote nicht fahren können. Ansonsten beginnt morgens gegen acht Uhr der Trubel, die letzten Boote legen je nach Nachfrage gegen 15 Uhr ab. Man muss am Tor einen kleinen Eintritt für den Wald entrichten, dann geht man zehn Minuten zu Fuß bis zum Fluss. Dort gibt es die Tickets für die Boote. Es können maximal drei Leute pro Boot fahren, bei einer Person kostet das Boot 110 000 Kip, bei zweien 120 000 Kip und bei dreien 130 000 Kip. Da man mehrfach zum Aus- und Einsteigen durch das Wasser waten muss, sollte man entweder wasserfeste Schuhe tragen oder seine Schuhe einschließen und die zur Verfügung gestellten Plastiklatschen tragen. Auch eine verschließbare Schwimmweste ist sinnvoll und liegt bereit. Wer keine starke Taschenlampe dabei hat, kann eine Kopflampe ausleihen. Die Luftfeuchtigkeit in der Höhle ist hoch. Auf dem Stück, das man zu Fuß geht, wird es einem eher warm, während es im Boot eher kühl ist. Gelegentlich steht man knietief im Wasser, so dass eine kurze Hose empfehlenswert ist. Wertsachen sollte man keinesfalls mitnehmen.

Von der Nationalstraße 13 geht in der Stadt **Vieng Kham** eine befestigte Straße nach Vinh in Vietnam ab. Sie ist ziemlich stark befahren, auch von Bussen und Lastwagen, und wird daher meist irgendwo gerade repariert. Nach etwa 40 Kilometern wird ein Aussichtspunkt (View Point) angekündigt, an dem man nicht vorbeifahren sollte: Man steigt einige Stufen hinauf und hat einen wunderbar weiten Blick über die Karstgebirge der Umgebung. Kurz darauf geht eine nur streckenweise befestigte und sich in einem schlechten Zustand befindende Straße nach Süden ab, auf der man nach 42 km den Ort Konglor erreicht hat. Aus Vientiane kommend erreicht man den Ort bequem am späteren Nachmittag. Hier gibt es die einzigen Übernachtungsmöglichkeiten weit und breit.

Springriver Resort (**–***), Ban Tiou, Tel. +856/020/59636111. Die Thailänderin Vicky und ihr Schweizer Mann Thomas haben hier direkt am Fluss einen Ort der Entspannung aufgebaut. Zehn Bungalows mit recht engen Zimmern und Gartenblick teilen sich drei Toiletten und drei saubere Badezimmer, doch die sechs Bungalows mit Flussblick sind wunderbar luftig, haben eigene Bäder und Balkone. Auch das Restaurant liegt hoch über dem Wasser. Man beobachtet die Dorfbewohner beim Fischen, die Wasserbüffel beim Baden und kann auch selbst ins klare Wasser steigen oder mit dem Hotelkahn auf dem Fluss paddeln. Das Hotel kooperiert mit den benachbarten Bauern und beachtet viele ökologische Prinzipien. Es liegt etwa zwei Kilometer von der Höhle entfernt und ist sicher das beste weit und breit. www.springriverresort.com

Es gibt eine ganze Reihe von **Guesthouses** (*) im Dorf Konglor bei der Höhle, die alle sehr ähnliche, recht schlichte Zimmer zu erstaunlich unterschiedlichen Preisen bieten. Die hohe Nachfrage, vor allem freitags und samstags, hat dazu geführt, dass mehrere neue Häuser im Bau sind. Derzeit kann man unter folgenden wählen: Chanta House, Khonglor Eco Lodge, Khounmee Guesthouse & Restaurant, Saylomyen 2, Thongdam Guesthouse.

Ein richtiges Restaurant gibt es nicht, doch die meisten Guesthouses bieten morgens und abends einfache Speisen an.

Weiter Richtung Süden

Will man weiter nach Süden fahren, so muss man dieselbe Strecke wieder zurück nach Vieng Kham fahren, um dort erneut auf die Nationalstraße 13 einzubiegen. Sie führt einige Kilometer vom Mekong entfernt in Richtung Thakhek. Auf der linken Seite ragen die Kalksteinberge auf, die zum **Nationalpark Phu Min Bun** gehören, auf der rechten Seite wird Reis und anderes angepflanzt.

Große Mauer

Angeblich soll die Große Mauer (Kam Pheng Hin Yak) schon im 8. Jahrhundert aus einer natürlichen Sandsteinformation herausgearbeitet und als Verteidigungsbauwerk genutzt worden sein. Sie war etwa 15 Kilometer lang und sieht aus, als wären gigantische Steinblöcke von Riesen aufgestapelt worden. Und tatsächlich gibt es eine Legende, dass die ›Acht-Ellen-Menschen‹, die mehr als drei Meter groß gewesen sein sollen, die Mauer erbaut haben sollen. Am besten sieht man sie beim Dorf **Kok Hai**, acht Kilometer nördlich von Tha-khek, wo sie 16 Meter hoch und auf einer Länge von 75 Metern unzerstört ist. Zudem hat eine christliche Gemeinde aus Thakhek hier an der Mauer eine Stätte für Gottesdienste eingerichtet, die aber nur zu Weihnachten und Ostern genutzt wird und den Rest des Jahres langsam verfällt. Von der Fernstraße weisen braune Schilder auf die Einfahrt, die jedoch sehr eng und ausgewaschen ist, nach 200 Metern gibt es einen Parkplatz bei einem kleinen Stück Mauer. Von hier geht man die kaum noch zu erkennende Treppe hinunter und hält sich nach 200 Metern auf einem breiteren Weg rechts.

Thakhek und Umgebung

Fußballspiel auf einem Reisfeld bei Konglor

Thakhek

Vor mehr als 2000 Jahren war Thakhek, heute die Hauptstadt der Provinz Khammouane, ein Zentrum des buddhistischen Großreiches Sikhottabong, das unter der Vorherrschaft der Khmer stand und große Teile der heutigen Staaten Kambodscha, Laos und des östlichen Thailand umfasste. Mit der Indisierung der Region verlor der Buddhismus an Bedeutung, die hinduistischen Priester gewannen an Macht, zerstörten buddhistische Stätten oder widmeten sie um. Vielleicht entstand zu dieser Zeit der Name Thakhek, der ›Hafen der Inder‹ bedeutet.

1349 unterwarf sich die Region dem Fürsten Fa Ngum, der das erste laotische Reich zusammenfügte. Die Zentren dieses Reiches lagen jedoch weiter im Norden, in Luang Prabang und Vientiane, so dass der Süden in Bedeutungslosigkeit verblieb. Zwar wollten die französischen Kolonialherren Ende des 19. Jahrhunderts Thakhek einmal zur Hauptstadt ihrer Kolonie machen, doch auch dieser Plan scheiterte. Allerdings hinterließen die Franzosen einige schöne Villen im Kolonialstil. Seit langer Zeit dominiert hier der Anbau von Nassreis und Zuckerrohr.

Heute ist Thakhek eine lebhafte Handelsstadt unmittelbar am Mekong, an dessen gegenüberliegendem Ufer sich die thailändische Stadt **Nakhon Phanom** befindet. Hier am Ufer des Mekong liegt auch das Stadtzentrum, während an der Biegung der Nationalstraße 13 Richtung Süden beim alten und beim neuen Markt das ökonomische Herz schlägt.

■ That Sikhottabong

Der große Stupa direkt am Ufer des Mekong erinnert wie der That Luang in der Hauptstadt in seiner Form als geschlossene Lotosblüte an den Glanz des früheren buddhistischen Reiches, auch wenn er in seiner heutigen Form erst Anfang des 19. Jahrhunderts entstand. Er steht in Verbindung mit den ähnlichen Türmen That Phanom (auf dem anderen Mekongufer, in Thailand), That Ing Hang und That Phon (beide in der Umgebung von Savannakhet, → S. 203, 205).

Der That steht auf einem quadratischen Sockel von etwa 25 Meter Kantenlänge und ragt ungefähr 29 Meter in die Höhe.

Den Sockel flankieren acht **Buddhastatuen** in zwei Vierergruppen, die die Tage der Woche darstellen, wobei der Sonntag der erste Tag ist und der Mittwoch sich in zwei Teile trennt. Die Zahl Acht gilt aber auch allgemein als Glückszahl, und viele Ideen des Buddhismus sind mit der Zahl Acht verbunden. Am **Giebel** des Sim sind einige Reliefs zu sehen, die Szenen aus dem Leben des Buddha darstellen. Auf dem Gelände wurde jüngst eine **Statue von König Setthathirath** aufgestellt, weswegen man jetzt dort Eintritt nehmen darf.

Im Februar wird das **Tempelfest** begangen, zu dem zahllose Mönche anreisen und in Prozessionen durch die Stadt ziehen. Verbunden ist dies mit einem großen Volksfest.

That Sikhottabong, sechs Kilometer südlich des Stadtzentrums; 6–17 Uhr.

An der Uferstraße von Thakhek

Höhlen

Östlich der Stadt, in zehn bis zwanzig Kilometern Entfernung, finden sich einige nicht ausgebaute Höhlen, die man am besten in Begleitung eines Einheimischen erkundet. Die **Tam Pa Fa** (14 Kilometer) beeindruckt durch über 200 Buddhastatuen und ist eigentlich ein religiöser Ort. In der **Tam Sieng Lian** (12 Kilometer) sind zahlreiche Stalakmiten und Stalaktiten zu sehen, von denen zwei aussehen wie buddhistische Mönche. Mehrere Kilometer tief soll die **Tam Aen** (18 Kilometer) sein.

Thakhek

Vorwahl: +856/51.

Riveria (***), Setthathirath, Ban Nabo, Tel. +856/51/250000, Fax 251188; 56 Zimmer. Großer, moderner Kasten mit standardmäßig eingerichteten Zimmern an der Uferstraße. www.hotelriveriathakhek.com

Inthira (**), 79, Unit 4, Anou, Ban Thakhek Kang, Tel./Fax +856/51/251237. Der zweistöckige Kolonialbau nimmt eine Ecke am geschäftigen Hauptplatz ein. Es gibt Standardzimmer nach innen ohne Fenster und De-Luxe-Zimmer mit Balkon zur Straße, die geräumig und freundlich eingerichtet sind. Großes Restaurant. www.inthirahotels.com/thakhek

Le Bouton d'Or (**), Setthathirath, Ban Nabo, Tel. 856/51/250678. Neueres Boutiquehotel im Neokolonialstil an der Uferstraße. Ordentliche Zimmer mit Holzfußboden und bequemen Betten. Großes Restaurant neben dem Hotel und auf der anderen Straßenseite mit Mekongblick. www.boutondor-tk.wixsite.com/leboutondorthakhek

Villa Thakhek (*), abseits der Main Road, Tel. +856/20/22213632. Sehr ordentliches, sauberes Guesthouse, etwas stark verkachelt, aber in einem schönen Garten.

Souksabay (Samile), im südlichen Bereich der Uferstraße, Tel. +856/20/22320909. Sehr großes Etablissement mit Sitzplätzen auf mehreren Ebenen sowie auf dem Gehweg am Ufer. Umfangreiche Karte mit thailändischen und laotischen Gerichten, täglich Live-Musik.

▶ Karte S. 198

Sunset, Südende der Uferpromenade, Tel. +856/51/214888. Blaue Lichtstreifen markieren das moderne große Restaurant mit Bar, westliche Musik tönt unaufdringlich im Hintergrund. Man genießt seinen Sundowner auf der Terrasse direkt am Mekong oder drinnen. Die Küche ist gehoben, thai und westlich, die Preise sind okay.

Savannakhet und Umgebung

Savannakhet (Khanthaboury) ist die Hauptstadt der gleichnamigen Provinz, die flächenmäßig die größte des Landes ist. In ihren flachen Regionen am Mekong und in der sich weiter nach Osten hinziehenden Ebene wird erfolgreich Reis angebaut; ein Fünftel der jährlichen Ernte kommt von hier. Zahlreiche Wasserbüffel, die bei der Bestellung der Felder Zugdienste leisten, sind in Bächen und auf Weiden zu sehen, wobei auch die Viehhaltung, vor allem Rinder, eine zunehmende Rolle spielt.

Die Verbindungen zu Vietnam sind eng. Die Nationalstraße 9 in Ost-West-Richtung führt bis zum vietnamesischen Hafen Da Nang. Seit der Handel mit Thailand wieder zugelassen ist, hat sie ein wenig an Bedeutung verloren. Allerdings leben in der Provinz seit französischen Kolonialzeiten zahlreiche Vietnamesen, die damals in den Erzbergwerken arbeiteten; viele von ihnen sind Katholiken, was sie bei der neuen Führung nicht beliebter machte. Heute spielen die Vietnamesen und einige hier ansässige Chinesen eine bedeutende Rolle in Handel zwischen Vietnam, Laos und Thailand.

Die Stadt zieht sich streng nach einem Schachbrettmuster geordnet in Nord-Süd-Richtung am Mekong entlang. Zu den lokalen Tempeln gehören der 100 Jahre alte **Wat Sayaphoum** direkt an der Mekong-Fähre, der **Wat Saygnamoungkoun** weiter südlich und die Halle **Ho Mahesak Khanthaboury**, in der der Schutzgeist der Stadt verehrt wird. Im **Provinzmuseum** im Süden ist unter anderem eine Saurierausstellung zu sehen, seit 1992 in einer schwer zugänglichen Berggegend Saurierfunde gemacht wurden.

Karstberge bei Konglor

Dinosauriermuseum

Der französische Geologe Josua Hoffet fand bei Erkundung der Region Phalane in den 1930er Jahren einen etwa 110 Millionen Jahre alten und 1,80 Meter großen Saurierknochen, der heute im Geologischen Museum in Hanoi ausgestellt wird. Seitdem gab es zahlreiche weitere Funde in der gesamten Provinz, zuletzt durch den Franzosen Philippe Taquet in den 1990er Jahren. Das liebevoll gemachte kleine Museum stellt eine große Anzahl von Skelettteilen meist in Schaukästen aus, die aber leider kaum beschriftet sind, einige Stücke hängen auch an der Wand. Informationen zu den Grabungen gibt es nicht. **Dinosauriermuseum**, Khanthaboury; tgl. 8–11 und 13.30–16 Uhr.

Ho Mahesak Khanthaboury

Direkt am Hochufer des Mekong steht auf Stelzen eine kleine kreuzförmige Halle, in der der Schutzgeist der Stadt, die früher Khanthaboury hieß, verehrt wird. Der kleine Schrein auf der oberen Etage ist meist durch seine schön geschnitzten Holztüren verschlossen.

Katholische Kirche

Die dreischiffige Kirche, 1920 von Franzosen errichtet, ist der heiligen Theresa geweiht. Sie ist einfach ausgestattet und wird vor allem von vietnamesischen Gläubigen genutzt.

That Ing Hang

Der 15 Kilometer nordöstlich der Stadt gelegene, sehr sehenswerte Stupa besitzt eine ähnliche Bedeutung wie der That Sikhottabong. Er wurde ziemlich sicher unter König Setthathirath (reg. 1548–1571) erbaut, aber wahrscheinlich auf einer alten Khmer-Stätte. Die Franzosen restaurierten ihn in den 1930-er Jahren. Die gesamte Anlage ist von einer Mauer auf einer Seite beziehungsweise einer Galerie auf drei Seiten umgeben; letztere bietet den Pilgern Schutz, die vor allem zum Tempelfest zum Vollmond im Februar/März hierherkommen. Auf jeder Seite durchbricht ein Tor die Galerie, in der sich hunderte gleichförmiger Buddhas aufreihen. Der That selbst ist mit neun mal neun Metern Kantenlänge und 25 Metern Höhe etwas kleiner, wirkt aber insgesamt in seinen Proportionen sehr harmonisch. Er gleicht stark Khmer-Türmen in Kambodscha oder Cham-Türmen in Mittelvietnam, sowohl in der Bauweise als auch in den Dekorationen. In diesen findet sich eine Mischung von hinduistischen und buddhistischen Motiven.

Auf der Ostseite, vor der die Opfer abgelegt werden und die Menschen sich verbeugen, befindet sich in einer schmalen, sehr hohen und spitz zulaufenden Nische eine kleine und niedrige **Holztür**, die jedoch stets verschlossen ist, da in dem Stupa angeblich wertvolle religiöse Gegenstände aufbewahrt werden. Auch die Türeinfassung und der Sturz bestehen aus Holz und sind mit Schnitzereien verziert; das Giebelfeld darüber zeigt in Stein geschnitzte Blumenmotive. Seitlich stehen zwei große Wächterfiguren in Nischen. Die Nischen umgeben runde Blumenelemente, die sich auch an vielen anderen Stellen auf dem Turm befinden. Umrundet man den Turm im Uhrzeigersinn, entdeckt man auf der Südseite eine **Scheintür**, in der eine Figur im Khmergewand mit Krone auf dem Kopf und ungewöhnlicher Handhaltung (beide Hände vor dem Bauch) steht. Eine ebenfalls ungewöhnliche Darstellung befindet

Verehrter Banyanbaum in Savannakhet

Der That Ing Hang

sich in einer Nische darüber: Zwei Vögel, vermutlich eine doppelte Ausführung der Gans Hamsa, umrahmen eine ebenfalls bekrönte Figur mit weit aufgerissenen Augen, einer großen Schmuckkette und einem Khmergewand. Die Figur steht breitbeinig auf zwei ineinander verschlungenen Schlangen. Wenn es sich um die Gans Hamsa handelt, könnte die Figur den hinduistischen Gott Brahma, der zu den drei höchsten Göttern gehört, darstellen. Im oberen Teil der Nische sitzt im Zentrum ein lächelnder, fast grinsender Buddha mit dem Mudra der Erdanrufung. Unter seinem erhöhten Sitz winden sich zwei weitere ineinander verschlungene Nagas (Schlangen), doch hinter dem Buddha reißen Monster ihre mit scharfen und spitzen Zähnen besetzten Mäuler auf. Es ist unklar, ob sie den Buddha verteidigen oder bedrohen. In den seitlichen Nischen stehen wieder niedere Gottheiten.

Im Westen besetzt erneut eine stehende Gottheit mit langen Ohrläppchen, Krone und Khmergewand die Scheintür, erneut mit beiden Händen vor dem Bauch. Über der Tür befindet sich ein Feld mit einem tiefen Relief, das Rankwerk zeigt, auf dem ein Gesicht mit einer Krone lugt. In einem weiteren Feld darüber sind Shiva und seine Gattin Parvati auf dem Bullen Nandi reitend zu sehen, eine sehr schöne Darstellung, da sie beide freundlich lächeln und Parvati wunderbar mit angezogenen Beinen auf dem Hinterteil des Bullen hockt.

Die Scheintür im Norden besetzt eine ähnliche Figur. Darüber ist sehr schwer ein glubschäugiger Gott auf zwei gewundenen Schlangen zu sehen. Direkt auf seinem Kopf sitzt ein Buddha mit dem Mudra der Erdanrufung, der wahrscheinlich nachträglich eingefügt wurde und aus einem rötlichen Stein besteht. Wie auf der gegenüberliegenden Seite umgeben ihn Monster mit spitzen Zähnen in großen Mündern.

That Ing Hang; tgl. 8–18 Uhr, Eintritt.

That Phon

Der dritte der vier Thats, die an das alte buddhistische Reich erinnern, liegt über 50 Kilometer südöstlich der Stadt und ist über die Straße 13 und eine Piste zu erreichen. Der vierte Stupa, That Phanom, gehört heute zu Thailand. Er liegt in einer hügligen, staubigen Gegend, ist kleiner, gedrungener als die anderen Stupas und nicht so gut erhalten. Dennoch wird auch hier im Februar/März gefeiert. Weitere 15 Kilometer sind es bis zu einer Ruine, die **Heuan Hin** (Steinhaus) genannt wird und zu einem Khmer-Tempel gehörte. Zu sehen sind hier allerdings nur Reste von Lateritmauern, die man am Wat Phu viel besser in Augenschein nehmen kann.

Der Süden

Savannakhet

Vorwahl: +856/41.

Touristeninformation, Si Muang, Tel. +856/41/212755; Mo–Fr 8–12, 13–16 Uhr. Neben Broschüren bietet das Büro auch Ausflüge in abgelegene Naturschutzgebiete an.

Savannakhet International Airport (ZVK), südöstlich der Stadt. Mehrmals wöchentlich fliegt Lao Airlines von und nach Bangkok (Thailand), Vientiane und Pakse.

Der **Busbahnhof** liegt am nördlichen Stadtrand. Zahlreiche Verbindungen den ganzen Tag über nach Vientiane im Norden und Pakse im Süden. Manche Busse werden in Savannakhet eingesetzt, manche kommen aus Vientiane oder Pakse, so dass sie auch schon belegt sein können. Nach Vientiane dauert die Fahrt 8–10 Std., nach Pakse 5–6 Std.

Es gibt schnellere **VIP-Busse**, die nachts verkehren und teurer sind.

Weiterhin gibt es Busse auf die große Mekong-Insel Don Khong und zur vietnamesischen Grenze.

Daosavanh Resort (***), Vangluang, Ban Thahae, Tel. +856/41/252188, Fax 213999. Dies ist weit und breit das einzige Resorthotel, was vor allem bedeutet, dass es hier einen Pool gibt. Das Hotel liegt fast am südlichen Ende der Uferstraße, also etwas abseits der Ortsmitte. Es ist schon ein wenig abgewohnt, aber die Zimmer sind luftig und gut ausgestattet. Eigenes Restaurant. www.daosavanh.com

Phonepaseud (**), Santisouk, Tel. +856/41/212158. In einem großen grünen Garten liegt dieses etwas kolonial-französisch inspirierte Haus mit Zimmern in zwei Klassen.

Savanbanhao (**), Senna, Tel. +856/41/212202. Größerer, nicht direkt einladender Komplex mit sauberen, einfachen Zimmern.

Lin's Café, Phetsarath; Do–Di 8.30–20 Uhr. Teils Café, teils Restaurant, in dem vor allem die Currys gelobt werden.

Sala Vanna, Ban Phonesavan, ca. 1 km vom südlichen Ende der Uferstraße weiter südlich, Tel. +856/20/22711911. Von dem großen Holzpavillon, in dem man auf Stühlen und Sofas sitzen kann, schweift der Blick über die untergehende Sonne und den Mekong. Es gibt thailändische und laotische Küche und ein buntes Publikum.

Tonenam, Udomsin; tgl. 10–22 Uhr. Man kann gut draußen sitzen; thailändische Küche.

White House, Udomsin. Gehobenes Restaurant in einem Kolonialbau mit der Küche aus Thailand, Laos und China sowie westlichen Gerichten hoher Qualität.

Ein Ableger der Tourismuszentrale der Stadt bietet eine dreitägige **Trekkingtour durch den Dschungel von Dong Natad** und seine Dörfer an. Die Wanderentfernungen liegen zwischen 10 und 17 Kilometern pro Tag, man übernachtet in Dörfern und lernt das Leben der Bauern kennen.

In derselben Gegend kann man auch **zwei Tage Radfahren**, am ersten Tag 40 Kilometer (teilweise über die Hauptstraße Richtung Vietnam), am zweiten Tag 30 Kilometer durchs Gelände, Übernachtung im Dorf. Gegen Ende kommt man am That Ing Hang vorbei.

Informationen und Buchungen: **Savannakhet Eco-Guide Unit**, Ratsaphanith, Savannakhet, Tel./Fax +856/41/214203.

Opfergaben am chinesischen Tempel Wat Sopsay in Pakse

▲ Karte S. 202

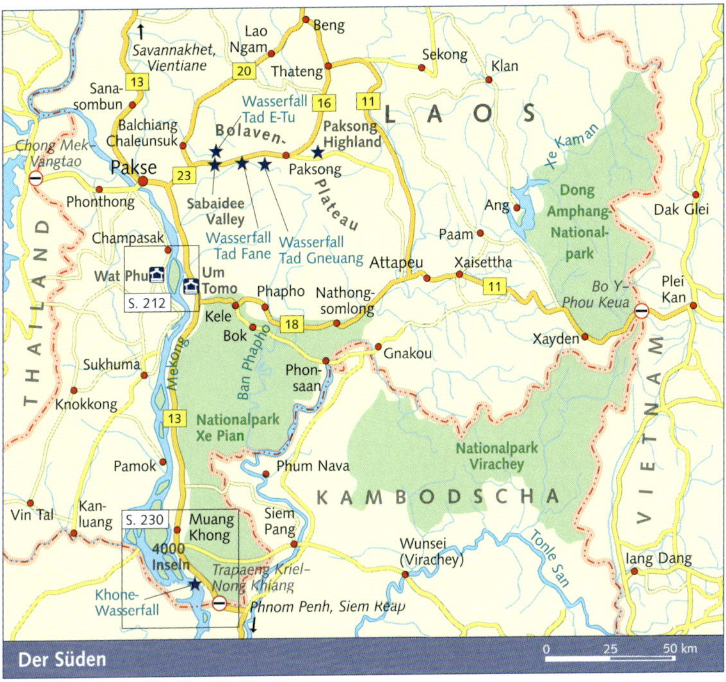

Pakse

Die Hauptstadt der Provinz Champasak ist heute eine lebhafte Handelsstadt, bevölkert vor allem von eingewanderten Vietnamesen und Chinesen, die die verkehrstechnisch günstige Lage als Zentrum des Südens für ihre Geschäfte nutzen. Dazu trugen der Ausbau der Straßen im Süden sowie die 1999 eingeweihte Brücke über den Mekong bei, von der aus die Straße 16 in rund 40 Kilometern zur Grenzstation Chong Mek und nach Thailand führt.

Zwar gab es hier, an der Mündung des Xedon in den Mekong, schon vorher eine Siedlung, doch wirklich gegründet wurde Pakse erst 1905 von den Franzosen; einige Holzhäuser an der Hauptstraße zeugen noch von dieser Zeit. Früher war die Straße entlang des einmündenden Flusses Xedon die Flaniermeile der Stadt, doch seit den großen Neubaumaßnahmen in der Umgebung der Brücke ist es hier recht ruhig geworden. Derzeit wird die Straße am Ostufer des Mekong zu einer Promenade ausgebaut, die im Jahr 2019 eingeweiht werden soll. Da dort aber vor allem Verwaltungs- und Bürogebäude stehen, kann noch nicht gesagt werden, ob die Gegend wirklich zum Bummeln einladen wird.

Jeden Abend sind dramatische Sonnenuntergänge über dem Mekong zu beobachten. Der beste Ort dafür ist die Einmündung des Xedon in den Mekong, entweder auf der Südseite, wo es einige kleine Straßenimbisse gibt, oder auf der Nordseite vom Wat Sopsay aus.

Champasak Palace Hotel

Das markanteste Bauwerk der Stadt ist das heutige Champasak Palace Hotel,

das 1969 von Prinz Boun Oun na Champasak (1912–1980) in Auftrag gegeben wurde. In der Stadt erzählt man sich, der Prinz habe so viele Geliebte gehabt, dass es dieses siebenstöckigen, mehrflügeligen Baus bedurfte, um sie alle standesgemäß unterzubringen. Bevor das stattliche Bauwerk in einem Phantasiestil fertig war, kam ihm eine Revolution dazwischen, die ihn nach Frankreich und die Damen zur ›Umerziehung‹ schickte. Der Palast stand jahrelang leer, bis sich 1994 eine thailändische Investorengruppe fand, die das langsam herunterkommende Gebäude sanierte und zum Hotel umbaute. Ob sich das jemals rechnete, ist unklar, einen palastartigen Standard bekommt der Besucher nicht gerade geboten, der Besitzer wechselte im Laufe der Jahre mehrfach. Aber der Ausblick von den oberen Stockwerken ist lohnenswert.

Buddhastatuen am Wat Phou Salao

Wat Luang

Der bedeutendste Tempel der Stadt ist der am Fluss Xedon gelegene Wat Luang, in dem zahlreiche Mönche leben und Novizen ausgebildet werden. Der Sim wurde erst 1935 gegründet.In dem großen, weiß getünchten **Grabstupa** wird die Asche des Politikers Katay Don Sasorith (1904–1959) aufbewahrt, der in Pakse geboren wurde. Er stand zunächst an der Seite der Franzosen, wechselte nach deren Abzug zu den Nationalisten, später zur Fortschrittspartei Souvanna Phoumas, für die er mehrere Ministerämter bekleidete, bevor er recht früh starb.

Wat Sopsay

An der Spitze der Landzunge nördlich der Einmündung des Xedon in den Mekong liegt dieser lebhafte **chinesische Tempel**, der etwa 250 Jahre alt sein soll. Der große Altar im Freien vor dem Eingang zum Tempel dient dazu, die Opfer zu präsentieren, die Gläubige hier abliefern. Schöne Äpfel oder harmonisch runde Apfelsinen gehören dazu; wer es sich leisten kann, spendet ein ganzes Spanferkel und sticht ein Messer in den Rücken, damit die Götter es sich gleich schmecken lassen können.

Im Innern wabert der Qualm der Räucherstäbchen gen Himmel. Die kleinen Figuren auf den drei Altären symbolisieren von links die Pietät vor den Eltern, den Reichtum und die Macht über die Stadt.

Wat Phou Salao

Am Abhang eines Berges, etwa 100 Meter über dem Westufer des Mekong thront eine große goldfarbene Buddhastatue und lässt ihren stillen Blick über Pakse am anderen Ufer schweifen. Hinter ihr ziehen sich Reihen über Reihen von gespendeten Buddhas am Hang entlang und führen zu dem kleinen, modernen **Sim**, der vor etwa zehn Jahren hier errichtet wurde. Auf dem Altar finden sich drei Buddhas aus grünem Glas, die an den berühmten Jadebuddha Pha Keo erinnern sollen.

Vom westlichen Ende der Brücke führt eine Treppe hinauf zum Wat, außerdem eine Straße mit einem langen Umweg.

Champasak Historical Heritage Museum

Das Museum für die Südregion präsentiert einige interessante Einzelstücke. Dazu gehören die bronzenen **Dong-Son-Trommeln**, benannt nach einem Dorf im nördlichen Vietnam, in dem der erste Fund dieser über die ganze indochinesische Halbinsel verbreiteten Bronzen getätigt wurde. Wozu diese Ritualobjekte wirklich dienten, ist weiterhin unklar, dass es wirklich Trommeln waren, ist eher unwahrscheinlich. Weiterhin ist ein mit Reliefs versehener **Türsturz aus dem Khmer-Tempel Um Tomo**, südöstlich des Wat Phu, zu sehen, verschiedene weitere **Reliefs** aus dem Wat Phu sowie einige schöne **Statuen**, darunter eine Tänzerin, die bisher nicht zugeordnet werden konnte. Im oberen Stockwerk sind die Heldentaten der lokalen Kommunistischen Partei in Bild und Schrift festgehalten.

Champasak Historical Heritage Museum, Straße 13; Mo–Fr 8.30–11.30 und 14–16 Uhr.

Talat Dao Heuang

Der neue Markt in der Nähe der Mekong-Brücke hat einen trockenen und einen nassen Bereich. Im trockenen gibt es vor allem Kleidung, Kosmetik, Werkzeuge und moderne Elektronik, im nassen die ganze Fülle der Lebensmittel von Gemüse und Obst bis zu Fisch und Fleisch. Ein Bereich ist für vor Ort zubereitete Speisen reserviert, vor allem Nudelsuppen, Grillwaren und andere Snacks.

Pakse

Vorwahl: +856/31.

Information Centre Champasak Province Tourism Department, No 11 Road (am Ostufer des Flusses Xedon, gegenüber Hotel ›Résidence Sisouk‹); Öffnungszeiten unregelmäßig, am Wochenende geschlossen. Es gibt Flyer und Visitenkarten von touristischen Einrichtungen in der Stadt und der Umgebung.

100 Meter vom Information Centre weiter nach Norden befindet sich der **Busbahnhof der Firma King of Bus**. Die Busse fahren über Nacht nach Vientiane.

Athena (***), 13th Southern Road, Tel. +856/31/214888. Geräumige Zimmer, teilweise mit Sitzgelegenheiten, teilweise mit Balkonen zum Innenhof, in dem sich der Außenpool befindet.
www.athenahotelpakse.com

Champasak Grand (***), Lao Nippon Mekong Bridge Riverside Road, Tel. +856/31/2255111, Fax 2255119. Ziemlicher Klotz an der Brücke über den Mekong, teilweise mit Flussblick; moderne Standardeinrichtung, Fitnessraum, Pool.
www.champasakgrand.com

Résidence Sisouk (***), Ban Lak Muang, Tel. +856/31/214716. Dieses Haus aus der französischen Kolonialzeit war einst ein Familienheim, bis die Eigentümer vor der Revolution fliehen mussten. Nach der Rückkehr bauten sie das Haus zu einem kleinen, aber sehr feinen Hotel mit 14 Zimmern aus, das seinen alten Charme wiederfand: Aufzug mit Scherengitter, Parkettboden, alte und neue Fotos an den Wänden, dazu unten ein Café und oben ein Restaurant (in dem auch das Frühstück serviert wird) mit weitem Blick über die Stadt. Vermutlich das schönste Hotel der Stadt.
www.residence-sisouk.com

Arawan Riverside (**–***), Salakiew, Ban Phonesavan, Tel. +856/31/260345, Fax 260567. Großes Standardhotel mit insgesamt 178 schon ein wenig abgewohnten Zimmern und Suiten in der Nähe der Brücke. Der Pool ist von Beton umgeben und liegt frei einsehbar am Mekongufer. Wenn man sonst nichts findet, ist hier immer ein Zimmer zu einem vernünftigen Preis frei.

Pakse Hotel (**–***), No 5 Road, Ban Wat Luang, Tel. +856/31/212131, Fax 212719; 63 Zimmer. Das Hotel entstand 1962, damals mit Theater und Kasino, als erstes Hochhaus der Stadt (sechs Stockwerke). 2003 wurde es zuletzt grundlegend renoviert. Von den Zimmern überzeugen nur die höher gelegenen durch Größe und ordentliche Ausstattung. Das Dachrestaurant bietet einen beeindruckenden Ausblick über die Stadt.
www.paksehotel.com

Champasak Palace (**), Straße 13, Ban Pra Bath, Tel. +856/31/212263, Fax 212781; 115 Zimmer. Aus dem ›Haus mit tausend Türen‹ hat man ein Hotel gemacht, das vor allem von thailändischen Reisegruppen genutzt wird. Die Zimmer sind abgewohnt, der Teppichboden müffelt, und so schön die umlaufenden Galerien sind, man fühlt sich in den Zimmern immer in der Öffentlichkeit.
www.champasakpalacehotel.com

Dao Lin, No 13 Road. Vor allem von Ausländern frequentiertes Straßenlokal mit großem Angebot asiatischer und westlicher Speisen.

Phi Dao, 125, Straße 13, Tel. +856/31/215566. Man sitzt draußen etwas abgetrennt vom Verkehr der Nationalstraße oder im bequem eingerichteten Gastraum. Die Karte führt Thai-Lao- und westliche Gerichte auf.

Sawaidee Pakse, Straße 13. Großes Straßenrestaurant mit ausgedehnter Speisekarte, das täglich von Einheimischen und Touristen gleichermaßen bevölkert wird. Effizienter und freundlicher Service.

100 Meter vor der Mündung des Xedon in den Mekong hat am Südufer das Restaurantschiff **Mekong Lane Xang** festge-

► Karte S. 208

macht. Es lädt am späten Nachmittag zu Sundownern ein und danach zur Wahl aus der umfangreichen Speisekarte. Vor allem jüngeres Publikum genießt die Musik dazu. Wer die Uferstraße weitergeht, kommt zu kleinen **Straßenimbissen** in der Kurve zum Mekong. Am Ostufer des Mekong selbst werden sich noch weitere Restaurantschiffe ansiedeln. Bisher hält dort das Restaurant **Khem Khong** auf Pontons die Stellung (Tel. +856/20/23646422).

Die thailändische Reederei **Asian Oasis** bietet auf gut ausgestatteten Holzbooten flussaufwärts und flussabwärts Kreuzfahrten zwischen Pakse und den Wasserfällen an der kambodschanischen Grenze an. Vom Schiff aus werden die Inseln Khon und Det sowie Dörfer an beiden Ufern des Mekong besucht. Dauer jeweils drei Tage, zurück Landtransport (→ S. 247). www.asian-oasis.com

Ausflüge von Pakse

Etwa 45 Kilometer südlich von Pakse, am Westufer des Mekong, liegt der Khmer-Tempel **Wat Phu** (auch Vat Phu oder Wat Phou geschrieben, → S. 212), dessen Anfänge aus der Vor-Angkor-Zeit stammen. Man kann ihn in einem Tagesausflug besuchen, sollte dabei aber möglichst früh losfahren, da es in der Mittagszeit sehr heiß wird und es wenige schattige Plätze am Tempel gibt. Auf dem Rückweg kann man einen Zwischenhalt in der Stadt **Champasak** einlegen (→ S. 225). Wasserfälle und Kaffeeplantagen stehen auf dem **Bolaven-Plateau** (→ S. 225) rund 40 Kilometer östlich von Pakse auf dem Programm. Um einen Eindruck zu gewinnen, reicht ein Tagesausflug, zumal in der Trockenzeit ab November auf den Plantagen keine Aktivitäten mehr stattfinden. Die Kaffeebäume sind abgeerntet und blühen nun mit zarten weißen Blüten. Die meisten Wasserfälle sind bequem zu erreichen, man kann aber auch längere Trekkingtouren einlegen. Dann gibt es Übernachtungsmöglichkeiten, meist in der Nähe der Wasserfälle. Notfalls kann man auch die **Welt der 4000 Inseln** (Si Phan Don, → S. 229)

Fischer auf dem Mekong bei den 4000 Inseln

und den **Wasserfall Khone Phapheng** (→ S. 236) an der Grenze zu Kambodscha auf einem Tagesausflug besuchen. Doch empfiehlt es sich eher, sich etwas Zeit zu lassen, die Inselwelt zu genießen und die Kühle an den donnernden Wasserfällen. Auf der über eine Brücke erreichbaren Insel **Don Khong** sowie den beiden beliebten Inseln **Don Khon** und **Don Det** gibt es inzwischen zahlreiche einfache Guesthouses und ein paar komfortable Hotels.

Wat Phu

Wer heute die Tempel von Angkor in Kambodscha besucht, kann angesichts ihrer Fülle, Ausdehnung und Pracht leicht zu der Annahme gelangen, das Khmer-Reich jener Zeit (9. bis 14. Jahrhundert) sei stark konzentriert und auf einen Ort fokussiert gewesen. Tatsächlich handelte es sich jedoch um ein sehr ausgedehntes Gebiet, das wesentlich größer war als das heutige Kambodscha. Und so gehörte auch Wat Phu, der Khmer-Tempel am Ufer des Mekong, 85 Kilometer nördlich der heutigen Grenze zwischen Kambodscha und Laos, zu jenem Reich der Khmer und war über eine 250 Kilometer lange Straße mit der Hauptstadt Angkor verbunden.

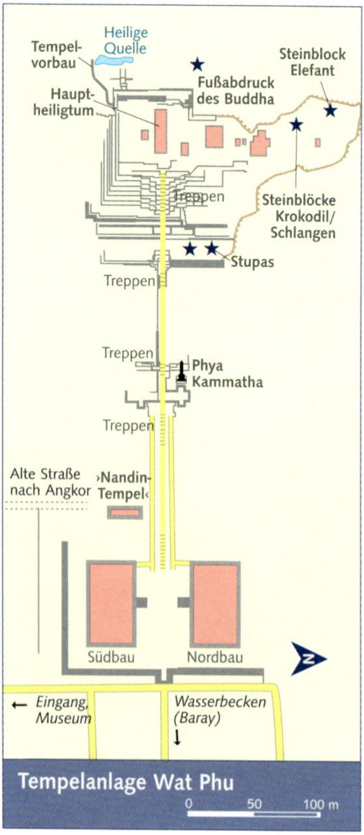

Tempelanlage Wat Phu

Der Tempel weist eine herausragende Lage auf. Der Mekong ist hier heute über einen Kilometer breit und zieht träge dahin. Doch der Tempel liegt nicht direkt an seinem Ufer, sondern über einen Kilometer entfernt; dazwischen befand sich eine historische Stadt, die heute unter der Erdoberfläche verborgen ist, deren Grundrisse und Ausdehnung aber vor einigen Jahren durch Radarscans sichtbar gemacht wurden und die Wissenschaftler dazu veranlassten, die Bewohnerzahl auf etwa eine Million Menschen zu schätzen. Nun muss man mit solchen Urteilen vorsichtig sein, ausgegraben wurde hier auch noch nichts, da das Management und die Mittel fehlen, und es kann durchaus sein, dass vor 1500 Jahren der Flussverlauf und die geographische Umgebung noch ganz anders aussahen. Man kann aber wohl davon ausgehen, dass sich hier ein großes Siedlungszentrum des Khmer-Reiches befand.

Übersetzt bedeutet Wat Phu einfach ›Bergtempel‹, denn Hintergrund des Tempels ist eine mächtige Bergkette, deren Spitzen bis zu 1400 Meter aufragen, während die Anlage selbst den Übergang zwischen einer völlig flachen Ebene (in der sich die Wasserbecken des Tempels befinden) und dem Abhang des Berges (hier durch mehrere markante Treppen

Der von Steinlaternen gesäumte Zugangsweg zum Wat Phu

gestaltet) kennzeichnet. Aus einer Quelle am Berghang entsprang frisches Wasser, das durch Kanäle (später Rohre) in den Tempel geleitet wurde. Der Tempel richtet sich nach einer Bergspitze namens Phu Kao aus, die sich markant von ihrer Umgebung abhebt und wie ein Shiva-Lingam aussieht.

Das Jahr 802 gilt als das Gründungsjahr des Angkor-Reiches. In einer Zeremonie auf dem Berg Kulen, nordöstlich der heutigen Ruinen von Angkor, soll König Jayavarman II. sich von allen losgesagt haben, die ihn beherrschten, und sich zum ›König der Könige‹ erklärt haben. Man kann dies wohl so verstehen, dass es zuvor lose strukturierte Gebiete mit lokalen oder regionalen Herrschern gegeben hat, die nun straffer unter der Oberherrschaft von Jayavarman zusammengefasst wurden, so dass in einer fruchtbaren Ebene südlich des Kulen-Gebirges (aus dem Steine für Tempel und Wasser zur Bewässerung der Felder gewonnen werden konnten) eine ausgedehnte Hauptstadt einer hochstehenden Zivilisation entstehen konnte.

Als Vorläuferstaaten werden gerne die Reiche Funan und Chenla genannt. Funan beherrschte vom 2. bis zum 6. Jahrhundert das Küstengebiet vom heutigen Thailand über Kambodscha bis zum Mekong-Delta. Es war ein ›indisierter‹ Staat, der aus der Verbindung zwischen lokalen Herrschern und einer aus Südindien eingewanderten Adelsgruppe entstanden war. Die indische Kultur inklusive der Religion des Hinduismus beherrschte das Leben der Menschen. Es gab mehrere gewaltsame Machtwechsel in Funan, und es ist weitgehend unklar, ob es sich bei Funan wirklich um einen gefestigten, strukturierten Staat gehandelt hat oder um ein loses Gebilde von regionalen Machtzentren.

So bleibt auch der Charakter des Reiches Chenla unklar. Es soll Nachfolger von Funan gewesen sein, aber schon zur Hochzeit Funans existiert haben, und auch als Chenla mächtiger wurde als Funan, soll dieses Reich weiter bestanden haben. Chenla lag weiter landeinwärts als Funan. Zwar wurde weiter Küstenhandel betrieben (wohl von

Indra auf dem Türsturz des Hauptheiligtums

Indien bis ins heutige Indonesien), doch scheint die Landwirtschaft einen großen Aufschwung erlebt zu haben, vor allem der Nassreisanbau durch die Verbesserung der Bewässerungstechnik. Es gibt zahlreiche Kandidaten für die Position der Hauptstadt des Reiches Chenla, darunter auch die Stadt, die sich einst zwischen dem Wat Phu und dem Mekong ausbreitete, doch Belege dafür gibt es keine. Ein König namens Mahendravarman soll dort im 5. Jahrhundert residiert haben und von dort aus das Khorat-Plateau (im heutigen Thailand und eine der Wiegen der menschlichen Kultur) für das Reich erobert haben.

Klar ist zudem, dass sich bereits in der Chenla-Zeit, also vor 802, eine Kultstätte dort befunden hatte, wo heute die Ruinen des Wat Phu stehen. Mit ziemlicher Sicherheit war es ein Khmer-Tempel. Wahrscheinlich bestand er zu einem großen Teil aus Holz, schon deshalb ist heute davon nichts mehr zu sehen. Man schätzt, dass ein erster gefestigter Tempel für die benachbarte Großstadt im 6. Jahrhundert errichtet wurde, der danach vielfach erweitert und umgebaut wurde. Die meisten heute noch sichtbaren Bauwerke stammen aus dem 11. und 12. Jahrhundert.

▲ Karte S. 212

Hinduistische Götter

Die drei obersten Götter des Hinduismus sind Brahma, der Weltenschöpfer, Vishnu, der Weltenbewahrer, und Shiva, der Zerstörer und Erneuerer. Sie unterliegen keiner weiteren Hierarchie, denn sie bedingen sich gegenseitig. Auch Shiva, der durch seinen kosmischen Tanz die Welt zerstört, ist keine negative Figur, denn das hinduistische Weltbild ist auf Zyklen aufgebaut, und ohne die Zerstörung des alten Zyklus kann kein neuer entstehen. Brahma wird sehr selten dargestellt, wenn doch, dann meist mit vier Gesichtern und auf der Gans Hamsa reitend.

Vishnu kann in sehr vielen Wandlungen auftauchen, menschliche Gestalt annehmen und in das Leben der Menschen eingreifen. Am bekanntesten sind seine Inkarnationen als Krishna, der in vielen Legenden beschrieben wird, sowie als Prinz Rama, einer der Hauptakteure in dem gigantischen indischen Epos Ramayana, in dem Ramas Frau Sita von dem Monster Ravana auf die Insel Lanka entführt wird und Rama mit einer großen Schar von Helfern, darunter der Affenarmee, sie wieder befreit. In seiner göttlichen Form wird Vishnu als aufrecht stehender Mann mit vier Armen dargestellt, der die Attribute Muschel, Diskus, Keule und Kugel hält. Sein Reittier ist der mythische Vogel Garuda, der Krallen wie eine Katze und menschliche Gesichtszüge besitzt. Vishnus Gefährtin ist Lakshmi, die Göttin des Reichtums und des Glücks. Auch Shiva wird oft als stehender Mann mit vier Armen dargestellt, doch seine Attribute sind der Dreizack, eine Gebetskette und eine Sanduhrtrommel. Oft zeigt er lange, offene und gelockte Haare, denn die Flussgöttin Ganga ließ das Wasser vom Himmel stürzen, das Shiva mit seinen Haaren auffing und in den Fluss Ganges ableitete. Er ist zudem gut an seinem dritten Auge auf der Stirn zu erkennen. Seine Gefährtin ist Parvati, mit der er auf dem Bullen Nandi reitet, der oft an Tempeleingängen zu sehen ist. Häufiger als in menschlicher Gestalt wird Shiva als Lingam dargestellt. Dies ist ein aufrecht stehender Phallus, der als Lebensspender angesehen wird und sich in der Mitte einer Yoni erhebt, der Verkörperung des Weiblichen, einer liegenden Steinplatte mit äußerer Umgrenzung und einem Abfluss. Diese Kombination aus Lingam und Yoni ist in hinduistischen Tempeln der Opferplatz: Auf dem Lingam wurden Tiere (man sagt, auch Menschen) geschlachtet, Wasser und Blut liefen durch den Abfluss und wurden dort als geheiligt aufgefangen. Die Lingams sind oft einfache, nur leicht behauene Steine, manchmal auch über einen Meter hohe Gebilde mit quadratischen und achteckigen Basen. Später sind auf dem Phallus auch Gesichter zu erkennen (Mukhalingam), die wieder Shiva zugeschrieben werden.

Gelegentlich wird auch der Gott Indra dargestellt, der auf dem dreiköpfigen Elefanten Airavata (laotisch: Eravan) reitet. Er trägt die Kleidung der Khmer, vor allem einen knielangen Rock, dessen Ende durch die Beine gezogen wird, was den Rock praktisch in eine Hose verwandelt. Auf dem Kopf hat er eine hohe Krone, trägt schwere Ohrringe, hat einen Schnäuzer oder Bart um den breiten Mund. Da er auch der Gott des Regens ist, spielt er in landwirtschaftlich orientierten Gesellschaften eine bedeutende Rolle. Den Regen ruft er durch den Donnerkeil heran, den er in der rechten Hand trägt.

Dieses schon mehr als 3700 Jahre alte Glaubensgebilde brachten die südindischen Adligen mit, als sie etwa im 2. Jahrhundert im Reich der Khmer Fuß fassten und ihre Traditionen mit den lokalen vermischten. Die gefestigte hinduistische Religion erwies sich dabei jedoch als überlegen. Zunächst wurde der vor allem der Gott Vishnu verehrt, später stand dann Shiva weit im Vordergrund, so dass auch im Wat Phu vor allem Lingams und Darstellungen Shivas zu sehen sind. Man kann aber nicht davon ausgehen, dass die Tempel den einfachen Leuten offenstanden. Sie waren der Sitz der Götter, mit denen zum Beispiel der König dort Zwiesprache hielt, denn er galt als Vermittler zwischen den Menschen und den Göttern. Dort wirkten die Priester, die offensichtlich recht wohlhabend waren und großen Einfluss ausübten.

Das Hauptheiligtum in Wat Phu

Struktur und Bauweise von Khmer-Tempeln

Die über die Zeit von 500 Jahren entstandenen Khmer-Tempel weisen in ihrer Anlage und grundlegenden Eigenschaften große Ähnlichkeiten auf, auch Wat Phu macht da keine Ausnahme. Die verwendeten Baumaterialien sind Laterit, Sandstein, Ziegel sowie Putz und Stuck. Laterit ist ein vulkanisches Material, das bei seinem Abbau aus der Erde in Blöcke geschnitten wird und dann beim Trocknen in der Sonne extrem hart wird. Da es sehr porös ist, eignet es sich kaum zur Dekoration, ist auch schwer zu schnitzen, also wurden Lateritblöcke hauptsächlich für Umfassungsmauern, Fundamente, später verkleidete Innenmauern und Terrassen verwendet. Lateritmauern sind sehr stabil und wurden entweder durch dünne Sandsteinverblendungen oder durch Stuck unsichtbar gemacht.

Aus Sandstein waren Säulen, Tür- und Fenstereinfassungen, die wie gedrehte Holzsäulen aussehenden Fenstergitter, aufgesetzte Reliefs und die meisten Statuen und Figuren. Da die Khmer-Tempel meist in Ebenen stehen, war es oft nicht einfach, an den Sandstein heranzukommen. Er musste aus umliegenden Bergen gebrochen und in großen Blöcken transportiert werden. Gelegentlich zu sehende Löcher in den Steinen und Reliefs sind diesem Transport geschuldet.

Die hoch aufragenden Türme hingegen wurden aus Ziegeln aufgerichtet. Man geht davon aus, dass diese Ziegel vor Ort produziert und gebrannt wurden. Sie wurden dann aufgeschichtet und gegeneinander gerieben, bis sie sich in ihrer Form perfekt angepasst hatten. Wahrscheinlich wurde noch ein pflanzliches Klebemittel verwendet, was es jedoch nicht gab, waren Fugen und Mörtel. So entstanden elegante Mauern und sehr glatte Flächen für dekorative Schnitzereien, denn neben den Stuckdekorationen und den Reliefs im Sandstein gibt es auch sehr filigrane Ziegelreliefs an den Khmer-Tempeln.

Die Anlagen weisen eine strenge Ordnung und große Symmetrie auf. Fast alle orientieren sich an einer Ost-West-Achse, wobei der Zugang sich im Osten befin-

Das Nordgebäude

▲ Karte S. 212

det, wo die Sonne aufgeht. Auf dieser Achse liegen Zugangsstraßen, Brücken, die Wassergräben kreuzen, Dämme, die an Wasserbecken (*baray*) entlangführen, Tore und schließlich die Hauptheiligtümer. Weitere Gebäude befinden sich parallel zur Hauptachse, meist in Zweiergruppen. Im rechten Winkel dazu liegt die Nebenachse in Nord-Süd-Richtung, die ebenfalls durch die Mitte des Haupteiligtums geht. So entstehen vier symmetrische Quadranten.

Auch der Wat Phu richtet sich an einer Achse von Osten nach Westen aus. Da er gleichzeitig den Übergang von der Ebene zum Abhang des Berges markiert, gibt es keine Querachse, sondern das Hauptheiligtum befindet sich ganz am Ende, am höchsten Punkt der Ost-West-Achse. Die Anlage ähnelt daher dem Preah Vihear, einem Khmer-Tempel, der ebenfalls weit nördlich von Angkor, an der heutigen Grenze zwischen Kambodscha und Thailand liegt.

Normalerweise ist eine Anlage von einer zwei bis drei Meter hohen Lateritmauer umgeben. Wenn es diese am Wat Phu gegeben hat, so ist sie nicht mehr vorhanden. Durch sie führen meist zwei Tore, eins im Osten, eins im Westen. Diese Tore, Gopura genannt, sind oft wie Türme aufragende, kreuzförmige Gebäude mit Vestibülen außen und innen und einem eindrucksvollen, vielfach gestaffelten Dach. Im inneren Bereich gehen von diesen Toren manchmal Galerien aus, mit großen Fenstern versehene, langgestreckte Räume, in denen vermutlich Statuen aufgestellt waren. Gepflasterte Wege oder erhöhte Terrassen führen weiter auf das Hauptheiligtum zu, oft flankiert von dekorativen steinernen Laternen, wie auch im Wat Phu.

Auf der zentralen Achse ragt dann das Hauptheiligtum auf, oft ist es ein Turm auf einem quadratischen Grundriss von vielleicht vier bis sechs Metern. Er verkörpert den Berg Meru, nach der Mythologie der Sitz der Götter und oft mit dem Berg Kailash in Tibet in Verbindung gebracht. Beim Wat Phu ist das Hauptheiligtum jedoch ein niedriger, langgestreckter Bau aus mehreren Räumen, die zu verschiedenen Bauzeiten aneinandergefügt wurden. Die Höhe, die die Verbindung mit dem Himmel symbolisiert, wurde hier bereits durch mehrere steile Treppen gewonnen, die von Ebene zu Ebene an Höhe gewinnen.

In der Nähe des Hauptheiligtums stehen sogenannte Bibliotheken – am Wat Phu ist es nur eine auf der linken Seite –, ein unglücklicher Begriff, denn es handelt sich um einen Lager- und Vorbereitungsraum für die Zeremonien.

Die Dekorationen finden sich vor allem auf den Türstürzen und den darüberliegenden Giebelfeldern sowie auf den Türeinfassungen und den daneben stehenden Säulen. Auch die Außenwände der wichtigsten Gebäude waren fast völlig dekoriert, in der Fläche meist von Rankwerk bildendem Stuck, in dem Nischen ausgespart wurden, in denen Figuren zu sehen sind: Wächter, Monster, niedere Gottheiten. Auf vielen Türstürzen finden sich Reihen von Tänzerinnen mit geradem Oberkörper, angewinkeltem Standbein und hochgezogenem anderen Bein. Größere Reliefs, zum Beispiel in den Giebelfeldern, stellen Szenen aus den indischen Epen, etwa dem Ramayana, oder mythologischen Erzählungen dar.

Im meist sehr engen Hauptheiligtum befindet sich entweder eine Statue oder, häufiger, die Kombination aus Yoni und Lingam, die Shiva symbolisiert. Dies war der Opferplatz, an dem die Zeremonien ausgeführt wurden. Die Tempel hatten früher Holztüren, die jedoch fast alle verschwunden sind.

Buddhistische Einflüsse

Eigentlich ist Südostasien das Land des Buddhismus, dessen beide Hauptrichtungen, Mahayana und Theravada, seit rund 2000 Jahren das Geistesleben und die Alltagsreligion dominieren. In den ›indisierten‹ Gebieten jedoch konkurrierte der eingeführte Hinduismus mit dem Buddhismus. In allen Khmer-Tempeln sind Phasen des Hinduismus wie auch des Buddhismus zu erkennen, am ausgeprägtesten war der Buddhismus im 12. Jahrhundert unter Jayavarman VII., dem in Angkor herrschenden König, der die meisten Bauwerke und Statuen hinterließ und der ein eifriger Buddhist war. Zwar gab es in den fünf Jahrhunderten der Blüte von Angkor auch Zeiten der Bilderstürmerei, doch viel interessanter ist die Tatsache, dass beide Religionen nebeneinander existieren konnten, ja sich sogar durchdrangen. Nicht nur wurden Statuen der jeweils anderen Religion umgearbeitet oder umgewidmet, nicht nur wurden Mythen und Legenden angepasst, mit eigenen Varianten versehen, sondern die Ideen der obersten Götter des Hinduismus, vor allem Shivas, verschmolzen mit den Ideen der obersten Bodhisattvas des Mahayana-Buddhismus. Die Gesichtertürme des Tempels Bayon in Angkor belegen es: Shiva und Avalokiteshvara waren eins, die Gesichter zeigten ein und dasselbe, eine Figur konnte Buddha und Hindugott gleichzeitig sein.

Nach dem Ende der Blüte des Angkorreiches wanderte das Epizentrum des Khmerstaates nach Süden. Der strengere und ursprünglichere Theravada-Buddhismus, der keine Bodhisattvas kennt, setzte sich nicht nur in der Oberschicht, sondern in der gesamten Gesellschaft durch. Die Khmer-Tempel wurden endgültig buddhistisch, und die buddhistische Ikonographie wurde verbindlich. Zwar wurden einige der Tempel in Angkor sich selbst überlassen und verfielen, doch andere blieben in Betrieb; auf dem Gelände des Angkor Wat sollen über tausend Mönche gelebt haben. Auch Wat Phu wurde ein buddhistischer Tempel und ist es bis heute.

Dass die Religionen sich aber weiter stark vermischen, zeigt die Tatsache, dass auch nicht-buddhistische Rituale hier durchgeführt wurden, das Büffelopfer noch bis ins 20. Jahrhundert. Tieropfer gab es auch im Hinduismus, sogar – auch wenn man dies heute gerne verdrängt – Menschenopfer. Doch selbst die Bergvölker, die mit dem Hinduismus sonst nichts zu tun hatten, schlachteten jedes Jahr Büffel auf rituelle Weise. Im sechsten Monat des Mondkalenders kamen sie vom Bolaven-Plateau herunter und überquerten den großen Fluss, um dem legendären Phya Kammatha (→ S. 221) Büffel zu opfern. Diese Zeremonien sind heute nicht mehr erlaubt.

Rundgang

Ganz im Westen beginnt die Anlage mit mehreren ausgedehnten **Wasserbecken** (*baray*). Der Pendelbus setzt die Besucher nahe der Landestelle des größten Beckens ab, das 600 mal 180 Meter misst. Die Becken waren früher rundherum mit Steinplatten befestigt und verkleidet und wurden auch mit Booten befahren. Sie besaßen eine praktische Bedeutung als Wassersammelstelle und eine religiöse, denn sie symbolisierten das Weltmeer, das die Erde umgab, die man sich als quadratische Scheibe vorstellte.

An der Landestation sieht man sich dem 250 Meter langen **Prozessionsweg** gegenüber, der wiederum zwischen zwei, diesmal flacheren und kleineren Wasserbecken verläuft. Er wird beiderseits von zahlreichen **Steinlaternen** gesäumt, die aus dem 12. Jahrhundert stammen. Die Spitzen der Laternen ähneln geschlosse-

▸ Karte S. 212

nen Lotosblüten, die sowohl im Hinduismus als auch im Buddhismus Zeichen der Reinheit sind.

Über einige Stufen erreicht man die erste Ebene, auf der sich auf jeder Seite der Zentralachse ein großes Bauwerk (etwa 60 mal 40 Meter) befindet. Bei beiden Gebäuden handelt es sich um rechteckige **Galerien**, die leicht erhöht einen Innenhof umgeben. Die Wände bestehen aus Lateritblöcken und waren mit Sicherheit früher verputzt. Türen und Fenster sind von Sandsteineinfassungen umgeben. Die Fenster haben ›gedrechselte‹ Streben wie bei vielen Tempeln in Angkor. Es gibt Schnitzereien an den Säulen neben den Türen, auf den Türstürzen und in den Giebelfeldern darüber.

Im **Nordgebäude** gehen alle Fenster nach Süden, das heißt, sie öffnen sich auf der einen Seite des Gebäudes zum Innenhof, auf der anderen nach außen; die jeweils gegenüberliegenden Wände sind fensterlos. Die Ost- und Westwände haben Fenster jeweils nach außen. Die Schnitzereien zeigen sehr viel Rankwerk, aus dem kleine Gottheiten ragen, eine frühe Form der Dekoration. An mehreren Stellen sind Darstellungen Vishnus zu sehen, der auf dem Schädel der Todesgöttin Kala sitzt, eine starke Abwehrmaßnahme gegen böse Geister. Über dem Eingang des Nordgebäudes im Südwesten wird Shiva mit seiner Gefährtin Parvati auf dem Bullen Nandi reitend gezeigt.

Das nördliche Gebäude ist relativ gut erhalten, doch die Wände müssen vielerorts abgestützt werden. Das **südliche Gebäude** ist stärker verfallen und nur im opulenter ausgearbeiteten Eingangsbereich zugänglich. Seit Jahren gibt es endlose Spekulationen darüber, wozu diese Gebäude dienten. Sie wurden oft als ›Paläste‹ bezeichnet, als hätte dort jemand gewohnt, sie sollen Pilgern als Herberge gedient haben, wobei es unwahrscheinlich ist, dass einfache Menschen Zutritt zu irgendeinem der Khmer-Tempel hatten. Daher stammt wohl auch die Idee, beim Nordbau handele es sich um ein ›Männerhaus‹, beim Südbau um ein ›Frauenhaus‹. Für keine dieser Theorien gibt es einen einzigen Beleg. Erschwerend kommt hinzu, dass diese Bauten

Der sogenannte Nandin-Tempel

Das Hauptheiligtum von Wat Phu

einzigartig sind. Bei keinem der Tempel von Angkor gibt es solche Bauwerke. Galerien umgeben dort wichtige Bauten im Innern, von denen hier jedoch jede Spur fehlt; niemand weiß, was sich in den Innenhöfen jemals befunden haben könnte. Es bleibt dabei: Wir wissen nicht, wozu diese Bauten dienten.

Das nächste Rätsel wartet gleich zehn Meter weiter auf der linken Seite: ein langgestreckter, niedriger Tempel auf einer Plattform, der jetzt gern als **Nandin-Tempel** bezeichnet wird. Nandin oder Nandi ist das Reittier Shivas, der der Hauptgott dieses Tempels war. In vielen Tempeln befinden sich freistehende Nandi-Figuren, manchmal auch in den schmalen Eingängen zur Cella, dem Hauptheiligtum. Separate Tempel für Nandi gibt es aber nicht. Bei diesem hier wurde zwar eine Statue des Bullen gefunden, daraus kann man aber nicht schließen, dass das Bauwerk dem Reittier Shivas geweiht war. Viel wahrscheinlicher ist es, dass es sich um einen anderen, vielleicht älteren Tempel Shivas handelt, in dessen Vorhalle sich die Nandi-Figur befand. Südlich dieses Bauwerks begann jedenfalls die Straße, die über 250 Kilometer in die Hauptstadt Angkor führte.

Nun folgt der Weg in die Höhe, Richtung Himmel. Der Weg ist mit Sandsteinplatten gepflastert und steigt sanft an. Seitlich begrenzen ihn weitere Laternen, aber auch Nagas und andere Figuren wurden hier aufgestellt. Eine erste steile Treppe, die seitlich umgangen werden muss, führt auf die dritte Ebene. Mauern aus Sandstein befestigen die schmale Terrasse gegen Erdrutsche. Alle Sandsteine weisen mehrere Löcher auf, die den Transport erleichterten: Stangen wurden dort hineingesteckt und mit Kordeln an einem Griff befestigt, der dann auf Tragestangen gehievt wurde.

Am Fuß der folgenden Treppe gilt es kurz einzuhalten, zum einen, um den großen **Frangipanibaum** auf der linken Seite zu bewundern, zum anderen, um die **Statue** auf der rechten Seite zu begutachten. Es

▶ Karte S. 212

handelt sich um **Phya Kammatha**, einen Cham-Prinzen, der den Bau des Wat Phu veranlasst haben soll. Nach der Legende bauten nur Männer am Wat Phu, während gleichzeitig nur Frauen den That Phanom in der gleichnamigen Stadt im heutigen Thailand errichteten. Schon bald stellten die Frauen fest, dass die Männer viel weiter waren und sannen auf einen Trick. Sie legten ihre Oberkörper frei (tatsächlich bedeutet *pha nom* auf Laotisch ›freie Brust‹), was sich schon bald bei den Männern herumsprach. Die ließen den Hammer fallen, um den Damen bei der Arbeit zuzuschauen oder gar zu helfen. Bald war That Phanom fertig, während Wat Phu unvollendet blieb. Die Laoten sagen bis heute gerne, dass Wat Phu nicht fertig ist und nicht, dass er in Ruinen liegt. Der ehrgeizige Prinz hingegen betrachtete die Baustelle, riss seine Kleidung auf und hieb mit der Faust gegen seine nackte Brust. An diesem Hieb verstarb er.

Die steile Treppe führt auf die nächste, recht schmale Ebene, auf der sich nebeneinander sechs **Stupas** aus Ziegelstein befanden, von denen vier völlig zu großen Steinhaufen verfallen sind. Wozu diese Stupas dienten, ist wiederum nicht bekannt. Die Vermutung, dass dort weniger wichtige Hindugötter verehrt wurden, ist nicht unwahrscheinlich.

Über zwei weitere Abschnitte geht es weiter nach oben. Man kann beobachten, dass durch seitliche stabilisierende Mauern das Terrain der obersten Ebene mit dem Hauptheiligtum geformt wird. Vermutlich musste diese Plattform, die sich 75 Meter oberhalb des Baray erhebt, durch umfangreiche Erdarbeiten erst geschaffen werden. Neben dem eigentlichen Tempel befindet sich auf der linken Seite eine ›**Bibliothek**‹, rechts gibt es weitere verfallene **Nebengebäude**. Hinter der Haupthalle sind **Reste einer Galerie** zu erkennen, und links hinten steigt man einen nur teilweise befestigten Weg zur heiligen Quelle hinauf.

Das **Hauptheiligtum** besteht aus zwei Teilen: einem hallenartigen **Vorbau** aus zwei kleinen und einem größeren Teil sowie der eigentlichen **Cella** hinter diesem Vorbau. Man geht davon aus, dass die

Trimurti-Relief

Cella ursprünglich aus dem 6. Jahrhundert, also der Vor-Angkor-Zeit stammt, aber später, wohl im 11. Jahrhundert, größtenteils oder vollständig neu errichtet wurde, angeblich nach alten Plänen (es ist aber so, dass die Baumeister der Khmer mit ziemlicher Sicherheit gar nicht nach Plänen bauten, sondern nach ihrer Erfahrung). Die Cella besteht aus Ziegelsteinen, nur einige Dekorationen und Umrandungen sind aus Sandstein. Und sie ist akut einsturzgefährdet. In dieser Cella befand sich früher das Lingam, das Shiva repräsentiert und das aus einer Yoni aufragt. Dies war der heiligste Ort in diesem Tempel, an dem Opfer dargebracht und Zeremonien abgehalten wurden. Davon ist heute nichts mehr zu sehen, da die Cella leer und nicht zugänglich ist.

Die **Vorhalle** weist zwei Säulenreihen auf und besteht vollständig aus Sandstein, weshalb sie noch wesentlich solider aussieht als die Cella. Sie ist außen im unteren Bereich mit sehr schönen Schnitzereien versehen. Auf der Eingangsseite wachen außen niedere Gottheiten (*dvarapala*) mit Keulen. Sie sind leicht als typische Khmer auszumachen: Gesichter, Nasen und Lippen sind breit und üppig, markant sind auch ein breiter Schnäuzer und die von schwerem Schmuck langgezogenen Ohrläppchen. Als Kleidung tragen sie einen Sampot, eigentlich ein Rock, dessen Ende durch die Beine gezogen wird und der somit zur Hose gemacht wird. Auf den mittleren Säulen sind unter viel Rankwerk unten kleine Eremiten (*rishi*) zu sehen, die mit gekreuzten Beinen und gefalteten Händen dasitzen. Auf dem Türsturz gibt es den Gott Indra, in der rechten Hand den Donnerkeil haltend, der auf dem dreiköpfigen Elefanten Airavata reitet. Auf anderen Türstürzen finden sich Vishnu auf seinem Reittier Garuda und Szenen aus dem Ramayana.

▲ Karte S. 212

Im hinteren Bereich der Vorhalle ist nun ein buddhistischer Altar aufgebaut, da die Laoten den Tempel weiterhin als buddhistisch ansehen. Im Hintergrund sitzt eine große **Buddhafigur** mit vergoldetem Gesicht und einem äußerst seltsamen Gesichtsausdruck. Dieser Buddha entspricht so gar nicht der Ikonographie der buddhistischen Kunst (Foto → S. 8).

Etwas rechts hinter dem Haupttheiligtum ist ein selten zu sehendes Relief einer Darstellung aufgestellt, die **Trimurti** genannt wird, denn sie zeigt die obersten drei Hindugötter als Triptychon. In der Mitte steht Shiva mit fünf Köpfen und zehn Armen, der eine Keule und eine Gebetskette hält. Rechts von ihm kniet Brahma mit vier Köpfen und hält einen Diskus und eine Lotosblume. Links ist Vishnu mit Keule, Diskus und Muschel. Das Relief stammt aus dem 12. Jahrhundert und weist keine besonderen Feinheiten auf.

Die **heilige Quelle** auf der linken Seite ist eine waagerechte Spalte im Sandsteinberg, in der Wasser von der Decke nach unten tropft und dort aufgefangen wird. In einer Gegend, die stark mit Trockenheit zu kämpfen hat, ist ein solcher Ort, an dem es das ganze Jahr über Wasser gibt, ein sehr ungewöhnlicher und wertvoller Ort; dies war wahrscheinlich der Hauptgrund dafür, dass der Tempel an dieser Stelle errichtet wurde. Früher wurde das Wasser durch ein Kanalsystem in die Cella und auf das dort befindliche, Shiva symbolisierende Lingam geleitet. Durch einen seitlichen Abfluss gelangte das Wasser wieder nach draußen, konnte dort als heiliges Wasser aufgefangen werden oder wurde den Berg hinunter in die Barays geleitet. Als der Tempel noch als Hinduheiligtum in Benutzung war, verdeckte ein Portico den direkten Blick auf die Quelle, die nur durch einen seitlichen kleinen Eingang betreten werden konnte.

Wenn man vom Hauptheiligtum nach rechts (Norden) geht, trifft man auf zahllose unbearbeitete oder behauene **Felsblöcke** aus dem 13. Jahrhundert und später. Darunter befinden sich ein großer **Elefant**, der sich aus einem riesigen Felsen zu lösen scheint, und ein mannsgroßes **Krokodil**, von dem manche meinen, es hätte früher als Unterlage für Menschenopfer gedient. Zeuge dafür ist der chinesische Reisende Zhou Daguan, der aber leider vieles nur nach dem Hörensagen berichtet hat.

Das Museum

Hinter dem Eingangsbereich, am Parkplatz der Elektrofahrzeuge, befindet sich das 2003 eröffnete Museum, das auch den Forschern Arbeitsräume bietet. In einer großen Halle werden etwa 200 Fundstücke ausgestellt und notdürftig beschriftet. Die Stücke sind nach Themen zusammengestellt, nicht nach Fundort oder Entstehungszeit.

Im Zentrum steht die bekannte **Devanika-Stele**, die auf die zweite Hälfte des 5. Jahrhunderts datiert wird und nach einem indischen Herrscher dieses Namens benannt ist, der auf ihr beschrieben ist. Es wird darüber gerätselt, ob die Stele auf die Cham verweist, ein indisiertes Volk, das im heutigen Mittelvietnam lebte und von den Viet vertrieben wurde, da manche Forscher der These anhängen, Wat Phu sei ein Cham-Tempel gewesen, kein Khmer-Tempel. Der Text der Stele ist noch nicht soweit interpretiert, dass man daraus das eine oder das andere schließen könnte.

Weiterhin sind **Gebäudeteile** aus dem Wat Phu zu sehen, etwa Abflussrinnen, mit Reliefs versehene Türstürze und Naga-Dekorationen. Dazu Statuen hinduistischer Götter und ihrer Reittiere, zum Beispiel Nandi, sowie aus buddhistischer Zeit. Nicht alle Fundstücke stammen aus dem Wat Phu, manche auch aus anderen frühen Tempeln der Umgebung.

Öffnungszeiten: Tgl. 8–17 Uhr, Museum bis 16.30 Uhr, Eintritt 50 000 Kip.
www.vatphou-champassak.com
http://whc.unesco.org/en/list/481

Weitere Khmer-Heiligtümer in der Umgebung

In der Umgebung liegen – teilweise sehr versteckt – noch einige andere Khmer-Heiligtümer, die weniger groß und bedeutend sind als Wat Phu. Sie sind zum Teil sehr schwer zugänglich und befinden sich in einem schlechten Zustand. Deshalb werden sie hier nur kurz aufgelistet. Wer besonderes Interesse an ihnen hat, wendet sich am besten an die Museumsmitarbeiter, die einen Besuch arrangieren können.

Ho Nang Sida

Zwei Kilometer südlich von Wat Phu, an der alten Straße nach Angkor befindet sich dieser kleine Tempel, der aus einem **Prasat** (Turm) und einem **Vestibül** bestand. Der Turm ist eingestürzt und nur noch ein großer Steinhaufen, vom Vestibül stehen noch einige Mauerstücke.

Ban That

Etwa 30 Kilometer südlich des Wat Phu ragen auf einer Steinplattform drei große **Prasat** in einer Reihe nebeneinander auf, eine Anordnung, wie man sie sowohl bei den Cham in Mittelvietnam als auch bei den Khmer im heutigen Kambodscha findet. Die Türme stammen aus dem 12. Jahrhundert und sollen von einem Priester namens Subhadra errichtet worden sein; allerdings waren sie nicht vollendet. Zwei von ihnen sind noch einigermaßen erhalten, der dritte ist weitgehend verfallen. Von den Dekorationen ist nicht mehr viel zu sehen, es blieben nur die aufeinandergetürm-

Royaler Beerdigungsstupa im Wat Thong von Champasak

ten Sandsteinblöcke. Insgesamt wurden sechs solcher Tempel an der Straße von Wat Phu nach Angkor ausgemacht.

Um Tomo

Ein Tempel aus der Frühzeit der Khmer, elf Kilometer südöstlich des Wat Phu, aber auf der linken Mekong-Seite. Von Champasak aus kann man ein Boot organisieren und mit diesem bis an den Tempel fahren. → S. 229.

Wat Phu Asa

Eine weitgehend unverständliche Ansammlung von runden Stupas auf der linken Mekong-Seite, → S. 229.

Champasak

Nicht Pakse war früher das Zentrum des Südens, sondern das acht Kilometer nördlich des Wat Phu gelegene Champasak, wo laotische Prinzen ein eigenes Königreich, unabhängig vom Norden, errichten wollten. Auch wenn der Name es nahelegt, so ist es dennoch nicht gesichert, dass dieser Ort einst von Cham besiedelt war, die vor allem im heutigen Mittelvietnam lebten, das zwar nicht weit entfernt, aber durch die Annamitische Kordillere abgetrennt ist. Im Jahr 1713 jedenfalls machte sich Prinz Soi Srisamuth von Vientiane und Luang Prabang unabhängig und gründete ein drittes Reich in Laos. Dies funktionierte nicht wirklich, sondern zwang die na Champasak, also die Angehörigen des Hauses Champasak, immer wieder in merkwürdige Koalitionen mit Herrschern und Feldherren, die eigentlich als Feinde angesehen wurden, etwa die Siamesen. Die Franzosen richteten hier ebenfalls eine Verwaltung ein. Davon sind noch einige Häuser an der Hauptstraße und einige Villen in schlechtem Zustand erhalten. Auch der Familie na Champasak wurden einige Villen zurückgegeben, die sie jetzt wieder bewohnt. Sie sind etwa 300 Meter südlich des Brunnens zu sehen.

Der Ort Champasak zieht sich über mehrere Kilometer in einem dünnen Streifen zwischen Mekong und der neuen Umgehungsstraße 14A entlang. Bedeutendster Tempel ist der **Wat Thong** an der neuen Hauptstraße, die am Ort vorbeiführt. In einem abgetrennten Feld vor dem Eingang zum Sim ragen zahlreiche Stupas auf, in denen die Asche der Mitglieder der Königsfamilie na Champasak aufbewahrt wird.

Champasak

The River Resort (****), Landstraße 14 A, Ban Phaphinnoy, Tel. +856/20/56850198; 24 Zimmer. Zwei Reihen von zweistöckigen modernen Villen ziehen sich nördlich der Stadt am Ufer des Mekong und im Garten entlang, getrennt von immer gut bewässerten Reisfeldern. Die Einrichtung der Zimmer ist edel und modern. Man erfrischt sich im Restaurant, an der Bar und in den beiden Pools, alles mit Mekong-Blick natürlich. Mit den hoteleigenen Booten und mit PKWs kann man Ausflüge unternehmen. www.theriverresortlaos.com

Bolaven-Plateau

Zwischen 1200 und 1300 Meter hoch liegt die von bis 1500 Meter hohen Bergen umgebene, etwa 10 000 Quadratkilometer messende Hochebene östlich von Pakse. Hier ist das Klima ganz anders als im heißen Tal des Mekong, feuchter, kühler, das ganze Jahr über gleichmäßiger. Erfahrungen in ihren anderen Kolonien lehrten die Franzosen, dass sich eine solche Gegend bestens für die Plantagenwirtschaft eignet. Kaffee

Trocknung von Kaffeebohnen auf dem Bolaven-Plateau

ist das bevorzugte Produkt, aber auch Kardamom, Pfeffer und Kautschuk wurden hier angebaut. Durch amerikanische Bombardierungen und Entlaubungen auf der Suche nach dem Ho-Chi-Minh-Pfad war die Region Anfang der 1970-er Jahre stark mitgenommen und kam danach erst langsam wieder auf die Beine, da das neue Laos keine Experten für den Plantagenanbau zur Verfügung hatte. Heute werden die traditionellen Pflanzen wieder geerntet, und man hat festgestellt, dass auch Gemüse unter diesen klimatischen Bedingungen prächtig gedeiht.

Für ein Land wie Laos ist es von großer Bedeutung, die Landwirtschaft durch die Einführung von ›cash crops‹ zu modernisieren, also Produkte anzubauen, die nicht der Selbstversorgung dienen, sondern verkauft werden können, am besten gegen Devisen im Ausland. Denn Laos ist in vielfacher Hinsicht auf Importe angewiesen, auch in der Landwirtschaft. Selbst das Obst und Gemüse, das man auf den Märkten sieht, stammt oft aus dem Ausland und wird gegen Devisen eingeführt. Von daher weist die Regierung dem Kaffeeanbau auf dem Bolaven-Plateau hohe Bedeutung zu. Allerdings wurden auch die Investitionen, die eine solche Kaffeeplantage erst einmal verschlingt, meist aus dem Ausland getätigt. Der Export von grünen Bohnen ist nicht besonders einträglich, höhere Einkommen werden erwirtschaftet, wenn der Röstvorgang auch im eigenen Land erfolgt; hier mangelt es noch an Qualität. Die Kaffeeernte ist sehr arbeitsintensiv und muss weitgehend von Hand vorgenommen werden, da Bohnen unterschiedlichen Reifegrades an einem Zweig hängen. Die Arbeiter werden nicht besonders gut bezahlt und nur in der Pflücksaison beschäftigt. Zahlreiche Bauern pflanzen Kaffee nur in kleinem Stil an, entweder für den lokalen Bedarf oder um ihn an die großen Röstereien, die man auf der Straße 23 am Stadtrand von Pakse sieht, zu verkaufen. Eine andere Strategie verfolgt die mittelgroße Firma ›Sinouk‹, die hohe Qualität für den Verkauf im eigenen Land produzieren will und nicht nur unter dieser Marke Kaffee verkauft, sondern auch in den größeren Städten eigene Cafés eröffnet.

Bolaven bedeutet ›Land der Laven‹, es handelt sich dabei um ein Volk, das heute noch rund 50 000 Menschen umfasst und das traditionell hier siedelte. Andere, kleinere Mon-Khmer-Völker der Region sind die Alak, Katu, Nge, Ta-Oy und die Souay.

Richtige Sehenswürdigkeiten gibt es in diesem Gebiet nicht. Der 45 Kilometer östlich von Pakse gelegene Hauptort **Paksong** wurde von amerikanischen Bomben dem Erdboden gleichgemacht und in schlichtester Weise wieder aufgebaut. Sehenswert ist auf der Hochebene vor allem die Natur, mit den in der Ferne aufragenden Bergen, den grünen Plantagen und den kleinen Dörfern der verschiedenen Völker.

▸ Karte S. 207

Tagesausflug von Pakse

Wenn man auf der Straße 23 von Pakse kommt, reihen sich die Sehenswürdigkeiten auf wie die Perlen an der Schnur, sie werden hier nach den Kilometersteinen ab Pakse bezeichnet.

Bei Kilometer 33 ist mit dem **Sabaidee Valley** eine Art Freizeitpark erreicht (tgl. 9–21 Uhr). Das Restaurant erfreut sich mittags großer Beliebtheit, obwohl das Essen eher teuer und nicht gut ist, doch Café und Andenkenladen bleiben leer. Auch das Hotel nahe der vielbefahrenen Straße sieht nicht sehr einladend aus.

Bei Kilometer 35 zweigt eine zwei Kilometer lange Piste zum Wasserfall **Tad E-Tu** ab, an dem sich ein kleines Resort befindet. Der obere Fall stürzt rund 30 Meter in die Tiefe in ein Becken, in dem sich das Wasser nun in zwei kleinere Fälle teilt. Besucher können über eine Treppe zum Becken hinuntersteigen und über schmale Pfade den unteren Teil des Flusses erkunden. Hier ist meist nicht viel los, so dass man den Ort für eine Pause im Grünen nutzen kann.

Bei Kilometer 38 geht rechts eine 500 Meter lange Piste zum Aussichtspunkt am **Tad Fane** ab. Dieser befindet sich in einem Resort, für das Eintritt und Parkgebühr zu entrichten sind. Nahe der Lobby gibt es zwei Holzplattformen, von denen man über das Tal auf den 120 Meter messenden Doppelwasserfall schauen kann. Inmitten üppiger grüner Landschaft stechen die schäumenden weißen Streifen eindrucksvoll hervor. Das Tadfane Resort bietet Wanderungen zum Kopf oder Fuß des Wasserfalls an, die man nicht ohne Führer in Angriff nehmen sollte. Ein besonderer Kick sind die neuen **Ziplines,** die mit fünf Stationen das Tal überqueren und zur Seite fortführen. Die erste Strecke ist mit 470 Metern die längste, sie führt vom Resort in 250 Metern Höhe über das ganze Tal (40 US-Dollar).
www.greendiscoverylaos.com

Zurück auf der Hauptstraße, geht es einen Kilometer weiter, dann rechts einen weiteren Kilometer über eine Piste zum **Tad Gneuang**, der auch Tad Yeuang genannt wird. Am Parkplatz hat sich ein ziemlicher Rummel an Souvenirshops gebildet, so dass man am besten den Hinweisschildern hinunter folgt. Durch eine Art kleiner Höhle kommt man zu den abenteuerlich

Das Hotel Sinouk Coffee Resort

Ziplines am Wasserfall Tad Fane

konstruierten Holzstufen, die zum Aussichtspunkt führen. Man sieht, wie sich der zweiteilige Wasserfall rund 40 Meter in die Tiefe stürzt. Über weitere Brücken rechts gelangt man zum Kopf des Falls und in die grüne Umgebung. Es kann hier recht voll werden, denn dieser Fall scheint auf dem Programm jeder der großen Busgruppen aus Thailand zu stehen. Nun ist bald die Stadt **Paksong** erreicht, wo sich die Straße gabelt. Links biegt die Straße 16 nach Thateng ab, an der nach 35 Kilometern das schöne **Sinouk Coffee Resort** liegt, das zur Übernachtung oder zu einer Essens- oder Kaffeepause einlädt.

Geradeaus taucht nach fünf Kilometern die Kaffeeplantage **Paksong Highland** auf. Ein Café und das ›Bolaven‹-Restaurant bieten einen guten Blick über die endlosen Reihen von Kaffeebäumen. Dies ist eine der größten Plantagen auf dem Plateau, die von einem thailändischen Investor betrieben wird, der hier moderne Anbaumethoden eingeführt hat. Die Bäume werden beschnitten, damit die Bohnen leichter gepflückt werden können. Die gesamte Ernte wird exportiert, in Form grüner Bohnen nach Japan oder nach eigener Röstung nach Thailand und Europa.

Bolaven-Plateau

Sinouk Coffee Resort (***), Paksong-Thateng Road, Ban Lakhao, Tel. +856/30/9558960; 18 Zimmer. Das familiengeführte Resort grenzt an die große Kaffeeplantage der Familie, die in den 1990-er Jahren aus Frankreich zurückkehrte. Drei Chalets liegen in dem ausgedehnten Garten, der zur Erkundung von Pflanzen und Wasserläufen einlädt. Die Zimmer sind unterschiedlich, aber alle im traditionellen Stil. Restaurant und Pool machen sich nach einem staubigen Ausflug über die Plantagen ganz gut. www.sinoukcoffeeresort.com

Falls View Resort (**), Km 35, am Wasserfall E-Tu, Tel. +856/20/28347766; 35 Zimmer. Neben dem Wasserfall erheben sich den Hügel hinan die Bungalows des kleinen Resorts. Ein Restaurant und ein Café komplettieren das Angebot in dieser etwas einsamen Gegend. www.etuwaterfall.com

Tadfane Resort (**), Km 38, am Aussichtspunkt des Wasserfalls Tad Fane, Tel. +856/20/28333138; 18 Zimmer. Einfache Zimmer in Holzbungalows in grüner Umgebung. Allerdings streifen die Besucher des Aussichtspunkts gerne durchs Gelände, und das Management könnte auch besser sein.

▶ Karte S. 207

Zu den 4000 Inseln

Die Straße 13 auf dem linken Mekong-Ufer führt von Pakse weiter nach Süden bis zur Grenze mit Kambodscha. Sie ist gut ausgebaut und sichert ein zügiges Vorankommen. Von Pakse zur Insel Khong braucht man zwei Stunden.

Um Tomo

Das Heiligtum Um Tomo (Oup Moung) stammt aus der Frühzeit der Khmer-Herrschaft. Nach einer Inschrift soll es im Jahr 889, zu Beginn der Regierungszeit von Yashovarman I. (reg. etwa 889–910), errichtet worden sein. Wahrscheinlich aufgrund des Geländes und der Anpassung an den Fluss Huei richtet sich die Anlage nicht wie üblich an einer Ost-West-Achse aus, sondern ist leicht gedreht. Das **Gopura** (Eingangstor) der äußeren Umfassungsmauer, auf das man zunächst stößt, befindet sich also im Südwesten statt im Westen des Ensembles. Die Rahmen von Tor und Fenstern bestehen aus Sandstein, der Rest des Tores und der nur noch abschnittsweise zu erkennenden Mauer ist aus Laterit.

Vermutlich bestand der eigentliche Tempel aus drei Türmen, die jedoch so stark verfallen sind, dass man die Grundrisse nicht mehr erkennen kann. Zahlreiche Steine, teilweise mit Reliefs, liegen verstreut herum. Der bekannteste Fund hier war ein Mukhalingam mit zwei großen Gesichtsdarstellungen Shivas, das sich nun im Museum des Wat Phu befindet. Auffällig in der Nähe des Tempels sind einige steinerne **Terrassen** am Fluss, und so fragt man sich, ob diese Verladestationen für Steine zum Tempelbau waren. Hinter vorgehaltener Hand bekommt man zudem Teile einer Legende erzählt, nach der Wat Phu mit seiner Ausrichtung auf einen Lingam-Felsen das männliche Element repräsentiert, während Tomo wegen seiner Anpassung an den Fluss Huei für das Weibliche steht, da dieser Fluss 45 Kilometer entfernt aus einer Felsspalte in Form einer Vagina entspringt. Die Zufahrt zum Tempel ist an der Straße 13 ausgeschildert. Er befindet sich nahe am Mekong in einem Waldstück und ist frei zugänglich. In der Nähe befindet sich das traditionelle Dorf **Ban Tomo**, das über einen Fußweg mit dem Tempel verbunden ist.

Wat Phu Asa

Der Wat Phu Asa ist ein ungewöhnliches Ensemble, denn den weitgehend verfallenen Sim dieses kleinen Klosters umgaben einst 108 fast mannshohe runde Türme, die aus flachen Sandsteinplatten ohne Mörtel aufgeschichtet wurden. Einige davon stehen noch, andere sind eingestürzt. Dazwischen verbreiten zahllose Frangipanibäume ihren leichten Duft.

Niemand weiß wirklich, wann, von wem und zu welchem Zweck dieses Arrangement geschaffen wurde. Die wahrscheinlichste These folgt den Annalen des Hofes von Champasak, die besagen, dass es ein Mönch namens Asa war, der Anfang des 19. Jahrhunderts hier lebte und die Anlage 1817 fertigstellte. Es soll aber auch einen Zusammenhang mit den Bergvölkern geben, die 1819 eine Rebellion starteten und von einem Mann namens Asa angeführt wurden. Dass er der Baumeister war, erscheint aber zweifelhaft, da er von Soldaten der Champasak gefasst und den siamesischen Behörden übergeben wurde.

Die Anlage befindet sich östlich der Straße 13, etwa einen Kilometer südlich der Abzweigung der Straße 18 nach Attopeu.

4000 Inseln

Genau nachgezählt hat die 4000 Inseln (Si Phan Don) niemand, aber je nach Wasserstand sind es auch nicht immer gleich viele. Der gewaltige Mekong ver-

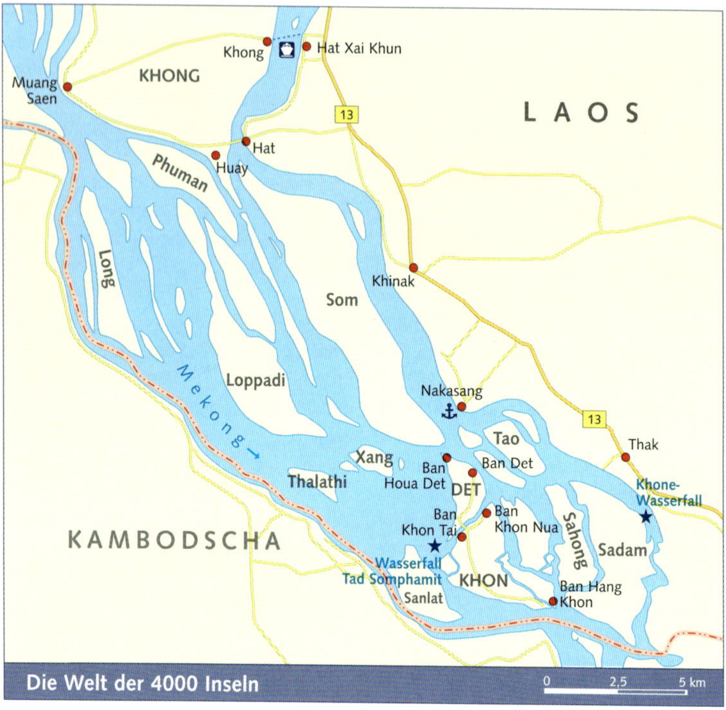

Die Welt der 4000 Inseln

teilt sich an der Grenze zu Kambodscha über rund 14 Kilometer Breite; zudem hat er zehn bis 15 Meter Höhenunterschied zu überwinden. Ergebnis ist eine weite Landschaft aus tausenden Inseln und ähnlich vielen Wasserfällen, die zwar nicht sehr hoch sind, das wirbelnde Wasser aber in imposanter Breite hinabstürzen lassen. Hier mussten die Mekong-Expeditionen des 19. Jahrhunderts, die zum Ziel hatten, die Schiffbarkeit des großen Stroms zu überprüfen, die Sinnlosigkeit dieses Unterfangens eingestehen.

Insel Khong

Mit 18 Kilometern Länge und bis zu acht Kilometern Breite ist die von etwa 25 000 Menschen bewohnte Insel Khong (Don Khong) die größte der Region. Sie ist leicht über eine Brücke erreichbar, bietet einige Unterkunftsmöglichkeiten und kann damit Ausgangspunkt zum Besuch anderer Inseln und der Wasserfälle sein. Auf der Insel selbst kann man sich sehr gut mit einem Leihfahrrad fortbewegen, um Landschaft und Dörfer zu erkunden. Im Hauptort **Khong** findet man den Wat Chom Thong, der Anfang des 19. Jahrhunderts erbaut wurde und Reste von Kolonialarchitektur aufweist. Außergewöhnlich ist zudem der kreuzförmige Sim des Klosters. Etwas nördlich der Stadt liegt eine Felsgrotte mit einer Buddhastatue, die **Tham Phu Khiao** heißt. Südlich der Brücke wird in einigen entlang der Straße lose verstreuten Bauernhäusern Palmzucker hergestellt. Die **Zuckerpalmen** (*Borassus flabellifer*) erkennt man schon von weitem an ihrem bis zu

30 Meter hohen Stamm und dem oben aufsitzendem kugelförmigen Blattwerk. An den Stämmen der meisten Palmen sind dünne Leitern angebracht, die die jungen Männer am späten Nachmittag hochklettern, um die Blütenstiele anzuritzen und in ein etwa 30 Zentimeter langes Bambusrohr zu stecken. Über Nacht tröpfeln bis zu drei Liter Zuckersaft in die Rohre, die am frühen Morgen wieder herabgeholt werden. In großen Pfannen kocht der süße Saft in drei bis vier Stunden zu einer Masse mit Honigkonsistenz, die dann in kleine Formen gegossen und nochmal eine Stunde in der Sonne getrocknet wird. Diesen Zucker kann man dann bequem aufbewahren und zum Süßen von Tee und Kaffee verwenden.

Zuckerpalmen auf der Insel Khong

Insel Khong

Ponarena (***), Ban Kang Khong, Tel. +856/31/515018, Fax 515019; 46 Zimmer. Die Zimmer verteilen sich auf drei Gebäude, von denen zwei direkt am Fluss liegen, genau wie auch das große Restaurant und die beiden Pools. Hier ist noch alles ziemlich neu, so dass dies wohl das beste Hotel auf der Insel ist. www.ponarena.com

Kongmany (**), Ban Kang Khong, Tel. +856/31/212077, Fax 515004; 13 Zimmer. Standardhotel, nur drei Zimmer mit Flussblick, einsehbarer Pool an der Uferstraße.
www.kongmany-hotel.com

Senesothxuen (**), Ban Kang Khong, Tel. +856/31/515021, Fax 515004; 18 Zimmer. Das 2007 von einem französisch-laotischen Paar eröffnete Hotel mit geräumigen Zimmern liegt in grüner Umgebung direkt am Fluss.
www.ssx-hotel.com

Insel Khon

Gut 15 Kilometer weiter südlich liegt die landwirtschaftlich geprägte Insel Khon (Don Khon), die in den letzten Jahren einen touristischen Aufschwung genommen hat. Einfache Unterkünfte und Restaurants sind entstanden; auch hier kann man Fahrräder und Mopeds leihen.

Die sympathischen beiden Hauptorte **Ban Khon Nua** und **Ban Khon Tai** ziehen sich zwischen der Hauptstraße und dem Kanal zwischen den Inseln Khon und Det entlang. Einzelne Häuser weisen noch Reste aus der Kolonialzeit auf, während in Khon Tai ein gleichnamiges Kloster auf den Fundamenten eines Khmer-Tempels entstand.

Weiter südwestlich des Orts ist auf einem zwei Kilometer langen Fuß- oder Fahrradweg der Wasserfall **Tad Somphamit** (Tad Li Phi) zu erreichen, wo ein Arm des Mekong in breiter Front und in mehreren Stufen gut zehn Meter nach unten fließt.

Früher war die Insel ein wichtiger Handelsort, was nicht zuletzt die von den Franzosen erbaute sieben Kilometer lange Eisenbahnverbindung belegt. Von ihr ist lediglich die in der Nähe der alten Zollstation und der Brücke ausgestellte

Blick auf die Insel Khon

Lokomotive geblieben (→ S. 234), während man die frühere Gleisstrecke heute mit dem Fahrrad befahren kann. Eine 1910 fertiggestellte Brücke für Fußgänger und Zweiradfahrer verbindet die beiden Inseln Khon und Det.

Von der Südspitze der Insel, die einen herrlichen Blick auf den Mekong bietet, kann man im Dorf **Ban Hang Khon** am späten Nachmittag einstündige Ausflüge per Boot unternehmen, um die bedrohten **Irrawaddy-Delphine** (*Orcaella brevirostris*, laotisch *phaka*) zu sehen, die auch Mekong-Delphine genannt werden. Die mit den Killerwalen, den Orcas, verwandten Tiere sehen nicht so elegant aus wie die normalen Delphine, vielmehr ist ihr Kopf kurz, das Maul weniger spitz, die Rückenflosse sitzt weiter hinten, ist dreieckig und klein. Die Delphine können bis zu 2,30 Meter lang werden und bis zu 200 Kilo wiegen. Sie sind heller als normale Delphine und haben manchmal eine rosa Farbe. Sie tauchen meist in kleinen Gruppen von weniger als sechs Tieren auf, nähern sich Booten aber nicht und sind kaum verspielt. Die Irrawaddy-Delphine kommen auf einer 190 Kilometer langen Strecke im Mekong beiderseits der Grenze zwischen Laos und Kambodscha vor, häufiger aber in Kambodscha. Ihre Zahl ging in den letzten Jahren stark zurück, denn sie sind bedroht von Wasserverschmutzung, Fischfang und Tourismus. Zwar werden sie in Laos und Kambodscha nicht explizit gejagt, weil sie traditionell als heilig gelten, doch geraten sie oft in die immer größeren Netze und verenden. Die zahlreicher werdenden Touristenboote bedrohen ihren Lebensraum durch Lärm und Wasserverschmutzung. So sind die Chancen, bei einem Bootsausflug tatsächlich Delphine zu Gesicht zu bekommen, relativ gering.

▲ Karte S. 230

Insel Khon

Anreise: Von der Straße 13 führt eine einigermaßen befestigte Nebenstraße zum Flusshafen der Kleinstadt Nakasang. Von dort fahren etwas größere Langboote zu den Inseln Khon und Det. Wenn sich zur selben Zeit noch weitere Passagiere finden, zahlt man 10 000 bis 20 000 Kip, sonst muss man das ganze Boot für etwa 100 000 Kip mieten.

Abreise: Jeden Morgen fahren mehrere Boote zurück nach Nakasang. Am besten sagt man am Tag vorher in der Unterkunft Bescheid, dass man mitfahren will; so erfährt man auch die Abfahrtzeit. Zu zahlen sind dann je nach Zahl der Passagiere 10 000 bis 20 000 Kip.

Weiterreise: Von Nakasang aus verkehren Busse nach Pakse und weiter nach Süden über die kambodschanische Grenze nach Siem Reap (Angkor) und sogar nach Phnom Penh; das Visum gibt es bei der Einreise.

Sala Done Khone (***), Ban Khone, Tel. +856/31/260940. Unweit der Brücke zwischen den Inseln Det und Khon wurde auf Khon im Jahr 1896 ein Empfangshaus mit Unterkunft für Kolonialbeamte gebaut, das heute Heritage House heißt und zu einer größeren Hotelanlage gehört. Hinter dem Empfangshaus, in dem sich drei Zimmer befinden, lagen die Quartiere der Adjutanten, die heute French Studio genannt werden. Sehr beliebt sind zudem die auf Pontons im Mekong errichteten Zimmer, die zwar etwas eng sind, aber eine kleine Terrasse haben, auf der man sozusagen auf dem Fluss sitzt. Das Restaurant liegt ebenfalls direkt am Wasser. Dies ist wohl das beste Hotel auf Don Khon. www.salalaoboutique.com

Zahlreiche **Guesthouses** mit oder ohne Wasserzugang reihen sich an der Hauptstraße auf. Man sollte auf jeden Fall mehrere Unterkünfte anschauen und über die Preise verhandeln.

Alle größeren **Guesthouses** haben auch Restaurants, dazu gibt es weitere, meist luftig gestaltete Etablissements entlang der Hauptstraße, von denen man wirklich keines hervorheben kann. Die Speisekarten ähneln sich und verzeichnen vor allem laotisch-thailändische Gerichte sowie die westlichen Klassiker.

Am Tad Somphamit sucht sich der Mekong seinen Weg

Die Insel-Eisenbahn

Das Ziel der französischen Kolonialmacht war eigentlich immer der Süden Chinas. Da die Briten jedoch die Küste kontrollierten, versuchten die Franzosen, von Vietnam aus mit einer Eisenbahnstrecke nach Yunnan vorzustoßen. Als Alternative dazu sah man eine Reise auf dem mächtigen Mekong, der ja in Tibet entspringt und eine kurze Strecke auch durch China führt. Doch die Mekong-Expeditionen der 1860-er Jahre machten schnell klar, dass die Wasserfälle an der Grenze zwischen Kambodscha und Laos zu keiner Jahreszeit per Schiff zu überwinden waren. Und da man sie nicht überwinden konnte, wollte man sie schließlich umgehen und baute dafür eine sieben Kilometer lange Eisenbahnstrecke über die Insel Khon, die später mit einer Brücke zur Insel Det und drei weiteren Kilometern in den Norden von Det verlängert wurde. Zunächst legten die Franzosen die Strecke aus militärischen Gründen an, da sie den Mekong oberhalb der Fälle kontrollieren wollten und dafür im März 1893 zwei Kanonenboote in der Heimat bestellten, die vor Ort in fünf Teile zerlegt, an Land gebracht und mit der Bahn transportiert werden sollten. Während die 26 Meter langen und 22 Tonnen schweren Boote ›La Grandière‹ und ›Massie‹ gebaut und in den Fernen Osten verschifft wurden, erstellte Leutnant Georges Simon die Eisenbahnstrecke. Als die Boote im August eintrafen, gelang es aber nicht, sie in einem Stück an Land zu bringen. Ein neuer Versuch wurde in Hang Khon ganz im Süden der Insel gestartet, wohin die Gleise neu verlegt worden waren. Ende Oktober gelang der Transport durch Muskelkraft von Hang Khon im Süden nach Ban Khon im Norden: Am 1. November 1893 wurden die Schiffe im Kanal zwischen Khon und Det wieder zu Wasser gelassen. ›La Grandière‹ tat ihren Dienst ganz im Norden, bis zur Grenze nach China. Am 15. Juli 1920 sank sie mit wertvoller Fracht etwa 80 Kilometer südlich von Luang Prabang und ist bis heute nicht wiedergefunden worden.

Im Jahr 1896 wurde die Strecke weiter ausgebaut, denn die Kolonialmacht hatte drei 60-Tonnen-Schiffe bestellt, die nicht nur militärischen Dienst tun sollten, sondern auch zum Transport von Post, Fracht und Passagieren vorgesehen waren. Ein Jahr später kam zudem endlich die erste Lokomotive an, die nach dem Generalgouverneur der Kolonie Indochina, Paul Doumer, benannt wurde. Zehn Jahre lang funktionierte der Verkehr blendend, sogar so gut, dass die Verwaltung die Strecke 1910 verlängerte, eine 158 Meter lange, 13-bogige Betonbrücke zwischen den Inseln Khon und Det errichtete und den Verladeplatz von der Bahn auf die Schiffe oberhalb der Stromschnellen an die Nordspitze von Don Det verlegte. Neue Lokomotiven mussten auch erworben werden, die auf Khon ausgestellte trat im Jahr 1929 ihren Dienst an.

Doch damit war das Ende der Fahnenstange erreicht. Der Verkehr nahm nun nicht mehr zu, sondern nach einiger Zeit sogar ab, vor allem, nachdem 1937 eine Straße eingeweiht wurde, die die Stromschnellen weitläufig umging und dem komplizierten Umladeverkehr zwischen Schiff und Eisenbahn überlegen war. Zudem begann 1937 der Weltkrieg in Asien. Nach der Besetzung der Region nutzen die Japaner die Bahnstrecke zu militärischen Zwecken, und nachdem sie 1945 abgezogen waren, verfiel die entlegene Bahnanlage. Heute sind die Schienen verschwunden, ihre Strecke kann man mit dem Fahrrad abfahren. Übrig blieben nur die Lokomotive und eine Verladeanlage aus Stahlbeton im Norden der Insel Det.

Die letzte Lokomotive auf Khon

Insel Det

Det (Don Det) ist die rein landwirtschaftlich geprägte kleinere der beiden Inseln. Von Khon kommend, sollte man hinter der Brücke noch ein kurzes Stück geradeaus weiterradeln und an der Verzweigung des Weges den rechten nehmen; so gelangt man in das ursprünglich die Insel bestimmende Dorf **Ban Det**. Es besteht aus wenigen Bauernhäusern, aus denen nur die Betonstelzen der französischen Verladestation zwischen Zug und Boot herausragen.

Von Ban Det fährt man weiter, jetzt am Ufer entlang über den **Sunrise Boulevard** genannten Holperweg. Bald beginnt das Dorf **Ban Houa Det** und damit das Reich der Backpacker. Unterkünfte, Läden, Imbisse, Kneipen und Bars liegen hier dicht an dicht; entsprechend laut kann es nachts werden. Hier ist ›die Szene‹, und wer dies liebt, kann sich hier eine Unterkunft in einem der einfachen Guesthouses suchen. Die Rundfahrt geht weiter bis zur nördlichen Landspitze, von wo aus man einen herrlichen Blick hat, vor allem zum Sonnenuntergang.

Der Weg zurück nach Süden an der Westküste der Insel entlang heißt entsprechend Sunset Boulevard, und auf ihm gelangt man nach zwei Kilometern zurück zur Brücke und zur Insel Khon. Auch die Brücke ist übrigens ein beliebter Ort, den Sonnenuntergang über dem Wasser zu beobachten.

Don Det

An- und Abreise wie Don Khon, → S. 233.

Little Eden Guesthouse (**–***), Tel. +856/20/77739045. Ganz an der Nordspitze der Insel liegt dieses kleine Resort, das vom Restaurant und einigen Zimmern einen tollen Blick nicht nur auf den Mekong, sondern auch auf den Sonnenuntergang bietet. Die Zimmer sind geräumig, wirken aber etwas leer, die gesamte Anlage ist sehr gepflegt. Bestes Hotel auf Don Det.
www.littleedenguesthouse-dondet.com

Am Khone-Wasserfall

Khone-Wasserfall

Wie alle Wasserfälle dieser Gegend beeindruckt auch der Khone-Fall (Khone Phapheng), der als größter Südostasiens gilt, nicht durch seine Höhe von maximal 18 Metern, sondern durch seine Breite, die je nach Wasserstand mehrere Kilometer betragen kann. Abhängig von der Jahreszeit ist die Wassermenge unterschiedlich, auch die Farbe des Wassers wechselt, was aber bleibt, ist das laute Donnern des durch unzählige Felsritzen strömenden Wassers. Nicht umsonst bedeutet Khone Phapheng ›Das Getöse des Mekong‹, das hier tagein, tagaus zu hören ist. Einen besonderen Ehrenplatz, der einem Tempelaltar durchaus ähnelt, hat der **Manikhoth** genannte Baum erhalten, der einst inmitten des Wasserfalls auf einer kleinen Insel stand. Er soll 2000 Jahre alt sein und magische Kräfte besitzen. Über viele Jahre stand er dort, mitten im Mekong, arg gebeutelt von Zeit und Wassermassen, bis er am 19. März 2012 in die Fluten stürzte. Zunächst konnte er nicht geborgen werden, erst am 13. Januar 2013 gelang die Aktion. Und nun wird der alte Baum in einem Glaskasten auf einem Altar ausgestellt und soll von dort seine magische Wirkung entfalten.Seit die Umgebung des Wasserfalls der privaten Verwaltung übergeben wurde, halten hier zahllose Reisebusse, die keine Probleme haben, der gut ausgeschilderten Seitenstraße der Straße 13 zu folgen. Es gibt Läden und mehrere Restaurants. **Khone-Wasserfall**; tgl. 8–17 Uhr, Eintritt 55 000 Kip.

▶ Karte S. 230

Reisetipps von A bis Z

Anreise mit dem Flugzeug

Es gibt derzeit vier internationale Flughäfen, über die das Land erreicht oder verlassen werden kann:

- **Wattay International Airport in Vientiane** (VTE)
- **Luang Prabang International Airport** (LPQ)
- **Pakse International Airport** (PKZ)
- **Savannakhet International Airport** (ZVK)

Direkte Flugverbindungen aus Europa zu einem dieser Flughäfen existieren nicht. Hauptdrehscheibe der Region ist **Bangkok** (BKK), es gibt aber auch Verbindungen von den großen Städten der Nachbarländer wie etwa Hanoi und Saigon (Vietnam, HAN/SGN), Phnom Penh (Kambodscha, PNH), diversen weiteren Städten in Thailand und touristisch interessanten Orten wie Siem Reap (Angkor, Kambodscha, REP) oder Rangun (Burma, RGN). Große Reisegruppen in Laos kommen aus China und Südkorea, die ebenfalls mit Direktflügen angebunden sind.

In Asien haben sich einige **Billigfluglinien** breitgemacht, die dieselben Probleme haben und verursachen wie in Europa. Sie sind oft unterkapitalisiert und unterstehen einem schlechten Management, so dass die Gefahr besteht, dass die Gesellschaft plötzlich vom Markt verschwindet und die Passagiere auf wertlosen Tickets sitzen bleiben. In Laos operieren derzeit Air Asia, Angkor Air und Thai Smile.

Inlandsflüge: Die staatliche Fluglinie heißt **Lao Airlines** *(www.laoairlines.com)*. Sie betreibt elf Flugzeuge der Klassen Airbus A320 und ATR-72, mit denen sie vor allem Inlandsflüge, aber auch Strecken ins benachbarte Ausland bedient. Die Gesellschaft ist zuverlässig, und die Maschinen sind neu. Die Fluggesellschaft **Lao Skyway** (www.laoskyway.com) entstand 2002 als Chartergesellschaft für Hubschrauber, 2003 wurde das erste von bisher zwei Flugzeugen ausgeliefert. Diese Maschinen chinesischer Bauart fallen häufig aus, so dass mangels Alternativen Flüge nicht stattfinden können. Im Prinzip werden Inlandsverbindungen von Vientiane nach Luang Prabang, Luang Namtha, Oudomxay, Bokeo, Phongsaly, Hua Phan und Xieng Khouang angeboten.

Anreise mit dem Zug

Von **Bangkok** gibt es einen Zug nach **Nong Khai**, von wo aus man mit dem Bus über die Freundschaftsbrücke nach Vientiane fahren kann. Die Fahrzeit beträgt rund elf Stunden, und es verkehren mehrere Züge morgens und über Nacht.

Anreise über Land

Derzeit sind 23 Grenzübergänge geöffnet, über die Ausländer einreisen dürfen, die meisten an der Grenze zu Thailand und zu Vietnam. Die wichtigsten sind:

- **Chiang Khong–Huay Xai** (Thailand, am Mekong ganz im Norden)
- **Nong Khai–Tha Na Leng** (Thailand, Vientiane, Freundschaftsbrücke)
- **Chong Mek–Vang Tao** (Thailand, weiter nach Ubon Ratchathani)
- **Trapaeng Kriel–Nong Khiang** (Kambodscha, mit Verbindungen nach Phnom Penh und Siem Reap (Angkor), auf laotischer Seite 4000 Inseln, Wat Phu und Pakse)

Flughafen in Xieng Khouang auf der Ebene der Steingefäße

Busstation im Süden

– **Cau Treo-Nam Phao** (Vietnam, Straße nach Vinh).

An den meisten Straßenübergängen kann man derzeit ein Visum sofort erhalten (Visa on arrival), nicht jedoch an der Grenze zu Burma. Es empfiehlt sich dennoch, aktuelle Informationen einzuholen, bevor man an einem der Übergänge, von denen viele in einsamen Regionen liegen, stehen bleibt.

Ärztliche Versorgung

Die Ärzte sind in westlicher und/oder asiatischer Medizin ausgebildet. Die Versorgung ist aber nicht gut, vor allem fehlt es an Medikamenten und moderner Technik. Viele Ärzte sprechen als Fremdsprache Französisch, weil die Universitätsausbildung in dieser Sprache abläuft.

Bei gesundheitlichen Problemen wenden Sie sich zunächst an die Rezeption des Hotels, die meistens Adressen von Ärzten kennt und den ersten Kontakt herstellen kann. In den zunehmend aufkommenden ausländischen Gesundheitszentren arbeiten gute einheimische und ausländische Ärzte. Meist haben sie auch eine Apotheke im Haus. Alle Behandlungen dort müssen sofort bezahlt werden. Bei schweren Erkrankungen sollte man zumindest bis Bangkok, Singapur oder Hongkong ausreisen, wo es eine hervorragende ärztliche Versorgung gibt.

Ausrüstung und Gepäck

Strapazierfähige, praktische Kleidung aus Naturfasern ist angebracht. Sehr wichtig ist der **Sonnenschutz**, also Kopfbedeckung, Sonnenbrille und Sonnencreme, je nach Jahreszeit sollte man auch eine dünne Regenjacke oder einen Schirm einpacken. In der Ebene der Steingefäße kann es in den Wintermonaten (November bis Februar) recht kalt werden (unter 10 Grad Celsius), so dass ein dicker Pullover ins Gepäck gehört, wenn man dort hinfährt. Auch die Schuhe sind abhängig von der Route, in den Städten reichen Sandalen, bei abgelegenen Zielen muss man mit unebenen Zugängen rechnen, beim Trekking braucht man feste Wanderschuhe.

Für die **Gesundheit** sollte man dabeihaben: Mückenschutzmittel, gegebenenfalls Malariamittel zur Behandlung, ein Mittel gegen Durchfall, Pflaster, Verband und natürlich alle Medikamente, die man regelmäßig benötigt, in ausreichender Menge. Wer besonders hygienisch essen will, kann sein eigenes Besteck mitbringen oder zu Beginn der Reise kaufen. Desinfektionsspray oder -gel für die Hände ist nicht schlecht. Was man an **Fotomaterial** braucht, sollte am besten vollständig mitgebracht werden. Herkömmliche Filme gibt es zwar, doch sind sie oft überlagert oder der Hitze ausgesetzt. Speicherchips und Batterien gibt es auch, aber nicht so häufig, so dass man viel Zeit mit Suchen verbringen würde.

Bewährt haben sich zudem **Taschenmesser**, vielleicht mit etwas integriertem Werkzeug. Eine **Taschenlampe** leistet in Höhlen, dunklen Tempeln und bei den inzwischen recht seltenen Stromausfällen gute Dienste. **Fotokopien** der Bildseite des Reisepasses und am besten auch nach Einreise des Visums, die separat von den Originalreisedokumenten aufbewahrt werden, können bei Verlust die Wiederbeschaffung erleichtern und beschleunigen.

Auto/Moped fahren

Der Verkehr ist in den letzten Jahren wesentlich dichter geworden, vor allem in den großen Städten. Die Orientierung ist nicht einfach, da es wenige Hinweisschilder, dafür aber viele Einbahnstraßen gibt. Als großes Problem erweist sich das Parken, da zwar neue Straßen, aber selten Parkplätze gebaut wurden und die gigantischen amerikanischen Pick-ups die beliebtesten Autos der Laoten sind.

Außerhalb der Städte ist der Verkehr geringer, das Problem der Hinweisschilder bleibt aber. Gefahren lauern zum Beispiel bei der Durchquerung von Orten, da schon mal gerne ein Schwein oder ein Wasserbüffel ohne Einhaltung der Vorfahrtsregeln die Straße kreuzt. In Laos ein Auto zu mieten und selbst fahren zu wollen ist nicht empfehlenswert, vor allem bei Unfällen kann es zu großen Problemen kommen. Da das Leihen eines **Autos mit Fahrer** praktisch dasselbe kostet wie ohne Fahrer, gibt es keinen Grund, sich diesem Stress auszusetzen. **Mopeds** werden immer beliebter, auch bei Touristen. Es gibt drei Kategorien von Mopeds: die billigen chinesischen Raubnachbauten, die sehr unzuverlässig sind, die offiziell unter Lizenz in Thailand gefertigten Maschinen, die in Ordnung sind, und die sehr zuverlässigen Originale aus Japan, die aber doppelt so viel kosten wie die chinesischen Mopeds. In allen größeren Orten kann man Mopeds mieten, teilweise auch robuste Enduros fürs Gelände. Wer keine Erfahrung mit einer solchen Maschine hat, sollte die Finger davon lassen, da sie offroad schwer zu beherrschen sind. Ein normales Moped kostet 20 bis 40 Dollar pro Tag.

Diplomatische Vertretungen

Botschaft der Sozialistischen Republik Laos in Deutschland
Bismarckallee 2A
14193 Berlin
Tel. 030/89060647, Fax 89060648
www.laos-botschaft.de

Botschaft in Österreich
Sommerhaidenweg 43
1180 Wien
Tel. 01/890231911, (Konsulat -13)
Fax 01/890231915
laoembassyinvienna@hotmail.com

Botschaft in der Schweiz
Route de Colovrex 14bis
1218 Le Grand-Saconnex
Tel. 022/7982441/42, Fax 7982440
laomission_geneva@bluewin.ch

Die deutsche Botschaft in Vientiane

Botschaft der BR Deutschland in Laos
26 Sokpaluang, Sisattanek
Vientiane
Tel. +856/21/312110-11, Fax 351152
www.vientiane.diplo.de

Botschaft Österreichs
Honorarkonsulat
377 Lao-Thai Road
Ban Vatnak, Sisattanek
Vientiane
Tel. +856/21/480906, Fax 313258
kc@laoconsulting.com

Das Honorarkonsulat hat nur geringe Befugnisse. In wichtigen Fällen wendet man sich an die **Botschaft in Bangkok/Thailand**:
14, Soi Nantha-Mozart, Soi 1, Sathorn Tai Road, Thungmahamek, Sathorn
Bangkok 10120
Tel. +66/2/1056700
bangkok-ob@bmeia.gv.at
www.aussenministerium.at/bangkok

Botschaft der Schweiz
Botschaft Bangkok
35 North Wireless Road (Thanon Witthayu Nuea)
Lumphini, Pathum Wan
Bangkok 10330
Tel. +66/2/6746900, Fax 6746901
www.eda.admin.ch/bangkok

Drogen

Über lange Zeit war der Anbau von **Schlafmohn**, aus dem Opium und Heroin gewonnen werden, eine wichtige Einkommensquelle für die arme Landbevölkerung. Nach außen predigte man Abstinenz und Verbote, doch tatsächlich haben alle Machthaber, von den französischen Kolonialherren über die CIA, das laotische Königshaus bis zum kommunistischen Militär, gerne Logistik zur Verfügung gestellt und an den hohen Erträgen kräftig mitverdient.

Im Jahr 1988 unterzeichnete Laos die UN-Drogenkonvention. Mit Hilfe von UN-Organisationen und NGOs förderte man den Anbau von alternativen Produkten, die zwar in den folgenden zehn Jahren die produzierte Menge an Opium verringerten, aber nicht ansatzweise ein ähnliches Einkommen erwirtschaften konnten. Als das Programm auslief, verdreifachte sich die Anbaufläche bis 2011 wieder. Obwohl die Regierung offiziell alle Drogen in Laos auslöschen will, sind die Erfolge gering. Es fehlt an allem: 81 Prozent des Budgets stammen aus dem Ausland, dem Justizapparat fehlen Ressourcen und Ausbildung zum Kampf gegen die Drogen, oft auch der Wille. Die unwegsamen Grenzen mit jetzt verbessertem Straßennetz befördern den Handel eher noch. Neben dem Anbau des klassischen Schlafmohns werden in Laos zunehmend synthetische Drogen hergestellt und vertrieben, die äußerst gefährlich sind.

Besitz und Handel von Drogen aller Art sind in Laos verboten. Im schlimmsten Fall steht darauf die Todesstrafe, die aber äußerst selten angewandt wird. Überhaupt wird der Drogenbekämpfung nur im öffentlichen Wort Priorität eingeräumt. Ein großer Teil der Kleinkriminalität im Lande (auch Raubzüge gegen Touristen) ist Beschaffungskriminalität für Drogen.

Besonders akut ist das Drogenproblem in der Partystadt **Vang Vieng**, wo die Regierung nach vielen, auch tödlichen Unfällen unter Drogeneinfluss durchgriff, jetzt aber die Zügel offensichtlich wieder schleifen lässt. Zumindest Cannabis und Pilze werden hier relativ offen angeboten. Es kann nur dringend vom Konsum abgeraten werden, nicht nur wegen der möglichen hohen Strafen (in einem laotischen Gefängnis möchte man wirklich nicht einen Tag verbringen), sondern vor allem wegen der irreparablen Gesundheitsschäden.

Einreise

Grundsätzlich ist für die Einreise ein gültiges **Visum** erforderlich, das auf den internationalen Flughäfen und an den meisten der Landgrenzstationen (nicht mit Burma) bei Ankunft in kurzer Zeit erteilt wird (Visa on arrival). Man benötigt dafür neben dem noch mindestens sechs Monate gültigen Reisepass mit mindestens einer ganzen freien Seite einen ausgefüllten Visumsantrag (den gute Fluggesellschaften vor der Landung verteilen, sonst vor dem Schalter), ein Passbild sowie die Visagebühr von 20 bis 40 Dollar in bar. Der Preis richtet sich nach der Nationalität und ist für Geschäftsvisa höher als für Touristenvisa.

Es gibt die üblichen **Einfuhrverbote**: Waffen, Munition, Drogen, Pornografie (sehr weite Auslegung, auch CDs, Videos). Man darf 200 Zigaretten und einen Liter Spirituosen oder zwei Liter Wein einführen. Devisen im Wert von mehr als 10 000 US-Dollar, Gold, wertvoller Schmuck sowie wertvolle optische und elektronische Geräte müssen deklariert und wieder ausgeführt werden.

Die **Währung Kip** (LAK) ist nicht frei konvertierbar, Ein- und Ausfuhr sind verboten. Bei kleineren Beträgen achtet aber niemand darauf.

Beim **Einchecken im Hotel** muss jedes Mal der Pass vorgelegt, manchmal auch noch ein Formular ausgefüllt werden. Aus dem Pass kopiert die Rezeptionistin die Seite mit den Personenangaben und mit dem Visum und reicht diese später an die Polizei weiter. So bekommt man aber den Pass in der Regel sofort zurück.

Elektrizität

In der Regel beträgt die Spannung 230 Volt, 50 Hertz, wobei es in manchen Hotels zusätzlich eine Steckdose mit 110 Volt gibt (amerikanisches System) und in manchen abgelegenen Gegenden nur 110 Volt verfügbar sind. Steckdosen gibt es nach ›deutschem‹ und nach ›britischem‹ System. Falls ein Adapter erforderlich ist, kann man diesen in besseren Hotels leihen oder im Supermarkt erwerben. Manche kleinen Dörfer sind auch noch gar nicht an die Stromversorgung angeschlossen. Elektrizität gibt es dort nur am frühen Abend für ein paar Stunden, mit einem Generator erzeugt.

In den Städten ist die Stromversorgung inzwischen ziemlich, aber nicht vollständig stabil. Empfindliche Geräte sollte man vom Netz nehmen, und eine Taschenlampe bewährt sich immer wieder.

Ein Selfie aus Vientiane

Feiertage

1. Januar: Neujahr
6. Januar: Pathet-Lao-Tag
20. Januar: Tag der Armee
8. März: Internationaler Frauentag
22. März: Tag der Partei
März/April: Buddhafest (Pha Weet)*
Mitte April: Laotisches Neujahr (Pi Mai)*
1. Mai: Tag der Arbeit
Mai/Juni: Raketenfest
1. Juni: Kindertag
Juli: Beginn der buddhistischen Fastenzeit (*Khao Phansa*)*
20. Juli: Nationaler Frauentag
13. August: Lao Itsala
15. August: Tag der Verfassung
7. Oktober: Lehrertag
Oktober: Ende der Fastenzeit (Ork Phansa)*
Oktober: Ruderfest (Buon Suang Heua)*
November: That-Luang-Fest in Vientiane*
2. Dezember: Unabhängigkeitstag

Die mit * bezeichneten Feiertage folgen dem Mondkalender, finden also jedes Jahr an einen anderen Tag statt. Fällt ein Feiertag auf einen Samstag oder Sonntag, so ist der vorhergehende oder nachfolgende Arbeitstag frei.

Fotografieren

Im Alltag gibt es beim Fotografieren keine Probleme, viele Menschen lassen sich oder ihre Kinder gerne ablichten, vor allem die

Kleinen haben ihre Freude und posieren. Dennoch hat natürlich jeder Mensch das Recht an seinem eigenen Bild: Wenn jemand nicht fotografiert werden möchte, sollte man dies auf jeden Fall respektieren. Das Fotografieren von **militärischen Anlagen** ist nicht erlaubt. Außerdem gibt es in den meisten **Museen** Fotografierverbot. In Fotoläden kann man Filme, Speicherkarten und ähnliches kaufen, es ist jedoch wesentlich einfacher, alles von zu Hause mitzubringen.

Frauen allein unterwegs

Normalerweise sind Laoten sehr zurückhaltende und sanfte Menschen, so dass alleinreisende Frauen kaum auf Probleme stoßen.

Gesundheit

Vernünftige Vorsorge und vernünftiges Verhalten vor Ort dienen der Gesundheit am meisten. Es sind **keine Impfungen** vorgeschrieben, außer man reist aus einem mit Gelbfieber infizierten Gebiet an. Es ist aber empfehlenswert, rechtzeitig die normalen Vorsorgeimpfungen wie Polio, Tetanus, Hepatitis zu überprüfen und auffrischen zu lassen. Aktuelle Informationen von einem Tropeninstitut können nicht schaden. Früher gehörte die **Malaria** zu den größten Gesundheitsproblemen des Landes. Erschwerend kam hinzu, dass die Prophylaxe in der Regel wenig brachte, da die übertragenden Mücken vielfach resistent waren. Das Malaria-Risiko hat sich ein wenig reduziert: Wer die normalen Touristengebiete besucht, außerhalb der Regenzeit reist und ein wenig Vorsorge betreibt, braucht sich keine großen Sorgen mehr zu machen. Ohne großen Aufwand kann man folgendes tun: zumindest ab spätem Nachmittag körperbedeckende Kleidung tragen, also lange Hosen, langärmelige Hemden/Blusen, sich mit einem Mückenschutzmittel einsprühen und dort, wo es angeboten wird, unter dem Moskitonetz schlafen. Man kann auch elektrische Mückentöter mitbringen; von den Räucherspiralen ist allerdings abzuraten: Sie bewirken wenig und sind auf die Dauer auch für den Menschen gesundheitsschädlich. Die Inkubationszeit der Malaria liegt bei 7 bis 14 Tagen, die Krankheit fühlt sich zunächst wie eine starke Grippe an, mit Fieber, Kopf- und Gelenkschmerzen, Schwindelgefühl, Schüttelfrost. Wenn sie rechtzeitig diagnostiziert und behandelt wird, sind die Heilungschancen ziemlich groß. Die lokalen Ärzte haben damit viel Erfahrung, es fehlt aber häufig an Medikamenten. Bei Verdacht auf Malaria sollte man also ein großes Krankenhaus aufsuchen und für den Eventualfall kann man von zu Hause Mittel zur Behandlung von Malaria mitbringen (verschreibungspflichtig).

Obststand auf dem Markt in Pakse

Häufig treten **Magen-Darm-Probleme** auf, was durch mangelnde Hygiene, aber auch einfach durch eine Umstellung im Speiseplan verursacht werden kann. Es gibt Medikamente dagegen, doch wer nicht direkt mit der chemischen Keule zuschlagen will, kann auch einen Tag nichts essen, viel trinken (am besten Tee aus Wasser, das wirklich gekocht hat), und dann langsam anfangen, trockenen Reis zu essen. Wenn der Durchfall weiter anhält, sollte ein Arzt aufgesucht werden.

Viele Krankheiten werden durch **verschmutztes Wasser** übertragen. Man sollte niemals Leitungswasser trinken, sondern nur das in Flaschen abgefüllte Wasser, und

Sonnenuntergang über dem Mekong

darauf achten, dass die Plastiksiegel unbeschädigt sind, da manche Straßenhändler benutzte Flaschen mit Leitungswasser auffüllen und erneut verkaufen. Bessere Hotels stellen auf den Zimmern kostenlos Wasser in Flaschen zur Verfügung, das man auch zum Zähneputzen verwenden kann. Ebenfalls abzuraten ist von allem, das aus nicht gekochtem Wasser hergestellt wird, vor allem von Eiswürfeln in Getränken, noch schlimmer ist von fliegenden Händlern selbst hergestelltes Speiseeis. Selbst in Hotels und Restaurants ist Speiseeis nicht empfehlenswert. **Gemüse, Salat und Obst** muss zumindest sorgsam gewaschen werden. Unterwegs beschränkt man sich am besten auf Obst, dessen Schale nicht mitgegessen wird (Bananen, Mangos, Papayas, Wassermelone, Litschi etc.); Vorsicht, wenn die Früchte bereits aufgeschnitten sind. Sehr empfehlenswert ist die Kokosnuss: Erfrischend und preiswert kommt sie im eigenen Trinkgefäß daher. In den Städten wird sie sogar schon gekühlt angeboten, sie ist dann nicht mehr groß und grün, sondern klein und weiß, da das Äußere entfernt wurde, damit die Nuss nicht soviel Platz im Kühlschrank einnimmt.

In Laos liegt die Steigerungsrate der Infizierung mit dem **HI-Virus** recht hoch. Dies ist neben dem Drogenkonsum vor allem der zwar offiziell verbotenen, aber weit verbreiteten und offen betriebenen Prostitution zuzuschreiben. Mann muss davon ausgehen, dass die netten jungen Damen, die ihn in Diskos, Clubs und manchen Kneipen ansprechen, letztendlich nur ein finanzielles Interesse haben, auch wenn dies am Anfang vielleicht nicht so aussieht. Das Bewusstsein über Übertragung und Folgen der Infektion ist im Land sehr niedrig und oft sachlich falsch.

Informationen

Laos unterhält keine Fremdenverkehrsämter in Europa, auch die Botschaften geben keine Auskünfte. Im Land selbst gibt es einige Informationsbüros, in denen eine zufällige Auswahl an Prospekten unbestimmten Alters herumliegt. Die Angestellten sprechen meist nur wenig Englisch und können mit etwas wirklich Hilfreichem, wie etwa einem Stadtplan, nicht dienen. Bessere Informationsquellen sind **Reisebüros**, die jedoch voll darauf ausgerichtet sind, etwas zu verkaufen.

Klima und Reisezeit

Laos liegt im Einflussbereich der **Monsune**, da es jedoch vollständig von Land umgeben ist, sind die Auswirkungen nicht so intensiv wie in den Nachbarländern, wo sich die Winde über dem Meer mit Feuchtigkeit aufladen und zu gefährlichen Taifunen werden. Dennoch hat auch Laos zwei Jahreszeiten, die Regenzeit von Mai bis September und die Trockenzeit von Oktober bis April. Zur **Regenzeit** verwandeln sich nicht asphaltierte Nebenstraßen in gewaltige Schlammlöcher und sind nicht mehr passierbar. Flüge und Busverbindungen können ausfallen, insgesamt ist das Reisen im Land sehr beschwerlich.

In der **Trockenzeit** hingegen ist es kühler, die Luftfeuchtigkeit ist geringer. Nachts gehen die Temperaturen im Dezember und Januar schon einmal bis auf zehn Grad zurück, doch tagsüber ist das Wetter mit dem europäischen Sommer zu vergleichen. In den Bergen im Norden und auf der Hochebene der Steingefäße können die Temperaturen in diesem Zeitraum auch tagsüber unter zehn und nachts bei null Grad liegen. Da die meisten Häuser, inklusive Hotels, nicht über Heizungen verfügen, muss man mit entsprechend warmer Kleidung vorsorgen. Im Süden hingegen wird es ab März, April richtig heiß, bis zu 40 Grad, bei hoher Luftfeuchtigkeit. **Beste Reisezeit** für das ganze Land ist also von **November bis Mitte April**.

Unabhängig vom Klima sollte man bei der Reiseplanung noch auf die laotischen **Feiertage** Rücksicht nehmen, an denen viele Büros, Läden und Restaurants geschlossen sind. Zum Neujahr (April) fahren viele Laoten aus der Stadt in ihre heimatlichen Dörfer, zum chinesischen Neujahr (zwischen Mitte Januar und Mitte Februar) kommen sehr viele Touristen aus China, so dass die Verkehrsmittel und Unterkünfte überlastet sein können.

Kriminalität

Die **Kleinkriminalität** hat in den letzten Jahren beträchtlich zugenommen; fast immer steht sie in Zusammenhang mit der Beschaffung oder dem Genuss von Drogen. Es kommt vermehrt zu Überfällen auf Touristen mit dem Ziel, Handtaschen, Handys, Kameras, Bargeld oder Mopeds zu rauben. Touristisch frequentierte Städte wie Vientiane, Luang Prabang und Vang Vieng stehen dabei im Vordergrund.

Auf den **Überlandstraßen** kommt es gelegentlich zu Überfällen mit Waffengewalt auf Privatwagen und Busse. Es empfiehlt sich dringend, nicht nach Einbruch der Dunkelheit auf Landstraßen unterwegs zu sein. Bitte lesen Sie vor Abreise die aktuellen Sicherheitshinweise des Auswärtigen Amts: www.auswaertiges-amt.de/DE/Laenderinformationen/00-SiHi/Nodes/LaosSicherheit_node.html

Landkarten und Stadtpläne

Es gibt nur wenig präzises Kartenwerk. Eine gute Landkarte bringt man am besten von zu Hause mit, Stadtpläne bieten einige Hotels in Form von Kopien an. Computeraffine Leute verlassen sich gerne auf die **Hobo Maps** (www.hobomaps.com), die es auch in gedruckter Form in Buchhandlungen und Souvenirshops zu kaufen gibt.

Mobilitätseingeschränkt

Die schönsten Sehenswürdigkeiten des Landes sind für Körperbehinderte nur schwer erreichbar. In der Regenzeit sind viele Wege matschig, in der Trockenzeit sandig. Die Tempel weisen Schwellen und teilweise recht steile Treppen auf. Auch Hotels und Restaurants haben keine Vorkehrungen für Behinderte getr offen. Allerdings sind die Menschen sehr hilfsbereit, so dass einige praktische Probleme bewältigt werden können.

Öffnungszeiten

Ämter und Behörden haben in der Regel von montags bis freitags von 8.30 bis 12 und von 13 bis 16 Uhr geöffnet; an Wochenenden und allen Feiertagen bleiben sie geschlossen. Dasselbe gilt für die **Post**, die aber von 7.30 bis 11 und 13 bis 16 Uhr offen ist. Banken sind in der Regel montags bis freitags von 8.30 bis 15.30 Uhr geöffnet.

Bei Geschäften gibt es keine feststehenden Zeiten, Lebensmittelläden sperren eher früh auf, viele andere haben sich den thailändischen Usancen mit 9 bis 21 Uhr angeschlossen. Manche Läden haben sonntags geschlossen.

Post und Telekommunikation

Internetcafés sind in Vientiane, Luang Prabang und Vang Vieng problemlos zu finden. Viele bessere Hotels bieten **W-Lan** gebührenfrei an, andere berechnen eine geringe Gebühr. Wer mit **Mobiltelefon** unterwegs ist, sollte vorher mit seinem Anbieter die Kosten überprüfen, da zum Teil extrem hohe Roaming-Gebühren verlangt werden.

Notrufnummern

Hotline der Polizei für Touristen in Vientiane: +856/21/212703

Presse

Alle Medien, seien es Zeitungen, Rundfunk, Fernsehen oder Internet, werden von der Partei scharf kontrolliert. Es herrscht eine Art Verlautbarungsjournalismus, kritische Stimmen sind nicht erlaubt. Vor allem Personen aus Regierung und Partei dürfen nicht kritisiert werden. Nur selten dringen Enthüllungen aus diesem wohlbehüteten Apparat. Manchmal werden spektakuläre Korruptionsvorwürfe in den Medien geäußert, doch dabei handelt es sich nicht um Aufklärung, sondern um interne Machtkämpfe, bei denen mit solchen Veröffentlichungen Gegner abgesägt werden sollen. Die in englischer Sprache erscheinende Tageszeitung **Vientiane Times** liegt in vielen Hotels kostenlos aus.

Reiseveranstalter

AT Reisen
Helenenstr. 14
04279 Leipzig
Tel. 0341/5500940
www.at-reisen.de

Asien Special Tours
Adams-Lehmann-Str. 109
80797 München
Tel. 089/1270910
www.asien-special-tours.de

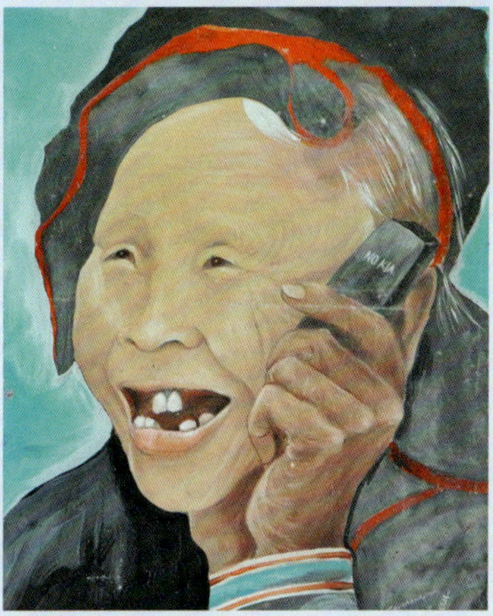

Werbung handgemalt

Auf und Davon Reisen
Lebrechtstr. 35
51643 Gummersbach
Tel. 02261/501990
www.auf-und-davon-reisen.de

Chili Reisen
Pappelstr. 81–83
28199 Bremen
Tel. 0421/52080663
www.chili-reisen.de

Diamir Erlebnisreisen
Berthold-Haupt-Str. 2
01257 Dresden
Tel. 0351/312077
www.diamir.de

Eberhard Travel
Zschoner Ring 30
01723 Kesselsdorf
Tel. 035204/92112
www.eberhardt-travel.de

Gebeco
Holzkoppelweg 19
24118 Kiel
Tel. 0431/54460
www.gebeco.de

Geoplan
Geisbergstr. 39
10777 Berlin
Tel. 030/34649810
www.geoplan-reisen.de

Ein Snack auf dem Nachtmarkt gehört zum Vientiane-Besuch dazu

Hauser Exkursionen
Spiegelstr. 9
81241 München
Tel. 089/2350060
www.hauser-exkursionen.de

Ikarus Tours
Am Kaltenborn 49–51
61462 Königstein/Ts.
Tel. 06174/29020
www.ikarus.com

Joventour
Graf-Adolf-Str. 41
40210 Düsseldorf
Tel. 0211/36790315
www.joventour.de

Lernidee Erlebnisreisen
Kurfürstenstr. 112
10787 Berlin
Tel. 030/7860000
www.lernidee.de

One World – Reisen mit Sinnen
Erfurter Str. 23
44143 Dortmund
Tel. 0231/5897920
www.reisenmitsinnen.de

Reisefieber
Kleberstr. 6–8
63739 Aschaffenburg
Tel. 06021/306530
www.reisefieber.net

Studiosus
Riesstr. 25
80992 München
Tel. 00800/24022402 (kostenlos)
www.studiosus.com

Take off Reisen
Dorotheenstr. 65
22301 Hamburg
Tel. 040/4222288
www.takeoffreisen.de

Travel Service Asia
Riedäckerweg 4
90765 Fürth
Tel. 0911/9795990
www.tsa-reisen.de

Umfulana
Karlheinz-Stockhausen-Platz 7
51515 Kürten
Tel. 02268/922980
www.umfulana.de

Ventus
Krefelder Str. 8
10555 Berlin
Tel. 030/39100332
www.ventus-reisen.de

Vietnam Tours
Geibelstr. 3
51373 Leverkusen
Tel. 0214/3250034
www.vietnam-tours.de

World Insight
Sürther Hauptstr. 190 E–F
50999 Köln
Tel. 02236/38360
www.world-insight.de

■ Veranstalter in Laos

Es gibt mehrere hundert Reisebüros in Laos. Mit den meisten ist die Kommunikation aus der Ferne sehr schwierig, und sie haben nur selten Vorstellungen davon, wie europäische Reisende ihre Routen gerne gestaltet hätten. Es mangelt erheblich an der Zuverlässigkeit. Es empfiehlt sich also eine Planung mit einem Veranstalter in der Heimat.

Dokkham Travel Co., Ltd.
Ban Nong Nieng, Hom 10, Unit 19, House No. 236
Muang Xaisettha, Vientiane
Tel. +856/21/4630856, Fax 463087
www.dokkhamtravel.com
Erfahrener lokaler Anbieter von Gruppenreisen und individuell zusammengestellten Reisen.

Green Discovery Laos
Hang Buon, Ban Hay Sok
Vientiane
Tel. +856/21/264680, Fax 264679
www.greendiscoverylaos.com
Führender Veranstalter für Abenteuerausflüge, Trekking und Aktivferien. Büros auch in Luang Namtha, Nong Khiaw, Luang Prabang, Vang Vieng, Thakhek und Pakse. Hier bucht man eher einzelne Ausflüge als ein ganzes Reisepaket.

Flusskreuzfahrten:

Asian Oasis
2/2 2nd floor, Bhakdi Building, Wireless Road
Lumpini, Pathumwan, Bangkok 10330, Thailand
Tel. +66/83/5409529,www.asian-oasis.com
Flusskreuzfahrten im Norden zwischen Huay Xai und Luang Prabang sowie im Süden zwischen Pakse und den Khong-Fällen an der Grenze zu Kambodscha.

Geoplan
Adresse → S. 245
Im Angebot sind zum Beispiel eine fünftägige Kreuzfahrt flussaufwärts von Vientiane nach Luang Prabang und eine elftägige Fahrt flussabwärts von Chiang Rai (Thailand) über Luang Prabang nach Vientiane.

Lernidee Erlebnisreisen
Adresse → S. 246
Der Spezialist für Eisenbahn und Schiffe bietet verschiedene Routen an, auch in Kombination mit den Nachbarländern Thailand und Kambodscha.

Luang Say Cruises
Vientiane
Tel. +856/20/56449018
www.luangsay.com
Zweitägige Reise von Huay Xai (an der Grenze zu Thailand) nach Luang Prabang oder umgekehrt, Übernachtung an Land. Zweitägiger Ausflug ab und bis Luang Prabang; Übernachtung an Land.

Souvenirs

Traditionelle Souvenirs sind **Stoffe**, **Schmuck** sowie **Kunsthandwerk**. Sowohl Baumwoll- als auch Seidenstoffe werden von einheimischen Webern in Handarbeit geschaffen, vor allem im Hochland. Sehr oft ist ihre eigentliche Bestimmung die Tracht der Hochlandvölker, doch man kann daraus auch eigene Kleidung fertigen lassen. In den Städten kann man sich nicht dar-

Schmuckstand in Vientiane

Gleitschirmflieger in Vientiane

auf verlassen, dass Stoffe und Textilien aus dem Land stammen, denn sehr viel wird aus China und Thailand in den Markt gedrängt, so dass viele kleine laotische Firmen untergegangen sind.
Gold und **Silber** sind im Land zu finden und werden in großer Vielfalt zu Schmuck verarbeitet, der traditionell mangels eines Bankkontos für viele Familien auch eine Wertanlage ist. Der Stil ist oft etwas ziseliert und entspricht nicht unbedingt dem gegenwärtigen Geschmack im Westen. Bei großen Mengen wird ein Ausfuhrzoll fällig, bei der Einfuhr nach Europa sind ebenfalls Wertgrenzen beim Zoll zu beachten.
Die Ausfuhr von **Antiquitäten** ist streng verboten; man versteht darunter kulturelle Gegenstände, die mehr als 50 Jahre alt sind, vor allem Buddhas und andere religiöse Gegenstände.
www.laotradeportal.gov.la

Sport und Freizeit

Für die Laoten ist **Fußball** der beliebteste Sport. Meistens findet er vor dem Fernseher statt, denn über thailändische Sender gibt es die englische Premier League in aller Ausführlichkeit zu sehen, gelegentlich trifft man sogar einmal auf einen Sender mit Bundesligaspielen live! Zumindest kleine Jungs und Mädchen kicken aber auch gerne auf der Straße oder einem abgeernteten Reisfeld. Eine Schmalspurversion ist das Spielen eines Balles, der eigentlich aus Rattanstengeln bestehen sollte, über ein Volleyballnetz, auch ›Footvolley‹ genannt, das nur ein kleines Spielfeld benötigt.
Da Laos von Land umgeben ist, fällt der gesamte Bereich des Wassersports schon einmal aus, wenn man davon absieht, dass man auch in einem Flüsschen oder dem Becken eines Wasserfalls baden, kaum aber schwimmen kann.Die bekannten Spaßsportarten wie **Klettern**, **Mountainbiking**, **Ziplining** und anderes werden vor allem in Vang Vieng (→ S. 126) angeboten, dort kann man auch **paddeln** und **Kajak fahren**. Von vielen Hotels und Touristenläden werden **Fahrräder** für wenige Dollar pro Tag verliehen. Die meisten sind sehr einfach, ohne Gangschaltung und eigentlich für europäische Körpergrößen zu klein. Für kürzere Touren reicht es aber. Bei guten Läden gibt es jedoch auch stabile Räder und Mountainbikes.
Man sollte beim Ausleihen immer den Zustand der Reifen und der Bremsen überprüfen, bevor man losradelt. Seit der Autoverkehr stark zugenommen hat, macht es keinen Spaß mehr, in den Städten zu radeln, da es nicht ungefährlich ist und man die vielen Abgase einatmet. Auf dem Lande hat man es besser, auch wenn die Nebenstraßen oft nicht geteert sind, bei Regen schlammig und sonst sandig sein können. Fährt man mit dem Auto zum Beispiel zwischen Vientiane und Luang Prabang, so überholt man immer wieder Radfahrer, die die gesamte Strecke bewältigen. Das ist eine echte Herausforderung, nicht nur wegen der stinkenden Lastwagen, sondern vor allem wegen der sehr steilen Anstiege, die unterwegs zu bewältigen sind. In den Dörfern, die man unterwegs durchquert, gibt es keine Unterkünfte, so dass die meisten ein Zelt dabei haben. Nur wirklich durchtrainierte und gut vorbereitete Leute sollten sich auf eine solche Tour begeben.
Für diejenigen, die jetzt plötzlich viel Geld verdienen, ist es angesagt, Mitglied in einem Country Club zu sein. In einigen dieser Clubs kann man auch **Golf** spielen. Eine Übersicht bietet.
www.laosgolf.com/golf-courses

Sprache und Verständigung

Die offizielle Sprache ist Lao oder Laotisch, wobei sich der Dialekt der Hauptstadt Vientiane gegenüber dem von Luang Prabang und dem des Südens durchgesetzt hat. Lao und Thai sind eng verwandt und ihre Sprecher können sich in der Regel gut verständigen, nicht unbedingt aber die jeweils andere Schrift lesen.
Die Grammatik des Lao ist sehr einfach, es gibt keine Konjugationen und Deklinationen, keine angefügten Endungen. Die Stellung der einzelnen Satzteile muss ein-

gehalten werden. Das entscheidende Problem besteht darin, dass es sechs Lautungen gibt, die bedeutungstragend sind.
Spielten früher die Fremdsprachen Französisch und Russisch eine gewisse Rolle, so ist heute Englisch die Fremdsprache Nummer eins, vor allem im Tourismus. Die jüngeren Leute möchten gerne Englisch sprechen, können es aber nicht unbedingt. Vor allem in kleineren Hotels mit lokalen Eigentümern sind die Fremdsprachenkenntnisse des Personals meist sehr mager. Auch von Taxi- und Mietwagenfahrern kann man keine Fremdsprachenkenntnisse erwarten.

Toiletten

In den meisten Tempeln und an vielen Sehenswürdigkeiten gibt es Toiletten auch für Besucher. Meist handelt es sich um die lokale Hockvariante, die aus hygienischen Gründen sowieso zu bevorzugen ist. Wenn man mit dem Auto im Land unterwegs ist, sind auch die großen Tankstellen hilfreich, die meist sehr gepflegte Anlagen zur kostenlosen Benutzung anbieten.

Trinkgeld

Eigentlich gibt es im Sozialismus ja kein Trinkgeld, aber der Sozialismus ist hier ja nur Schein. An einfachen Straßenständen und Restaurants wird kaum ein Trinkgeld erwartet, in besseren Restaurants schon, mit einem Betrag von fünf bis zehn Prozent der Rechnungssumme ist man gut dabei. Auf jeden Fall erwarten Fahrer und Führer bei zufriedenstellender Leistung einen Obolus, vor allem, wenn man mehrere Tage mit ihnen unterwegs war. Das Trinkgeld, am besten in Dollar, übergibt man bei der Verabschiedung in einem verschlossenen Umschlag.

Unterkunft

Die beiden großen Städten Vientiane und Luang Prabang verfügen über das gesamte Spektrum von Hotels, von der einfachen Absteige für ein paar Dollar bis zum luxuriösen **Fünf-Sterne-Hotel internationaler Ketten**. Diese Hotels bieten einen gehobenen Standard bei den Zimmern, mit großen Betten, Fernseher, Safe etc., zudem oft Sporteinrichtungen, mindestens ein Restaurant und ein Café oder eine Bar. Das Personal spricht einigermaßen Englisch und ist hilfsbereit.
Bei den **Mittelklassehotels** sieht das nicht immer so rosig aus. Vor allem bei den Sprachkenntnissen und dem Servicegedanken hapert es etwas. Manche der Zimmer sind etwas spartanisch eingerichtet, und das ein oder andere funktioniert nicht. Im unteren Drei-Sterne-Bereich liegen die Hotels auch manchmal ungünstig, weit von den Sehenswürdigkeiten entfernt oder an lauten Ecken. Und die Laoten können sehr laut und sehr lange feiern.
Bei den **einfachen Unterkünften** lässt sich schwer etwas Allgemeines sagen. Es gibt Zimmer von 10 bis 50 Dollar, und oft unterscheiden sie sich kaum. Alle sind eher klein und schlicht eingerichtet.
Insgesamt liegt das **Preisniveau** bei sogenannten Walk-in-Kunden, also Reisenden, die individuell buchen oder einfach vor Ort nach einem Zimmer fragen, im ganzen Land deutlich zu hoch. Das liegt daran, dass viele Hotels von den Reiseagenturen ziemlich gequält werden, die Zimmer, die vor Ort 160 Dollar kosten, schon für unter 50 Euro anbieten. Auch die Internetagenturen sind von den zu hohen Preisen betroffen, zumal sie ja auch noch hohe Provisionen nehmen. Im Augenblick scheinen die europäischen Reiseveranstalter für Individualreisen die besten Preise anbieten zu können.

Verhaltenstipps

Im Allgemeinen ist das Gemüt der Laoten eher zurückhaltend, langsam, vorsichtig, höflich, freundlich und von einem alles sagenden Lächeln verziert. Als Besucher sollte man versuchen, möglichst viel von diesen Verhaltensweisen anzunehmen und zu praktizieren.
So begrüßt man sich zurückhaltend, traditionell mit dem **Nop**, bei dem beide sich grüßenden Personen die Handflächen flach aneinander legen und vor den oberen Teil der Brust heben, dann den Kopf leicht nei-

gen. Das Begrüßungswort ist ›*sabadí*‹ (Betonung auf der letzten Silbe). In den Städten ist heutzutage aber auch ein Händedruck oder ein einfaches Kopfnicken üblich. Gar nicht eingebürgert haben sich allerdings die Küsschen rechts, links, Umarmungen, Schulterschlagen oder sonst dem anderen irgendwie zu nahe zu kommen.

Die Laoten sprechen und verhalten sich im Alltag sehr leise (nach einem Abend mit ein paar Flaschen vom einheimischen Schnaps Laolao kann dies aber auch anders sein). Also sollte auch der Besucher ruhig sprechen, sich nicht ereifern oder gar drohen. Zu allen Verhandlungen gehören ein Lächeln und eine langsame Annäherung. Ansonsten kann man als Ausländer sehr leicht sein Gesicht verlieren und das Gegenteil von dem erreichen, was man beabsichtigt hat.

Gut blamieren kann man sich auch bei der **Kleidung**. Nach laotischer Auffassung soll diese eher Körperteile verhüllen als präsentieren. Frauen können das Knie umspielende Röcke und Blusen mit Ärmeln tragen, Männer lange Hosen, T-Shirts mit Kragen oder kurzärmelige Hemden. Vor allem der Besuch von Tempeln in kurzen Hosen oder Röcken, ärmellosen Oberteilen, Sportkleidung oder schmutzigen, abgerissenen Kleidungsstücken stört die Einheimischen sehr, in manchen Tempeln wird auch der Zugang verweigert. In Tempeln muss man zudem die Schuhe ausziehen.

Doch auch die **Füße** sind hier nicht hoch angesehen. Lässt man sich im Tempel zum Schauen oder zur Meditation nieder, so dürfen die Füße nicht auf den Buddha zeigen. Entweder man sitzt im Schneidersitz oder winkelt die Unterschenkel nach hinten ab. Ähnliches gilt für private Häuser. Wird man eingeladen und sitzt dabei auf dem Boden, so muss man ebenfalls die Füße abwinkeln und damit keinesfalls auf die Gastgeber zeigen.

Mönche haben eine besondere Stellung in der Gesellschaft, auch wenn sie oft viel jünger sind als die Besucher. Männer können ihnen die Hand schütteln und über alles Mögliche reden, Frauen sollten Mönche jedoch nicht berühren. Viele junge Mönche möchten gerne an Touristen ihr Englisch ausprobieren, nicht immer aber wissen sie viel über den Wat, in dem sie leben. Darüber sollte man, wie oben gesagt, freundlich lächelnd hinweggehen.

Zahlungsmittel

Die laotische Währung ist der **Kip** (LAK, k). Es gibt Banknoten von 500 bis 100000 Kip, aber keine Münzen. Das Umtauschverhältnis zu den Leitwährungen ist recht stabil, für einen Dollar bekommt man ca. 8200 Kip, für einen Euro ca. 9600 Kip.

Der **US-Dollar** ist für Touristen praktisch zweites Zahlungsmittel im Land. Die größeren Hotels und manche teuren Restaurants rechnen in Dollar ab, man kann aber laut Gesetz überall und jeden Betrag auch in Kip bezahlen.

Die bequemste Möglichkeit, an Bargeld in Landeswährung zu kommen, sind die **Geldautomaten** (ATM, Automatic Teller Machine), die es mittlerweile in allen größeren Städten gibt. Bei jeder Abhebung wird eine Gebühr fällig, deren Höhe (meist 20000 Kip) angezeigt wird, so dass der Vorgang noch abgebrochen werden kann. Bei Ausflügen in ländliche Gegenden sollte man entsprechendes Bargeld mitnehmen. Devisen, bevorzugt Dollar, Euro sowie stabile asiatische Währungen kann man in Banken, Wechselstuben, bei vielen Juwelieren und in den Hotels (etwas schlechterer Kurs) tauschen. Man sollte auf saubere, unbeschädigte Scheine achten.

Kreditkarten werden nur in größeren Hotels, Restaurants und auf Touristen spezialisierten Läden akzeptiert. In der Regel ist eine Gebühr von drei Prozent auf den Rechnungsbetrag zu entrichten.

Zeit

Im Winter Mitteleuropäische Zeit (MEZ) plus sechs Stunden, zur europäischen Sommerzeit Mitteleuropäische Sommerzeit (MESZ) plus fünf Stunden. In Laos gibt es keine Sommerzeitregelung.

Glossar

Buddhistische Begriffe

Amitabha (›unermessliches Licht‹) Buddha der Vergangenheit und des unermesslichen Glanzes.

Ananda Mit Kasyapa engster Schüler des Buddhas, interpretiert die Lehre.

Apsara Hinduistische Wassernymphe und kosmische Tänzerin.

Arhat (›Verdienstvoller‹), Gläubiger, der das Stadium kurz vor dem Eintritt ins Nirwana erreicht hat, außerdem die 18 Schüler des Buddha, die seitlich der Altäre in zwei Neunergruppen dargestellt werden.

Avalokiteshvara (auch Lokeshvara, ›der Herr, der in Mitleid auf die Welt herabschaut‹), einer der am häufigsten verehrten Bodhisattvas.

Bodhisattva Wesen, die sich durch Tugend und Mitgefühl auszeichnen und auf den Eintritt ins Nirwana verzichten, um anderen zu helfen.

Chakra Das Rad ist Symbol für die Lehre, durch Drehen des Rads wird die Lehre in Gang gesetzt oder gehalten. Im Hinduismus eines der vier Attribute Vishnus, Symbol des Feuers.

Hinayana-Buddhismus Lehre des ›Kleinen Fahrzeugs‹, die näher bei der ursprünglichen buddhistischen Lehre liegt und diese strenger interpretiert; sie verspricht keine Unterstützung durch Bodhisattvas, sondern legt fest, dass der Mensch nur durch eigene Anstrengungen die Erlösung erreichen kann.

Dharma (›Gesetz, Gerechtigkeit‹) Die buddhistische Lehre.

Dipankara Einer der Buddhas der Vergangenheit, die angeblich schon vor dem historischen Buddha gelebt haben sollen, dieser sogar hunderttausend Jahre lang.

Jataka (›Geburtsgeschichte‹) 547 Geschichten aus dem Leben des historischen Buddhas.

Kasyapa Mit Ananda einer der Lieblingsschüler des Buddhas, Leiter der Mönchsgemeinde nach Buddhas Eingang ins Nirwana.

Lotos Wichtiges Symbol des Buddhismus, steht für Reinheit, weil die Blume in schmutzigen Tümpeln wächst, selbst aber weiß und unbeschmutzt ist, vielfältige sexuelle Symbolik.

Mahayana-Buddhismus Lehre des ›Großen Fahrzeugs‹ (im Gegensatz zum Hinayana-Buddhismus, ›Kleines Fahrzeug‹), das die Erlösung allen Menschen verspricht und Hilfe von außen durch die Bodhisattvas zulässt; vor allem in Tibet, China, Vietnam, Korea und Japan verbreitet.

Maitreya Buddha der Zukunft, soll vier- bis fünftausend Jahre nach Sakyamuni auf die Erde kommen, um den Buddhismus erneut zu verkünden, wird meist in einer Dreiergruppe mit Sakyamuni und dem Buddha der Vergangenheit dargestellt.

Manjushri Wichtiger Bodhisattva der Weisheit.

Meru Ursprünglich aus der indischen Kosmologie stammender Weltenberg in Form einer perfekten Pyramide, Sitz der Götter.

Mudra Handhaltung in der Darstellung des Buddhas.

Mucalinda Siebenköpfige Schlange, die sich, nachdem der Buddha die Erleuchtung erlangt hatte, als Schutz vor einem Gewitter über ihn wölbte.

Nirwana Im Buddhismus Zustand des ›Verwehens‹, höchstes Ziel des menschlichen Lebens, in dem das Leiden beendet ist.

Sakyamuni Der historische Buddha, geboren als Prinz Siddharta Gautama (ca. 563–483 vor Christus), der sich von seinem weltlichen Reichtum trennte und unter einem Bodhibaum die Erleuchtung erlangte, Begründer des Buddhismus.

Samantabhadra Bodhisattva der Meditierenden.

Sangha Buddhistische Mönchsgemeinde.

Tara Retterin, weibliches Pendant eines Bodhisattvas.

Theravada Der ›alte Weg‹, ursprüngliche, strengere, zunächst vor allem in Sri Lanka verbreitete Version des Buddhismus, die heute auch in Thailand, Kambodscha und Laos vorherrscht.

Tripitaka Drei Sammlungen kanonischer buddhistischer Schriften auf Pali.

Ushnisha Turbanartige Spitze auf dem Kopf einer Buddhastatue, die auf seine spirituellen Kräfte verweist.

Hinduistische Begriffe

Agni Gott des Feuers, wacht über den Südosten.

Airavata (laot. Eravan) Dreiköpfiger, mit vier Stoßzähnen versehener Elefant, Reittier des hinduistischen Gottes Indra, Symbol der laotischen Monarchie.

Asura Monster, die die Götter bekämpfen.

Brahma (laot. Phra Phom) Mit Shiva und Vishnu einer der drei höchsten Götter des Hinduismus.

Brahmane Hinduistischer Priester

Devata (laot. Thevada) Weibliche Gottheit

Dvarapala Männliche Gottheit, meist mit einer Keule bewaffnet als Türwächter dargestellt.

Garuda (laot. Khut) Mischung aus Mensch und Vogel, Reittier des Gottes Vishnu.

Indra (laot. Phra In) Einer der höchsten Götter des Hinduismus, Herr über den Himmel und den Regen, reitet auf dem dreiköpfigen Elefanten Airavata.

Lingam Phallusartige Darstellung, Symbol Shivas, eines der drei höchsten Götter des Hinduismus.

Naga (laot. Nak) Furchterregende Schlange mit einer (immer ungeraden) Vielzahl von Köpfen, beschützt Gebäude.

Nandi Bulle, Reittier Shivas.

Rishi Weiser, Eremit, sitzt mit gekreuzten Beinen und gefalteten Händen.

Shiva Einer der drei obersten Götter im Hinduismus.

Vishnu Einer der drei obersten Götter im Hinduismus.

Yoni Symbol des Weiblichen, flache Steinplatte mit seitlichem Ablauf, aus ihr ragt meist das Lingam auf, Symbol des Männlichen.

Architektonische Begriffe

Anastylose Zerlegung eines Baukörpers in seine Einzelteile und Wiederzusammensetzen mit Unterstützung neuer, erkennbarer Bauteile.

Fußwalmdach An der Schmalseite des Gebäudes ist nur der untere Teil des Daches abgewalmt, darüber entsteht ein kleiner Giebel.

Giebelfeld Fläche oberhalb des Türsturzes, besteht aus einer verschieden geformten und verschieden breiten Begrenzung und dem Tympanon.

Hu Tai Bibliothek in einem Wat zur Aufbewahrung der religiösen Schriften.

Ikonoklasmus Zerstörung von Bildnissen.

Kuti Wohngebäude der Mönche in einem Wat.

Pilaster Flach aus der Wand heraustretender Wandpfeiler.

Prasat (Khmer) Tempelturm.

Register Linie zwischen zwei waagerecht übereinander angeordneten Reliefs.

Sala Offene Säulenhalle in einem Tempel, die zu vielerlei Zwecken genutzt werden kann.

Satteldach Zwei im gleichen Winkel geneigte Dachflächen, die oben im First aneinandertreffen; sie ziehen sich über die Längsseite des Bauwerks, wodurch an der Schmalseite ein Giebel entsteht.

Sim Eigentliche Gebetshalle in einem Wat mit Altar und aufgestellten Buddhas.

Stele Aufrecht stehende Steinplatte oder quadratische Steinsäule mit Inschriften oder Reliefs, z.B. um die Geschichte eines Tempels festzuhalten, in der Grabanlage das Wirken des Königs zu beschreiben, die Namen der erfolgreichen Kandidaten beim Beamtenexamen zu notieren oder um wichtige Texte zu erhalten.

Stupa Buddhistischer Sakralbau als Grabüberbau für Mönche oder andere Würdenträger, auch zur Aufbewahrung von Reliquien.

That Tempelgebäude, Stupa oder Turm.

Türsturz Auf der seitlichen Türeinfassung oder Säulen ruhender Querbalken als obere Begrenzung der Tür, in Tempeln oft reichhaltig verziert.

Tympanon Meist dreieckige Fläche über einem Türsturz, von unterschiedlich breiten Bändern begrenzt (beides zusammen macht das Giebelfeld aus).

Vestibül Vorhalle, schmaler Eingangsbereich.

Walmdach Dachflächen an allen vier Seiten des Bauwerks, die oben am First zusammengeführt werden, dadurch ist dieser kürzer als die Seitenlänge des Bauwerks.

Wat Buddhistische Klosteranlage in Laos, Thailand und im Khmer-Reich.

Moderne Begriffe

Animismus Glaube an Geister in Bäumen, Steinen und anderen Naturelementen.

Neak Ta Wasser-, Erd und Baumgeister.

Sampot (laot. Pha Salong) Lendentuch für Männer und Frauen. Frauen tragen es als Rock, Männer ziehen ein Ende durch die Beine und verwandeln es so in eine Hose.

Literatur

Cotterill, Colin, Dr. Siri und seine Toten, München: Goldmann 2010. Der erste einer Serie von ›Krimis‹ mit dem Pathologen Dr. Siri, seinem Team und seinen Geistern, die auch knifflige Fälle schließlich lösen.

De Carné, Louis, Travels on the Mekong: Cambodia, Laos and Yunnan, Bangkok: White Lotus 2000. Bericht eines Teilnehmers der ersten offiziellen Mekong-Expedition von 1866 bis 1868.

Gosling, Betty, Old Luang Prabang, Kuala Lumpur: Oxford University Press 1996. Mit vielen Fotos illustrierte Geschichte des Tempelbezirks der alten Hauptstadt.

Kotte, Heinz und **Rüdiger Siebert**, Laos: Aufbruch am Mekong, Bad Honnef: Horlemann 2002. Reportagen aus Laos.

Lorenz, Erik, Vom Schwinden der Silberfäden, Wien: Picus 2014. Engagierte Reportagen über die Anfänge des Umbruchs in Laos.

Mouhot, Henri, Travels in Siam, Cambodia, Laos, and Annam, Bangkok: White Lotus 2000. Die Berichte des ›Entdeckers‹ von Angkor, der die Region von 1858 bis 1861 bereiste.

Schultze, Michael, Laos – Die Geschichte vom 14. Jahrhundert bis heute, München: edition global 2013. Ausführlichste und aktuellste Darstellung der laotischen Geschichte von einem Landeskenner, der vor Ort lebt und arbeitet.

Schultze, Michael, Kulturschock Laos, Bielefeld: Reise Know-How 2013. Hintergründe, Alltag, Denk- und Lebensweisen der Laoten.

Siebert, Rüdiger, Mythos Mekong: Leben und Sterben am großen Fluss, Bad Honnef: Horlemann 2011. Letzte Reportagen des Südostasienjournalisten über die Veränderungen an den Ufern des Mekong.

Stuart-Fox, Martin, Laos: Politics, Economics, Society, London 1986. Ausführliche Landeskunde.

Stuart-Fox, Martin, A History of Laos, Cambridge: Cambridge University Press 1997. International anerkanntes Geschichtswerk, inzwischen etwas veraltet.

Werner, Klaus, Laotisch – Wort für Wort, Kauderwelsch-Buch, Bielefeld: Peter Rump 2012. Praxisorientierter Sprachführer.

Laos im Internet

www.tourismlaos.org
Offizielle Website des Ministeriums für Information, Kultur und Tourismus (engl., korean.)

www.laoembassy.com
Website der laotischen Botschaft in den USA (engl.)

www.vientianetimes.com
Die größte Zeitung des Landes mit vielen Agenturmeldungen (engl.)

www.wn.com/laos_guide/news
World News Network veröffentlicht Nachrichten aus aller Welt, auch über abgele-

gene Regionen und aus sonst schwer zu erreichenden Quellen (engl.)

www.laosnews.net
Private amerikanische Online-Nachrichtenfirma verbreitet Mainstream-Nachrichten (engl.)

www.muonglao.com
Kommerzielle, an sich weniger informative Seite, die aber viele interessante Links aufweist (engl.)

www.visit-laos.com
Rein kommerzielle amerikanische Buchungsseite (engl.)

www.southern-laos.com
Neue aufwendig gestaltete Website über touristische Ziele im südlichen Laos (engl.)

www.laoskyway.com
Informationen und Buchungen der Inlandsfluggesellschaft (engl.)

www.laoairlines.com
Die Staatslinie versorgt zwölf internationale und sechs nationale Destinationen (engl.)

www.globalheritagefund.org
Amerikanischer Fonds, der sich um den Erhalt von Kulturgütern kümmert, in Laos vor allem um den Wat Phu (engl.)

http://whc.unesco.org
Informationen über die Welterbestätten der Unesco

www.luangprabang-heritage.org
Informationen über das Welterbe in Luang Prabang (engl.)

Über den Autor

Franz-Josef Krücker studierte Sozialwissenschaften und Anglistik in Köln und war danach Redakteur und Chef vom Dienst der Fachzeitschrift ›das neue China‹ in Frankfurt. Seit 1989 ist er freiberuflicher Autor, Übersetzer und Lektor mit den Spezialgebieten Ost- und Südostasien sowie Britische Inseln. Er schrieb zahlreiche Reiseführer und Bücher zur Zeitgeschichte und bereist die Region ausführlich seit 1991.

Genaue Recherche in Vientiane

Register

Bildnachweis

Alle Bilder von Franz-Josef Krücker, außer:
Kenneth Conboy: S. 57
Zeichnungen von Louis Delaporte: S. 139, 141
JFK Library/US Govt.: S. 55
Torbenbrinker/Wikimedia: S. 58

TRESCHER VERLAG
MEHR WISSEN. BESSER REISEN.
REISEFÜHRER AUS DEM TRESCHER VERLAG
Trescher Verlag
Franz-Josef Krücker
KAMBODSCHA
Natur und Tempel von Angkor Wat bis Sihanoukville
TRESCHER VERLAG
Franz-Josef Krücker
VIETNAM
Unterwegs zwischen Hanoi und Mekongdelta
trescher-verlag.de

LAOS
entdecken!
IKARUS
TOURS
STUDIEN- UND ERLEBNISREISEN
mit verschiedenartigen Themenschwerpunkten und
von unterschiedlicher Reisedauer
in unserem Programm FERNE WELTEN.
www.ikarus.com · Telefon: 0 61 74 - 29 02 0

LESERREISE
TRESCHER VERLAG
MEHR WISSEN. BESSER REISEN
TRESCHER-LESERREISEN
Auf Trescher-Leserreisen geben unsere Autoren als Reiseleiter
ihr umfangreiches Wissen weiter. Mehr Informationen und alle
aktuellen Leserreisen finden Sie auf unserer Website.
trescher-verlag.de / leserreisen

Kartenlegende

Bar	Markt	Sehenswürdigkeit	Autobahn
Busbahnhof	Museum	Burg	Schnellstraße
Café	Restaurant	Kirche	Hauptstraße
Denkmal	Strand	Friedhof	sonstige Straßen
Flughafen	Geschäft	Zeltplatz	E 65 Europastraße
Hafen	Tempel	Berggipfel	A 65 Autobahn
Höhle	Touristen-information	Seilbahn	243 Bundesstraße
Hotel			Eisenbahn
Kirche			Grenzübergang
			Staatsgrenze
			Hauptstadt
			Stadt/Ortschaft

Zeichenlegende

Vorwahl, allgemeine Informationen, Tourist Offices

Anreise mit dem Flugzeug, Flughafen

Anreise mit dem Auto

Anreise mit dem Bus, Busbahnhof

Anreise mit dem Auto

Unterkünfte

Restaurants

Cafés

Bars, Nachtleben

Märkte, Geschäfte

Aktivitäten, Ausflüge

Kartenregister